Katie Roiphe

RÄTSELHAFTE Alice

Alice Liddell,
fotografiert von
Lewis Carroll

Katie Roiphe

Rätselhafte Alice

Die Geschichte von Lewis Carroll
und der kleinen Alice

Aus dem Amerikanischen von
Friedhelm Rathjen

Europa Verlag
Hamburg · Wien

Die Deutsche Bibliothek – CIP-Einheitsaufnahme
Ein Titelsatz für diese Publikation ist bei
Der Deutschen Bibliothek erhältlich

Originalausgabe
Still She Haunts Me

Erstausgabe

Umschlag- und Innengestaltung:
Matrix-Typographie & Gestaltung,
Christina Modi/Maren Orlowski, Hamburg,
unter Verwendung von Illustrationen von John Tenniel
und eines Porträts von Sir Hubert von Herkomer
Druck und Bindung: Clausen & Bosse, Leck
ISBN 3-203-81561-3

•

Informationen über unser Programm erhalten Sie beim
Europa Verlag, Neuer Wall 10, 20354 Hamburg
oder unter www.europaverlag.de

Für Harry

Major Dodgson und Miss F. Menella Dodgson versichern mir, in den höchst freimütigen Offenbarungen, die sich in seinen zahllosen Tagebüchern finden, gebe es nicht den geringsten Anhalt dafür, daß er Stiche zärtlicher Leidenschaften sei es verspürt, sei es ausgelöst habe.

LANGFORD REED, 1932
Das Leben von Lewis Carroll

Wir trafen eine ganze Menge anderer interessanter Leute, unter ihnen Lewis Carroll, den Autor der unsterblichen Alice – aber er war nur interessant anzusehen, denn er war der stillste und schüchternste erwachsene Mann, den ich jemals getroffen habe ...

MARK TWAIN

Aus irgendeinem Grund, den wir nicht kennen, war seine Kindheit von allem anderen scharf getrennt. Er verstaute sie samt und sonders in seinem Innern. Er konnte sie nicht auflösen.

VIRGINIA WOOLF,
»Lewis Carroll«
Der Augenblick und andere Essays

Der Brief kam mit der Nachmittagspost, als er gerade letzte Hand an seine Euklid-Vorlesung legte. Er riß den Umschlag auf, entnahm ihm ein cremefarbenes Blatt mit gezacktem Rand und erkannte die vertraute Handschrift. Er spürte sich vergehen, Haut, Haar, Mund, bis nichts mehr von ihm übrig war als ein einziger Punkt des Schmerzes.

Es ist hinfort nicht mehr wünschenswert, daß Sie Zeit mit unserer Familie verbringen.

Er ließ den Brief auf dem Tisch im Flur liegen, zusammengefaltet wie eine geschlossene Tür.

Seine Augen wanderten zu den schwarzen Alben, die inzwischen drei Ebenen in dem Bücherregal einnahmen, das vom Boden bis zur Decke reichte. 1031 Fotografien, eine jede rechts unten auf der Rückseite mit geschwungenen Lettern bezeichnet. Seine Perspektive der Dinge, ins Sichtbare überführt. Die Vergangenheit, in Stilleben zerschnitten. Er langte nach einem Album und wollte nach bestimmten Bildern suchen: Alice mit dem chinesischen Strohhut, das Bändchen unter ihrem Kinn befestigt; Alice, die so tut, als schlafe sie draußen auf einem Fell; Alice, wie sie mit gekreuzten Knöcheln neben einem Farn sitzt. Unwillkürlich hatte er ein Gefühl, als schaue er bei anderen Leuten daheim in den Spiegel. Er stellte das Album wieder fort, ohne es zu öffnen.

Ein staubiges orangerotes Licht kam durch das hohe Fenster hereingeflutet. Auf dem Mahagonischreibtisch standen die Tagebücher: das rehbraune Einbandleder zerkratzt, die Rücken aufgeplatzt, die Seiten verzogen. Er zog den vierten Band heraus und blätterte zum Monat April. Er nahm ein Rasiermesser aus der Schublade und fuhr damit an jeder einzelnen der anstoßerregenden Seiten herab; die Klinge schnitt mit gewalttätiger Befriedigung, durchtrennte die winzigen Baumwollfasern, so sauber und doch irgendwie fleischartig. Eine Operation am offenen Ich.

Während die Seiten eine nach der anderen zu Boden fielen, fühlte er sich schon leichter. Die Tagebücher werden Auslassungen enthalten. Ungesagte Abschnitte, unausgesprochene Stimmungslagen. Fehlende Stückchen Knochen und Knorpel.

Warum sollte das etwas machen? Er hatte diesen Drang zum Aufzeichnen nie recht begreifen können, weder bei sich noch bei anderen. Warum jede triviale Begebenheit in Zwiesprache mit dem eigenen Gewissen festgehalten werden mußte: belichtet und doch nicht belichtet. Es war ein trickreiches Spiel, so ein Tagebuch. Ein vollkommen und absolut privates Dokument, das lang und breit darum bemüht war, sich anderen zu erklären.

Obwohl er den Gedanken daran haßte, irgendwer könne in seinen Tagebüchern lesen, früher oder später, und sei es in gekürzter oder redigierter Form, deutete die Tatsache, daß er sie schrieb, doch auf das Gegenteil hin. Er schuf sich einen einfühlenden Gefährten, eine Phantomgestalt aus dem Geist der eigenen Worte, eine Illusion, die er aus seinen leeren Stunden zuschnitt und modellierte; die Vorstellung von jemandem, der sich trotz allem durch finanzielle Überschlagsrechnungen und schlaflose Phantasien über die präzise Pflaumenfärbung des Himmels durchkämpfen würde. Aber darin genau lag die Schönheit des Gedankens – daß es eben nur die *Vorstellung* von jemandem war.

So vieles von dem, was er da schrieb, war eine monotone Leier. So vieles erschöpfte sich in der Mitteilung, er habe bei Tisch rote Kartoffeln zu seinem Hammelfleisch gegessen. Wer weiß, vielleicht war natürlich diese Monotonie selbst schon Teil der Strategie, dieses tröstende Getröpfel, das nachts an die Fensterscheiben der alten Bibliothek schlug wie Nieselregen; die stumpfe Gewohnheit, die mit stählerner Feder auf weichem Papier kratzte und die Seiten mit chinesischen Schriftkrakeln überzog. Jeder einzelne Eintrag atmete Langeweile. Was war das Tagebuch anderes als eine Demonstration, wie banal das Leben war, wie gewöhnlich, wie sehr es dem Leben jedes anderen glich, von gewissen Zuckungen und Zögerungen einmal abgesehen – war es nicht so? Während er Seite um Seite schrieb, gab ihm das die Sicherheit, daß wirklich nichts von Interesse war.

Unregelmäßige Hitzeschwaden durchfluteten auf mysteriöse Weise seine Räumlichkeiten, mehrere widerstreitende Wetterlagen auf einmal, doch er konnte spüren, wie es an seinen Schultern zog. Er nippte an seinem Tee, der inzwischen kalt war.

Es ist hinfort nicht mehr wünschenswert, daß Sie Zeit mit unserer Familie verbringen.

Er hatte Alice sieben Jahre zuvor kennengelernt. Am späten Nachmittag des 25. April 1856. Er war gerade in die angesehene Stellung eines Mathematikdozenten im Christ Church College in Oxford berufen worden, wo er zuvor fünf Jahre studiert hatte. Gleichzeitig behielt er seinen nicht ganz so angesehenen Posten als Unterbibliothekar, der ihm jährlich fünfunddreißig Pfund eintrug. Er war vierundzwanzig Jahre alt und ganz allein verantwortlich für die mathematische Unterweisung von 180 Studenten im Grundstudium. Er bewohnte den ersten Stock in der alten Bibliothek von Christ Church. Und das bißchen, was er an Mobiliar besaß – zwei quastenbesetzte Lehnsessel, ein Globus auf einem Messinggestell, zwei Teleskope, ein purpurner türkischer Teppich, ein mit einem orientalischen Blumenmuster bestickter verschossener roter Seidendiwan, ein alter quadratischer Schreibtisch –, ging in der neuen Umgebung fast unter. Da war die schwarze Marmoreinfassung über dem Kaminfeuer, der verschlungene gußeiserne Kronleuchter, der hoch über der Mitte des Zimmers hing, und dann der Ausblick aus dem Fenster auf cremefarbene

Apfelblüten. Sein Einzug war immer noch nicht vollständig abgeschlossen. Auf dem Fußboden stapelten sich die Bücher, und Berechnungen und Schaubilder für seine in Arbeit befindliche Vorlesung »Das fünfte Buch Euklids, per Algebra bewiesen« lagen überall verstreut.

Die Christ-Church-Bibliothek befand sich auf der Seite des Hofes, die dem Dekanat genau gegenüberlag, einem vortrefflichen langgestreckten und efeubewachsenen Gebäude mit zinnenbesetzten Türmen, hohen verstrebten Fenster und einem Torbogen über dem Eingang. Er hatte den neuen Dekan kennengelernt, einen großen ansehnlichen Mann mit sich lichtendem Haarschopf und einer Adlernase, die ihn gleichsam als Teil jener klassischen Ära auswies, die er studierte. Und er hatte von weitem seine Gattin gesehen. Eine dunkelhaarige Frau unter einem weit herabhängenden Strohhut, die sich über die Tulpen beugte. Die Kinder freilich kannte er da noch nicht.

Er fuhr fort, Seiten aus dem Tagebuch herauszuschneiden. *Die Fotografien von der Kathedrale sind nicht so recht geworden*. Bögen weißen Papiers sammelten sich zu seinen Füßen und fingen das Licht ein wie die Rümpfe kleiner weißer Boote.

Er dachte an den *Sommernachtstraum*, den er mit seinem Sprachtherapeuten immer aufs neue durchgegangen war, bis sich die Zeilen zu lauter Lauten auflösten. Da, mitten auf der Bühne, stand Titania, die einen Esel liebte. Von ein paar Tropfen Flüssigkeit, dem aus einer purpurnen Blume namens »Lieb' im Müßiggang« herausgepreßten Saft, war die Feenkönigin verzaubert worden. *Was du wirst erwachend sehn, Wähl es dir zum Liebsten schön; Seinetwegen schmacht und stöhn.* Nachdem sie den Esel mit wohlduftenden Blumen bekränzt hat, ist der Zauberbann gebrochen. Aber es gibt da einen Augenblick in dem Stück, nicht direkt im Stück selbst, doch von der Handlung impliziert; der Augenblick, in dem sie die Augen öffnet und das borstige graue Haar der Eselsflanke sieht, bevor ihre Liebe erstirbt. Zwar noch verzaubert, doch plötzlich erkennend. Der Augenblick, in dem Titania, wie durch ein Opernglas vom Balkon aus, ihr eigenes Verlangen in Augenschein nimmt. *Wie Schatten wandelbar, wie Träume kurz … Schlingt gierig ihn die Finsternis hinab: So schnell verdunkelt sich des Glückes Schein!* Zu erkennen, was für eine unmögliche Liebe sich vor einem ausbreitet, und doch noch darin befangen zu sein, dieser einsame Augenblick, noch nicht frei, sondern ertappt. Alle Schönheit und alle Häßlichkeit, deren man fähig ist, verschwimmen in der einen und einzigen Liebe – dieser Abschnitt des *Sommernachtstraums* war so wahrhaftig und treffend wie nur irgendeine der Fotografien, die Dodgson aufgenommen hatte. Des Herzens holpernde Stille. Entspringende Esel.

Eins

Der Himmel war gelbgrau an jenem ersten Tag. An ihnen vorüber zogen dunkle Wolkenfetzen mit sengend leuchtenden Rändern. Dodgson und ein alter Freund, Reginald Southey, trugen ihre Kameras und ihre Ausrüstung zur Kathedrale. Southey hatte langes Haar, das er sich hinter die Ohren gesteckt hatte, und die dunkle Gesichtsfarbe eines Matrosen, obwohl er Medizin studierte und Arzt werden wollte. Dodgson hatte ihn unlängst fotografiert, wie er seinen Arm einem Skelett um die Schulter legte, und damit seine gutmütige Morbidität einfangen wollen. Den lockeren, freundschaftlichen Umgang, den Mediziner mit dem Tod pflegten.

Die beiden Männer hatten das tragbare dunkle Zelt dabei mit seinem gelben Kattunvorhang, außerdem ein Stativ, Flaschen, Tabletts, gläserne Meßbecher und Trichter. Erst einen Monat zuvor hatte sich Dodgson bei T. Ottiwell in der Charlotte Street für fünfzehn Pfund seine Kamera gekauft, und sie lag ihm immer noch schwer und ungelenk in der Hand.

Das nachmittägliche Licht war ganz silbern, der Turm

der Kathedrale verschwamm im schimmernden Dunst. Es würde jedoch aufreißen, da war sich Dodgson ziemlich sicher, als er einen Blick in den Himmel warf. Er begann das schwere Metallstativ auszupacken, das Zelt aufzubauen, das ihm als behelfsmäßige Dunkelkammer dienen würde, die braune Flasche mit dem Kollodium zu entkorken und die stark riechende Nitratlösung auf ein Tablett zu gießen. Die beiden Männer machten sich daran, Bildmotive ins Visier zu nehmen. Strenge Landschaften waren es, auf die sie es abgesehen hatten, steife Porträts von Gebäuden und Himmel.

Dodgson liebte die Spitzen und Türme der Universität, die einander überlagernden Grautöne, den angeschlagenen und gesprenkelten Stein über der grünen Gischt wilden Grases. Er liebte den großen kreisförmigen Teich mitten auf dem Innenhof Tom Quad, die runde symmetrische Vernunft, die sich darin ausdrückte, den schwarzen Spiegel des Wassers und die gebrochenen Wolkenmassen darin. Christ Church kam ihm vor wie eine Festung, friedvoll und geschützt und vollkommen isoliert. Hier verging die Zeit auf eine eigene Weise; sie stockte und hing zäh in der Luft.

Freilich hatte es der neue Dekan darauf abgesehen, das Gesicht der Universität zu verändern, indem er zum Beispiel die dunkle Eichenvertäfelung aus der Kathedrale entfernen wollte. Doch im Gegensatz zu den meisten anderen jungen Dozenten war Dodgson dagegen. Ihm gefiel die altehrwürdige, unveränderliche Solidität, das von unaufhörlicher Verwitterung zeugende Äußere des Ortes, das irgendwie die Unmöglichkeit zum Ausdruck brachte, dies alles könne jemals zerfallen. Ihm gefielen die Torbögen über den Eingängen und die Hallen mit ihren niedrigen Decken, das Ragende und die Kühle, worin gleichzeitig etwas Kirchliches und etwas Burgartiges zum Ausdruck kam.

Dodgson legte seine Kamera ab. Seine Hände klebten vom Kollodium. Er wischte sie sich mit einem Tuch ab, das er sich in die Tasche gestopft hatte, und hielt sich dann die Kamera wieder vors Gesicht.

Alles, was flatterhaft war, ließ sich bannen und festhalten. Das war es, was ihn für die Fotografie eingenommen hatte, was ihm das Gefühl gab, jeder seiner aufwendigen Schritte sei die Mühe wert: die Dauerhaftigkeit des Bildes. Das war es, was ihn faszinierte, das Arbeiten gegen die Zeit; die schwarze Kunst, wie man sie nannte, die über die Macht verfügte, das Fortschreiten der sichtbaren Welt zum Stillstand zu bringen, den Zerfall des Augenblicks zu einem schlimmeren zu verhindern – den Vogel, der vom Zweig fliegen wird, dort festzuhalten.

Er und Southey standen am Rande des Dekanatsrasens. Durch die rosenhölzerne Kamera konnte er sehen, wie die Sonne sich langsam durch den Nebel hindurchbrannte. Dann einen Flecken Blau. Die Kathedrale erzeugte dreieckige, sechseckige, rechtwinklige Schatten. Er nahm die Kathedrale ins Visier, schnitt die kleinen zuckenden Zweige aus dem Bild, um die Turmspitze mit hineinzukriegen, schnitt die Turmspitze heraus, um das Gebäude mit kleinen zuckenden Zweigen zu umrahmen, stolperte dann mit der Kamera in den Händen zurück. Er liebte die Präzision, die kleinen Schattenstriche unter jedem einzelnen Blatt, er liebte es, daß das auf Fotografien in allen seinen Details auf vollkommene und beinahe wissenschaftliche Weise herauskam.

Southey hatte sich etwas abseits begeben und nahm den Garten ins Visier.

»Schau mal«, sagte er und trat einen Schritt zurück, daß Dodgson hindurchsehen konnte.

Durch den Sucher sah er im Dekanatsgarten eine große dunkelhaarige Frau in einem schokoladenbraunen Kleid, das sich leicht im Wind bauschte.

Sie gingen näher heran. Dodgson holte sie in die Linse herein, schwarzes Haar, das in muschelartigen Wellen aus ihrem Gesicht nach hinten gesteckt war, blasse, leuchtende Haut, feine Linien, die aus ihren Augenwinkeln abstrahlten und ihr nichts von ihrer Schönheit nahmen, sondern vielmehr eine gewisse Traurigkeit und Tiefe in ihr seltsames, scharfgeschnittenes Gesicht zeichneten, das die perspektivischen Disproportionen eines Renaissance-Porträts aufwies. Die mit Abstand bemerkenswerteste Einzelheit war ihr Mund, waren ihre großen kissenartigen Lippen. Diese Lippen bewahrten das Gesicht davor, kalt auszusehen. Kein Zweifel, sie war schön.

»Ich hätte nichts dagegen, das in ein Porträt zu überführen«, sagte Southey.

Die Frau wandte sich den beiden jungen Männern an der Kante ihres Rasens zu und winkte.

»Hätten Sie nicht Lust, auf ein Ingwerbier herüberzukommen?« rief sie.

»Das wäre uns ein Vergnügen«, rief Southey.

Sie schien kaum alt genug, um die Frau des Dekans zu sein, kaum dreißig, wenn überhaupt.

Hinter ihr befanden sich drei Mädchen, dunkelhaarig und schön wie ihre Mutter, und spielten Krocket. Oder vielmehr die beiden ältesten spielten Krocket, und die jüngste, die nicht älter als zwei sein konnte, wankte unsicher von Tor zu Tor und versuchte danach zu greifen. Eine birnenförmige Frau mit gelbem Haar stand im Schatten. Sie mußte wohl das Kindermädchen sein, dachte Dodgson.

Er sah der Jüngsten zu, wie sie strauchelte. Erstaunlich, wie sehr Kinder ihren eigenen Körper vergessen können. Er schaute zu, wie sie hinfiel.

»Ich bin Reginald Southey«, sagte Southey.

Dodgson stand nur da. Er spürte die Welle einer wohlbekannten Panik über sich hinwegbranden.

»Und das hier ist Charles Dodgson.«

»Sie müssen der neue Mathematikdozent sein«, sagte sie und lächelte. »Wir waren ja so begierig darauf, Sie kennenzulernen.«

»Ja, ich habe Sie bereits gesehen, aber...« Er errötete. »Ich hoffte, ich würde Sie kennenlernen. Die ganze Familie.«

»Und ich hoffe, Sie sind in der ausdrücklichen Absicht gekommen, uns zu porträtieren«, sagte sie.

»N-n-nichts würde mich glücklicher machen.«

»Das hier sind meine Töchter«, sagte sie mit einer Geste in Richtung der Mädchen. »Lorina, Alice, Edith.«

Dodgson wandte sich den Mädchen zu. Southey waren sie kaum einen Blick wert. Wie die meisten Männer seines Alters pflegte Southey Kindern gegenüber eine gut einstudierte Gleichgültigkeit, die seine Unabhängigkeit unterstreichen und seine Männlichkeit betonen sollte. Aber Dodgson hatte Kinder immer gemocht. Oder wie er es einmal in einem Brief an einen Freund ausdrückte: »Ich mag Kinder (Jungen ausgenommen).«

»Und Sie studieren also Medizin«, sagte Mrs. Liddell zu Southey.

»Ja, ich gebe mich mit Skeletten ab.«

Dodgson beschattete die Augen, um besser sehen zu können. Die Mädchen rannten über den Rasen, schlugen den Ball, und ihre Kleider flatterten im Wind.

Sein Blick wurde von der Mittleren angezogen. Alice. Die Unschönste. Nicht so eine leblose Puppenschönheit wie die anderen, sondern ein dunkles, wildes, zerzaustes Wesen. Ihre Beine und Arme zu lang, sonnengebräunt, ihr Haar recht kurz für ein Mädchen, fast jungenhaft und ungepflegt, abstehend, als sei sie gerade erst aufgewacht, der Pony ungerade geschnitten; kein Zweifel, sie konnte nicht stillhalten unter der Schere. Ihr Gesicht war spitz. Ihre Augen riesig und vertrackt und schwarz.

Und außerdem war da eine kaum wahrnehmbare Spur von Theatralik in ihrer Haltung. Sie rannte ein bißchen zu schnell. Sie konzentrierte sich ein bißchen zu sehr auf den Ball. Sie holte ein bißchen zu sehr mit dem Schläger aus, wenn sie ihn schlug. Und durch all das war sie ein bißchen mehr *präsent* als ihre Schwestern.

Die Älteste, Lorina, angelte unter einer Hecke nach dem Ball. Alice drehte sich herum und starrte auf eine Weise herüber, wie er noch nie ein Kind hatte starren sehen. Das Dunkel ihrer Augen und der Halbmond ihrer Augenbrauen verliehen ihrem Gesichtsausdruck einen kalten Skeptizismus, der mit jemandem in ihrem Alter absolut nicht zusammenpaßte.

»Ist es nicht schrecklich, dieses Zersägen lebendiger Geschöpfe?« sagte Mrs. Liddell.

»Ich fürchte, die meisten von uns finden durchaus Gefallen dran«, sagte Southey.

Für den Oxforder Durchschnitt sah Alice aufs Seltsamste fremdartig aus. Neben ihren Schwestern, gewöhnlichen englischen blaßhäutigen rotwangigen wohlgenährten Mädchen, sah sie auf geradezu schlagende Weise andersartig aus. Die beiden anderen wirkten wie blassere Versionen von ihr, weiß und nicht nußfarben wie Alice, weich und rund und nicht scharf wie Alice. Wenn die drei Fotografien wären, wären die beiden unscharfe, überbelichtete Versionen ihrer strahlenderen Schwester. So jedenfalls kam es Dodgson vor.

Mrs. Liddell strich sich eine einzelne Locke zurück, die

vom Wind freigezerrt worden war. Sie schaute zum Spiel hinüber. Dodgson bemerkte eine kaum spürbare Konzentration ihres Lächelns, als ihr Blick auf der mittleren Tochter ruhte, eine besondere Wachsamkeit, die den beiden anderen nicht galt.

»Trinken Sie doch bitte ein Ingwerbier mit uns«, sagte Mrs. Liddell und goß zwei Gläser ein.

Die Männer, der eine klein, der andere groß, standen mit ihrer Mutter vor dem lindgrünen Gras. Die Sonne stach ihr in die Augen. Schimmernde Diamanten zwischen Blättern. Weiße Pünktchen innen auf ihren Augenlidern, wenn sie blinzelte. Sie konnte spüren, daß die Männer sie beobachteten. Sie streckte den Bauch heraus.

Ein blauer Ball knallte hart auf den Rist von Dodgsons Fuß.

Er sah nach unten und bewegte seinen Schuh.

»Entschuldigung«, sagte Alice und kam zu ihm hergelaufen. »Aber ich glaub, jetzt sind Sie dran.«

Sie hielt ihm den Schläger mit beiden Händen hin.

Er bückte sich, um ihn zu nehmen.

»Dies ist der neue Mathematikdozent, Alice«, sagte Mrs. Liddell.

»Dozieren Sie mir auch was?«

Mrs. Liddell schaute Dodgson nach, als er zum Spiel hinüberging, geleitet von ihrer ausgelassenen und zerzausten mittleren Tochter, deren Schleife, wie sie bemerkte, schief war und aufging. Er schien schüchtern zu sein, hatte die ganze Weile dagestanden, ohne etwas zu sagen, und das Krocketspiel der Kinder in Augenschein genommen, als sei das die Decke der Sixtinischen Kapelle.

Sie beobachtete ihre vierjährige Tochter, wie sie über den Rasen lief, das Haar bläulich-schwarz in der Sonne, und den schlanken jungen Mann an der Hand mitzog.

Lorina Liddell malte sich oft in allen Einzelheiten eine angemessene Zukunft für ihre Kinder aus, bis hin zu Adressen in London und den Mustern auf ihren Tapeten und ihrem Geschirr, doch Alice gab dabei allerlei Anlaß zur Sorge. Es war schwer, sich vorzustellen, wie diese widerspenstige Tochter sich jemals in die besseren Kreise einfügen sollte, die Mrs. Liddell sich für ihre Töchter wünschte, in die Tischgesellschaften mit Herzögen und adeligen Damen und berühmten Romanciers und Kabinettsmitgliedern.

Ihre eigenen Unsicherheiten hingen alle mit dem einen Thema der sozialen Herkunft zusammen. William Thackeray, der ein Klassenkamerad von Henry Liddell war, schrieb einem gemeinsamen Bekannten, als die Liddells heirateten: »Der liebe wackere alte Liddell … hat sich eine drittklassige Dame vom Lande (recht erstklassig in Sachen Schönheit freilich, finde ich) zur Frau erwählt …« Wenngleich die neunzehnjährige Lorina Hannah Liddell von dieser Bemerkung nichts gewußt haben konnte, wachte sie am Morgen nach ihrer Heirat doch mit dem beunruhigenden Gefühl auf, genau dieser Umstand werde am Frühstückstisch von flüchtigen Bekannten überall durchgehechelt. Immerhin war der Onkel der Mutter des Dekans der Bruder des achten Earl von Strathmore, und der Vater seines Vaters war ein Baronet. Die neue Mrs. Liddell sorgte sich, trotz ihres Kaschmir-Kapuzenmantels mit Quasten und ihres zobelbesetzten Damenmantels und ihres blauen Seidengewands mit Spitze und rosenbesticktem Besatz könnte ihre drittklassige Provinzialität womöglich doch sichtbar bleiben.

Läßt deine Familie dich wohl in Öl porträtieren? hatte ihre Oxforder Freundin Mrs. Lamb Alice einmal gefragt. *Du siehst so außergewöhnlich sauber aus*. Mrs. Liddell konnte ihren Ärger schwerlich verbergen, als ihr diese Bemerkung zu Ohren kam. Aber sie konnte auch nicht leugnen, daß Alice ständig ein unordentliches Äußeres zur Schau trug. Einmal hatte sie am Hinterkopf eine so verfilzte Stelle, daß das Haar nicht mehr zu entwirren war und sie gezwungen waren, einen Zottel herauszuschneiden, woraufhin sich das stachelige verbleibende Haar in ihrem Nacken dann gar nicht mehr glätten ließ. Es war ihr peinlich, daß ihre mittlere Tochter einen so verwahrlosten Eindruck machte, und das, obwohl sie in einem perfekt geordneten Hause wohnten und obwohl ihre beiden Schwestern stets einen perfekten und ordentlichen Kopfputz aufwiesen. Schon vor längerer Zeit war der Versuch aufgegeben worden, irgendeine Art von Locken in das Haar von Alice hineinzukriegen. Es war weich und dünn und glatt, ganz und gar nicht die Sorte Haar, die schwer zu pflegen ist, und doch war es genau das. Wodurch es nur noch schlimmer wurde, daß ihre Kleider häufig fleckig, faltig, zerknittert und in Unordnung waren, daß Knöpfe fehlten, Schärpen herunterhingen, Säume sich lösten. Oder daß unablässig irgendwelche mysteriösen blau und gelb unterlaufenen Stellen auf ihren Armen und Beinen erschienen. Es gab keinerlei Grund, keinerlei Anlaß, daß ihr Erscheinungsbild außer Fasson geraten könnte; es passierte einfach und wie natürlich, sobald sie aus dem Haus trat, um fünf Minuten zu spielen, und selbst dann, wenn sie's nicht tat. Mrs. Liddell mühte sich ohne Ende mit dem schlampigen Äußeren ihrer mittleren Tochter ab, aber es war nichts dagegen auszurichten, keinerlei Umsicht von ihrer Seite, keinerlei Zwangsmaßnahmen, um ihres Bewegungsdrangs Herr zu werden, reichten hin, um das unausweichliche Fortschreiten der Unordnung aufzuhalten.

Dodgson trat vorsichtig über ein Krocket-Tor hinweg, Alices Hand in seiner. Ein Mann und ein Mädchen. Ein Mann und seine Vorstellung von einem Mädchen. Gewonnen aus Gedichten wie Wordsworths »Wir sind sieben«. Der Dichter schreibt da von einer lockigen Achtjährigen, die darauf besteht, es gäbe sieben Kinder in ihrer Familie, obwohl zwei davon tot sind. Sie versteht nicht, daß der Tod fünf aus ihnen gemacht hat. Das ist das Mädchen, nach dem Dodgson auf der Suche war. Das

Mädchen seiner Träume. Sie geht mit ihrem Abendessen zu den Gräbern ihres Bruders und ihrer Schwester und setzt sich mit gekreuzten Beinen ins Gras, nicht direkt aus Unschuld, sondern aus einer Art Starrsinn. *Zuerst ging Schwester Jane uns tot; Gar stöhnend lag sie dort.* Das Gedicht hat einen Unterton von Wahnsinn, der sich kaum zähmen und unterdrücken läßt. *Bis Gott erlöst sie von der Not; Und dann entschwand sie fort.* Sie weiß es. Sie will es nicht wissen. Das Resultat ist eine Art Spiel, doch es ist mehr als ein Spiel, es ist ein Umkippen des Todes, die Befähigung, über dem Tod zu sitzen und seine Mahlzeit zu essen, weil der Geist stark genug und flexibel genug dazu ist. Sieben minus zwei ist nicht fünf. Jenes Ungestüm der Phantasie, das vonnöten ist, um diesen Gedanken zu zeugen, ist genau das, was Dodgson an kleinen Mädchen so bezaubernd fand. Das ist es, was er darin sah; der alte Romantiker erkannte, daß Kinder Gott nahe sind, daß der Staub der Schöpfung noch auf ihnen ruht. Das ist es, was Unschuld ist, dieses Wort, das tanzt und einem ausweicht: Es ist die Verweigerung des Todes.

Dodgson spürte den Wind auf seinem Gesicht, als er neben Alice schritt. Er spürte, wie sich eine Hoffnung auftat, die sich weiter spannte als ein Krocket-Rasen. Wie ein Picknick über Gräbern.

Zwei

Drei Sätze nach dem Beginn seiner Vorlesung über symbolische Logik geriet Dodgson in Schwierigkeiten. Er stand vorne im Raum, während sich nur wenige Studenten zwischen leeren Stühlen verloren, und skizzierte an der Tafel die qualvollen Freuden der symbolischen Logik, als es passierte.

Er sagte gerade: »Das Universum enthält Dinge, zum Beispiel ›Ich‹, ›London‹, ›Rosen‹, und diese Dinge haben Attribute, zum Beispiel ›groß‹, ›rot‹, ›alt‹. Wenn wir diese Dinge und Attribute in Beziehung zueinander setzen, so ist dieses die Grundlage der symbolischen Logik, ohne welche, wie ich versichern kann, wir nicht in der Lage sind, unser Leben zu –«

Während er stockte, bekam die Zeit Risse und verlangsamte sich. »L-l-l-l.« Er fühlte es ganz oben in seiner Mundhöhle, das Anstoßen der Zunge. Das Machtgleichgewicht geriet ins Wanken, seine Studenten wurden dazu eingeladen, sich über ihn lustig zu machen, selbst der Dümmste konnte Überlegenheit verspüren. Und dennoch: sie reagierten gütig darauf. Sie rutschten auf ihren

Sitzen hin und her; sie machten sich plötzlich ausführliche Notizen, blätterten zielstrebig in ihren Papieren. Er konnte ihre Generosität spüren, das Unbehagen, das sie ihm gegenüber empfanden und das nun den Raum erfüllte wie Sonnenlicht. Doch die altbekannte Demütigung durchschoß ihn.

Schließlich bekam er es über die Lippen. *Leben*. Freilich hatte er die Aufmerksamkeit der Klasse verloren. Ihre Konzentration war unsichtbar, doch im Unterricht konnte man sie spüren, so dicht und drängend wie den Wind. Und wenn man sie verlor, dann konnte man auch das spüren, das Fehlen von Anspannung und Gerichtetheit in der Luft.

Zu Hause, in dem winzigen backsteinernen Pfarrhaus in Daresbury, und später dann in dem großen dreigeschossigen Pastorat in Croft, störte sich niemand an seinem Stottern. Stundenlang saß er im Kinderzimmer auf dem Fußboden und rezitierte Gedichte und Monologe und führte Puppenspiele für seine Schwestern und Brüder auf und bemerkte nicht das geringste. *Die Z-z-z-zeit, mein Lieb, muß rinnen, Ich fürcht', ich muß von hinnen*. Er glitt hinüber wie über den zugefrorenen Teich hinter dem Pastorat.

Doch als er nach Rugby kam, liefen ihm im graslosen Hof die Jungen nach und riefen ihn »D-d-d-dodo«. Das wurde sein Name, Dodo. Nach einem Vogel, der seit 1681 ausgestorben war. Einem Vogel, der von holländischen Seeleuten und Kolonisatoren auf einer entlegenen

Insel im Indischen Ozean gejagt und getötet worden war. Eine der frühesten Arten, die der Mensch ausgerottet hatte. Es waren ganz abscheulich aussehende Geschöpfe, diese Dodo-Vögel, fast nur Magen und Schnabel.

Eines Nachmittags kam er von einer Lateinstunde zurück und fand alles auf den Kopf gestellt, die Bücher, die Hosen, das Bett, das Tintenfaß, die Kerze, sogar die roten Geranien, die seine Schwester Elizabeth ihm geschickt hatte, waren irgendwie auf ihren Blüten ausbalanciert worden. Später begriff er die Phantasie und den Humor, die in diese Handlung eingegangen sein mußten, doch damals war es einfach eine wirkungsvolle Methode, ihm etwas mitzuteilen: Er war ein schräger Vogel. Als er die Tür aufmachte, schämte er sich, als sei irgend etwas aus seinem Inneren bloßgelegt worden.

Und sein Stottern wurde immer schlimmer, besonders seine Bs, Ds und Ls; es wurde so schlimm, daß er mit seinem Federkiel durch die Furchen im Holz seines Pultes fuhr, als wären das dunkle Flüsse, und so tat, als wisse er die erfragten Antworten nicht, nur um nicht sprechen zu müssen. Er verwandelte sich in das seltsamste aller Paradoxa, in den Jungen, der ständig liest, bei den Klassenarbeiten hervorragend abschneidet, aber im Unterricht dumm ist. Außerhalb war es schwieriger. Sein Mittagessen aß er ganz am Ende der letzten Bank im Speisesaal, den Kopf gesenkt vor lauter gespieltem Interesse an den Kartoffeln, die in dem salzigen Eintopf emportauchten, so daß niemand auf die Idee kam, es mache ihm etwas aus, nicht in die Gespräche mit einbezogen zu werden. In der Schule erlernte er die Schüchternheit und brachte es darin zu einer Meisterschaft, die derjenigen in Latein und Geometrie weit überlegen war.

Als er in seinem zweiten Jahr in den Winterferien nach Hause kam und kaum imstande war, einen Satz herauszukriegen, ohne ihn abzuwürgen, entschied sich sein Vater, mit ihm zu einem Spezialisten in der nächsten Stadt zu gehen, Dr. Bradshaw. Der Arzt saß hinter seinem Schreibtisch, während Dodgsons Vater das Problem in großer und schmerzlicher Ausführlichkeit erläuterte, und dann schauten beide Männer ihn erwartungsvoll an. Dodgson saß auf dem lachsfarbenen Sofa. Perverserweise konnte er nicht stottern. Die Wörter kamen ihm heil und ganz über die Lippen, der Redefluß war plötzlich so glatt und eloquent, wie das seit Jahren nicht mehr der Fall gewesen war. Sein Vater sah ihn an wie hintergangen. Doch Dr. Bradshaw schenkte den Worten seines Vaters Glauben, und sogleich kreisten seine Finger dem Jungen so fest um den Hals, daß er dachte, es müßten wohl Abdrücke zurückbleiben.

»Wir werden deine Stimme so glatt wie Seide machen«, schnurrte er. Dann ging er daran, Dodgson eine unangenehme, mittelalterlich wirkende Vorrichtung in den Rachen zu stecken. Er sollte das Ding dort eine Stunde täglich tragen, um »den Durchgang zu befreien«. Nach einigen Wochen war Dodgson in der Kehle ganz ausgedörrt und geschwollen und stotterte schlimmer denn je.

Dann freilich, in Oxford, besserte sich die Situation allmählich. Stottern war hier ein Zeichen der Belesenheit, eine Gelehrtenangewohnheit. Nicht mehr ein Makel. Doch immer noch übermannt und vernichtet es ihn, schleicht sich in einem ungelegenen Augenblick in seine Rede ein, beschwört die Erinnerung an kleine Wesen herauf, die über einen schlammigen steinernen Hof huschen. Er konnte spüren, wie die Leute es sagten: Schon ein komischer Vogel, dieser Dodgson.

Seiner letzten Konsultation hatte er sich bei einem Phrenologen in Edinburgh unterzogen, Mr. Hamilton. Nachdem der ihm den Kopf mit weichen, wurstförmigen Fingern abgefühlt hatte, schrieb Hamilton: »Die große Aktivität und agile Unbeständigkeit Ihres Denkvermögens resultiert aus dem gemischten sanguinisch-nervösen Temperament.« Obwohl Dodgson einiges Interesse für den Bericht und speziell eine am Rande mitgeteilte Information – »Sie hätten Mediziner werden können« – aufbrachte, konnte er nicht ehrlich behaupten, der Befund habe ihm geholfen.

Er wußte, daß es sinnlos war, weitere Versuche zur Linderung seines Stotterns zu unternehmen. Die versammelten Spezialisten des ganzen Königreichs hätten ihm nicht den grundlegenden Sprachfluß eines fünfjährigen Kindes verschaffen können. Dennoch überlegte er immer wieder einmal, ob er nicht Dr. James Hunt aufsuchen solle, den berühmten Autor von *Ein Handbuch der Philosophie von Stimme und Sprache, insonderheit in Bezug auf die englische*

Sprache und die Kunst des öffentlichen Vortrags. Er hatte davon gehört, daß Hunt bei mehreren seiner Studenten beträchtliche Erfolge erzielt habe. Und als er beim Frühstück im Gemeinschaftssaal an der Seite von Hunt zu sitzen gekommen war, hatte der Mediziner ihn eingeladen, ihn in seinem Hause unweit von Oxford zu besuchen.

Dodgson wußte, daß er selbst ohne sein Stottern kein begnadeter Lehrer gewesen wäre. Seinen Frieden mit dieser Tatsache hatte er bereits in der ersten Woche seines Lehrauftrags geschlossen. Es bereitete ihm Schwierigkeiten, Verständnis für Köpfe aufzubringen, die mit dem seinigen nicht mithalten konnten, und es bereitete ihm Schwierigkeiten, die daraus resultierende Herablassung aus seinem Tonfall herauszuhalten. Wie konnte denn irgendwer Probleme mit Parallelogrammen haben?

Viele seiner Studenten waren einfach unvorbereitet. So namhafte Institute wie Eton entließen sie mit schierem Unwissen über die einfachsten mathematischen Prinzipien auf die Universitäten. Sie konnten ohne nennenswerte Probleme selbst die besten Schulen absolvieren, wenn sie fließend Griechisch konnten, aber nicht wußten, was eine Hypotenuse ist. Und eine beträchtliche Zahl von ihnen würde durchfallen, ganz gleich, wie begnadet er sie unterwiesen hätte. Zuerst war ihm das als ein ungeheuerlicher Skandal vorgekommen, doch späterhin hatte er es sogar mit Erleichterung aufnehmen können. Er brauchte ihre Ignoranz nicht persönlich zu nehmen.

Bei alledem fand er es freilich frustrierend, diesen Aristokraten bei ihrem Gestümpere zuzusehen und sich selbst als Teil des Gestümperes zu begreifen. Einen Lehrstuhl im Stümpern zu besetzen. Und das, was Dodgson dabei am meisten faszinierte, war das Ausmaß, in dem sie mit sich und der Welt zufrieden waren. Vor einigen Tagen war er morgens über einen jungen Herrn gestolpert, der ganz zerwühlt und vollständig bekleidet in mitternachtsblauem Samtrock und Seidenschal in den Büschen gelegen und geschlafen hatte, offensichtlich an jener Stelle, an der er spätabends zusammengebrochen war. Er schaute träumerisch auf, strich sich die Blätter und Gräser aus dem blonden Haar und sagte: »Ach, hallo auch, Mr. Dodgson. Schönen Tag auch« – dann war er in Richtung seines Zimmers davonspaziert. Dodgson kam einfach nicht über den gutmütigen, unbeirrten Blick in seinen blutunterlaufenen Augen hinweg.

Die meisten von ihnen schienen ihr perplexes Unvermögen im Angesicht von Wissen und Tradition eher reizvoll zu finden. Anmutige, arrogante Jungen, die sich ihre Unkenntnis und ihren Unverstand wie eine Gardenie ins Knopfloch steckten. Sie schliefen sich durch die meisten ihrer Vorlesungen. An den Wochenenden enteilten sie in die Stadt und trafen sich mit grellen Frauen. Sie trugen enggeschnittene Hosen und Westen aus Seehundsleder. Sie veranstalteten in ihren Zimmern Champagnerfeste, die die ganze Nacht dauerten. Außerdem schienen sie alle Hunde zu halten, als wären sie von einem überdimensionierten Jagdball ins Christ Church College gestiefelt. Sie waren nicht zum Lernen hier, diese lockigen Lieblinge des britischen Empire; sie waren hier, damit diese einst so schmucken Jungs zwanzig Jahre später, nun schon von Glatzen und dicken Bäuchen geschmückt, bei verräucherten und whiskygetränkten Essensgelagen in ihren Clubs die Worte raunen konnten: *Damals in Oxford …*

Während Dodgson diagonal zu seinen Räumlichkeiten hinüberschritt, seine Notizen unter den Arm geklemmt, entdeckte er ein Loch, das für ein Rohr gegraben worden war. Hier wurden Verbesserungen vorgenommen. Er stand gleich neben dem Loch, das ungefähr die Größe eines Speisetellers hatte, und nahm die Ränder in Augenschein; die aufgerissene Erdoberfläche war glänzend, fast schwarz, Wurzelenden staken heraus, der Dreck war grobkörnig, funkelnde mineralische Flecken glänzten in der Sonne. Wenn er nicht aufgepaßt hätte, hätte er hineinstolpern können, dachte er verärgert.

Er schaute auch ins Loch hinein, wo die dunkelbraune Erde in schwarze Schatten überging. Er hätte nicht den genauen Moment angeben können, wo es zu dunkel zum Sehen wurde, sondern nur den Tunneleffekt bezeugen, das Ausbleiben der Sehfähigkeit als solche erleben, die begierigen Anstrengungen des Auges. Es gab da keinen Boden, nur eine ragende Schwärze, und plötzlich verspürte er ein Schlingern im Magen. Das dunkle Loch in der Erde schien zu drohen, schien zu klaffen und zu gähnen, doch zu welchem Zweck? Die zehn Fuß Rohr, die das Loch ausfüllen würden? Metall. Fortschritt. Er war absolut imstande, um das Loch herumzugehen und voller Selbstvertrauen seine Räume anzusteuern, doch er tat es nicht. Er stand da an der Öffnung, stand wie festgeklebt und gleichzeitig wie im freien Fall.

Irgendwie fühlte Dodgson sich am meisten bei sich selbst, wenn er in einem Boot saß, wenn er den sinnlichen Widerstand des Wassers unter dem Riemen spürte. Er hatte Mrs. Liddell, Lorina, Alice und Edith zu einer Bootspartie auf einem Zufluß der Themse eingeladen. Sie hatten sich an der Folly Bridge versammelt, die Mädchen und ihre Mutter unter großen Hüten, und Schwäne trieben am Anleger vorbei. Picknicks hatten ihn schon immer sehr angesprochen, alles wurde verrückt, alles wurde von seinem angestammten Platz genommen und anderswo hingetan, gekochte Eier und kleine silberne Salzstreuer im Gras, das Blumenmuster auf gutem Porzellan wetteiferte mit den Ameisen, ein Tischtuch wurde auf dem Schoß ausgebreitet. Die Architektur der Gesellschaft stürzt ein, die Wände und Türen und Adressen, die alles einteilen, weichen plötzlich der freien Luft und dem Himmel und den Bäumen – alle sind sie unter dem Blätterdach vereint.

Auf der abfallenden Flußböschung wurde die Wolldecke ausgebreitet. Dodgson legte sich auf die Seite, stützte sich mit einem Ellbogen auf. Alice lehnte sich an seine Beine und pellte ein Ei. Edith saß ein bißchen entfernt und zog Grasbüschel aus der Erde, und Miss Prickett klapste ihr auf den Arm, damit sie damit aufhörte. Mrs. Liddell wusch ihre Hände im Fluß, und Ina nahm Erdbeeren aus dem großen Weidenkorb und verteilte sie auf Teller.

Die Zeit schien schlüpfrig und unbeherrschbar. Er fühlte sich in die Kindheit zurückversetzt, saß wieder zwischen seinen Schwestern, riesige Petticoatmassen wallten unter ihren Röcken dahin, mädchenhaftes Geschnatter wirbelte um ihre Köpfe herum und umschloß alles wie Parfüm. Die Osterglocken von Daresbury ganz buttergelb auf dem Rasen, im schwachen Wind ihre Köpfe nickend, die Mädchen damit beschäftigt, einander in die Haare zu greifen und zu schwatzen. Er hätte im Haus sein sollen und seine Aufgaben erledigen, aber nichts wünschte er sich sehnlicher, als sich so mit seinen Schwestern treiben zu lassen, sich von ihnen verzehren zu lassen. Er war erst fünf Jahre alt, doch er war ein Mann. Der älteste Sohn seines Vaters. Erbe seiner Jagden und seiner Predigten, Erbe seines großen Hirschkopfes an der Wand in der Bibliothek, bei dessen Anblick ihm jedesmal flau im Magen wurde. Kopf ohne Hals. Er hatte nichts von dieser schlichten, selbstgewissen Autorität am Leibe, die sein Vater Hochwürden hatte: Schau mich an, ich bin ins Zimmer gekommen. Er hatte nichts davon. Er zerschmolz. Er verging. Wünschte sich nichts sehnlicher, als allein gelassen zu werden.

Er verbrachte Stunden in seinem Zimmer und begrübelte grundlegende Facetten des Lebens, über die andere Leute einfach hinweggingen, wie zum Beispiel an jenem Nachmittag, als ihm aufging, daß die Zeit für ihn langsamer fortschritt als für seine siebenjährige Schwester Elizabeth, weil für ihn jede verstreichende Minute ein größerer Teil seines Lebens war als für sie. Dieser Gedanke nagte an ihm, machte ihm angst, denn es hieß doch, die Zeit sei für alle gleich, es gab absolute Maßeinheiten, über die sich alle einig waren, fünf Minuten, eine halbe Stunde, aber so war es gar nicht. Die Zeit krümmte sich und schlingerte, je nachdem, wer man war.

Ein Stein platschte ins Wasser. Alice.

Lorina erhob sich, um ihn wieder herauszufischen. Sogar draußen in der Natur räumte sie instinktiv hinter Alice auf. Außerdem hatte sie eine Steinleidenschaft. Ihre Schubläden quollen über davon. Ein Freund der Familie hatte ihr ein zerfleddertes, rosenfarbiges Exemplar von Louis Agassiz' *Recherches sur les poissons fossiles* geschenkt, das sie zusammen mit Charles Lyells *Prinzipien der Geologie* gleich neben ihrem Bett liegen hatte.

Auf dem Rückweg trieben sie durch sich verdichtenden Nebel, der es ihnen unmöglich machte, die Wildgräser am Ufer zu sehen. Eine Ente flog aus dem Wasser auf und bespritzte das Boot. Und dann fing es, als könne die Luft die Feuchtigkeit nicht mehr halten, zu nieseln an, gerade als der Anleger in Sicht kam.

Als sie am Ufer waren, rannte Alice unter Dodgsons

Mantel, den er ihr beim Gehen über den Kopf hielt. Die beiden anderen Mädchen kamen mit ihrer Mutter und dem Kindermädchen hinterher. Um sie von dem Regen abzulenken, der nun kräftiger fiel, fing er an, ihnen eine Geschichte zu erzählen. Es ging darin um einen Emu, einen Dodo und eine Maus, die alle zusammen so sehr weinten, daß daraus ein Tränenteich entstand. Sie schwammen in eine Höhle hinein und sorgten sich ständig, sie würden ertrinken. Aber dann saßen sie eine so langweilige Geschichtsstunde ab, daß von dem trockenen Stoff auch sie selber trocken wurden.

Alice war ganz durchnäßt, das Haar ihr ans Gesicht angeklatscht, ihr weißes Kleid war durchscheinend, klebte. Sie lächelte, Wasser tröpfelte ihr von der Stirn, in die Augen, einzelne Tropfen blieben an den Wimpern hängen. Sie fing an zu schreien. »Fangen Sie mich«, rief sie, und er lief los, beide rannten sie, es war ganz erstaunlich, wie schnell Alice laufen konnte, und dann schließlich, als sie beim Tor ankamen, erwischte er sie, Regen in seinen Augen, hob sie hoch, und sie tropfte und trat mit den Beinen und kreischte: »Lassen Sie mich runter, Mr. Dodgson, lassen Sie mich runter.« Er hätte sie nicht hochgenommen, wenn da nicht der Regen gewesen wäre, der eine chaotische Begleiterscheinung von ganz eigener Art schuf, eine Art Ferienatmosphäre. Mrs. Liddell holte die beiden ein, Edith und Ina schluchzten an ihrer Seite, und er ließ Alice, die immer noch strampelte, auf den Boden herab, und die ganze nasse Gesellschaft drängte voran.

»Was für eine *Phantasie* Sie doch haben, Mr. Dodgson«, sagte Mrs. Liddell, als sie den Mädchen die Tür zum Dekanat aufhielt.

Doch es klang auch Mißbilligung durch. Sie durchschaut ihn, Mrs. Liddell. Trotz der ganzen Federhaftigkeit ihrer Existenz, trotz der blaßblauen Seidenstoffe, die durch Empfangszimmer rascheln. Trotz all der Frivolitäten, der Feste, die sich auf ihren Rasen hinaus ergießen, über dem zu diesem Anlaß erleuchtete Laternen hängen, trotz der lebenden Bilder und der Eisportionen zum Nachtisch versteht sie. Sie erkennt, daß er zu fliehen versucht. Zu nehmen versucht, was Gott uns gegeben, und es zu verdrehen versucht und ungeschehen zu machen versucht und umzudrehen. Daß seine Phantasie, wie sie sie so mißbilligend nennt, eine Methode ist, um sich aus einer vorübergehenden Melancholie zu befreien. Um die Welt im wahrsten Sinne des Wortes zu verändern, wenn er ihre wirkliche Beschaffenheit nicht mehr ertragen kann.

Es schwang ein Echo, etwas beunruhigend Vertrautes in ihren Worten mit: *Was für eine Phantasie Sie doch haben, Mr. Dodgson.* Durch diese Worte konnte er seinen Vater hindurchhören. Seinen Vater, der sich stets Sorgen machte, irgend etwas stimme wohl nicht mit ihm, angefangen mit dem Moment, als sein kleiner Sohn das neunundvierzigteilige Puzzle vom Leben Jesu so umsortierte, daß der erwachsene Jesus das Baby Jesus im Arm hielt und einer der Weisen einen Fischkopf hatte. Sein Vater schätzte es gar nicht, als er anfing, Zeichnungen seltsamer kleiner

Leute mit wilden, schlangenhaften Haaren anzufertigen, oder als er begann, eine Familienzeitschrift namens Pastoratsschirm zu schreiben. Ihm gefiel das Theater nicht, das Dodgson bastelte und bemalte, um die fast lebensgroßen schrumpelgesichtigen Marionetten darin auftreten zu lassen, und ebensowenig die Bewegungen, die er mit den Fingern an den Fäden machte, um die hölzernen Figuren nicken und sich verneigen zu lassen. Er mochte seines Sohnes komische Oper über die Eisenbahn, *La Guida di Bragia von Mr. B. Webster*, nicht. Die Rollen von Ebenezer Mooney und Julius Caesar Spooney und Mrs. Muddle wurden von seinen Marionetten gespielt. *(Warum sind Marionetten nicht grad so gut, Wie Schauspieler aus Fleisch und Blut?)* Sein Vater machte sich Sorgen, mit jedem Drehen und Wenden der Marionettenköpfe entferne sich sein Sohn weiter von der Zukunft, die er für ihn erfunden hatte: der Zukunft als Hochwürden Charles Lutwidge Dodgson, gesegnet mit einer Landpfarre, einer angenehm plumpen Frau und fünf Kindern. Jener solide, ehrenwerte Mann würde niemals an der Stirnseite eines dicken Eichentisches sitzen und den Schinken vorschneiden. *(O, Spooney, Spooney, in den feierlichsten und traurigsten Momenten, wie kannst du uns da mit deinen absurden Bemerkungen behelligen? Sei doch vernünftig, Spooney!)* »Warum mußt du bloß alles auf den Kopf stellen, Charles«, fragte er ihn häufig in einer Mischung aus Verwunderung und Verärgerung, »ist die Welt denn nicht so, wie sie ist, ganz wunderschön und harmonisch eingerichtet?«

Viele Jahre später, als Dodgson von seinem Vater endlich Anerkennung erhielt, kam ihm das ganz seltsam und gezwungen vor. Nachdem er in Oxford mehrere akademische Auszeichnungen errungen hatte, schrieb er mißgelaunt an seine Schwester Elizabeth: »Ich bin es recht müde, zu diversen Dingen beglückwünscht zu werden: Es will schier kein Ende nehmen. Hätte ich den Dekan erschossen, so möchte es wohl kaum mehr Gerede gegeben haben.«

Er hatte auf eine Strophe in seiner in marokkanisches Leder eingebundenen Ausgabe von Andrew Marvells Gedichten gestarrt und sie sich unterstrichen:

Der Kopf … erschafft und fördert her
Ganz andre Welten, andres Meer,
Und reduziert das, was gemacht,
Auf grüne Gedanken in grünem Schacht.

Reduziert das, was gemacht. Genau das war es, eine Reduktion, und aus irgendeinem Grund schien Mrs. Liddell sich genau das herauszupicken. Sie fand ihn gar nicht reizend.

Die Fotografie erforderte eine größere körperliche Disziplin als alles, was Dodgson zuvor unternommen hatte, und er war sich all dessen bewußt, was bei dem Prozeß mißlingen konnte: Die kleinste Bewegung während der fünfundvierzig Sekunden oder so, die eine Fotografie brauchte – ein Windstoß, eine Veränderung der Temperatur, ein Changieren des Lichts, ein Schaden, der kleinste Fussel –, konnte die Aufnahme unbrauchbar machen. Er mußte sich immer noch die einzelnen Schritte vorsagen. Als erstes mußte er das Gummikollodium, ein Gemisch aus Schießbaumwolle und Äther, über die Glasplatte im Format 8x10 oder 3x4 gießen, die er bereits mit aller gebotenen Umsicht gleichmäßig berieben und poliert hatte. Dann mußte er sie in die Silbernitratlösung tunken. Dies getan, mußte er rasch mit der Platte zur Kamera zurück. Wenn sie trocknete, bevor er wieder da war, wenn der Zipfel seines Rocks drüberwischte, wenn seine Konzentration nur einen Augenblick nachließ, dann müßte er wieder ganz von vorne anfangen. Nachdem er die Platte belichtet hatte, indem er die Kamera öffnete und nach genau der richtigen Zeitspanne wieder schloß, mußte er in die Dunkelkammer zurückeilen, wo er dann die Platte genau waagerecht in der Hand hielt, Entwiklerlösung drübergoß, die Flüssigkeit in eine Flasche abgoß und schließlich die Fixierlösung auftrug. Anschließend mußte er die Platte gleichmäßig erhitzen, bevor er sie glasierte, abtropfte und trocknete. Eine mühselige Prozedur, könnte man sagen, um Bilder von Gegenständen herzustellen, die man tagtäglich zu sehen kriegt. Und dennoch war es immer wieder erstaunlich, wie das Bildnis aus dem Eiweiß und dem silbrigen Nitrat erstand. Aus klebriger Weiße ein Universum erschaffen. Anfangs verliebte er sich gleichsam in alles, was ihm vor den Sucher kam: Die Distanz zur Welt, die er sich wünschte, wurde von der Linse heraufbeschworen.

George Macdonald hatte langes schwarzes Haar, das nach allen Seiten von seinem Kopf abstand – er forkte gerne mit den Fingern hindurch –, einen wilden schwarzen Bart, in den sich rostbraune und graue Strähnen färbten, und kleine eichenbraune Augen, und das alles zusammen ergab das Paradoxon seiner äußeren Erscheinung, die bärenhaft und schüchtern zugleich war. Er war auf einen Sprung bei Dodgson vorbeigekommen und zwängte seinen klobigen Körper in den Mahagonisessel am Fenster.

Macdonald balancierte einen Whisky-Soda auf dem Knie.

»Nun, wie ich höre, bist du ganz schön in die Gouvernante der Liddells verschossen.«

»Miss Prickett?«

»So sagt man.«

Dodgson schwieg einen Moment.

»Wer sagt so?«

»Ist keine Schande. Nach allem, was ich höre, ist sie ein hübsches Mädchen.«

Macdonald schwenkte seinen Whisky, und güldene Flammenscherben spiegelten sich im Glas.

Dodgson fühlte, wie die Hitze ihm das Gesicht versengte. Er fühlte sich so schuldig, als sei es alles wahr, obwohl nichts der Wahrheit ferner hätte sein können. In seinen Augen war Miss Prickett – rundlich, armbehaart, breithüftig – mehr als nur eine Spur abstoßend. Aber in Wahrheit hatte er kaum einen Gedanken an sie verschwendet. Sie war kaum mehr als ein Hintergrundlärm in seinem Kopf, ein summendes Geräusch, das die Kinder zu Bett rief, ihnen sagte, sie sollten die Kragen an ihren Kleidern feststecken, eine Geräuschkulisse bei seinen Besuchen im Hause Liddell.

Woher rührte das Gerücht? War es einfach eine Folge der vielen Zeit, die er mit den Kindern verbrachte? Der Gedanke, daß man über sie redete, seinen Namen mit dem ihren verbandelte, daß dieses Namensgespann in der Universität herumging und in die Zimmer von Studenten gelangte, die er kaum kannte, erschreckte ihn. Er hatte noch nie in seinem Leben irgend etwas getan, um ins Gerede zu kommen, und er fand es einfach entsetzlich, diese Zudringlichkeit von Gerüchten. Er fühlte sich hilflos, in seinen Absichten mißverstanden, besudelt und bespöttelt.

»Ich kann dir versichern, es ist nicht ein Funken Wahrheit daran.«

»Wie du meinst.« Macdonald grinste.

Das Thema, so wurde Dodgson klar, war damit beendet. Selbst sein Freund George mochte sich nicht von der Wahrheit überzeugen lassen. Alles weitere Protestieren würde jetzt nur noch als delikate Bestätigung einer geheimen Tändelei begriffen werden. Dies war eine logische Schleife, in der er gefangen saß: Leute in Liebesaffären leugnen ihre Liebesaffären. Er mußte diese Liebesaffäre leugnen. Er hatte ganz kurz ein Bild vor Augen, wie er und Miss Prickett sich in der dunklen schimmernden Höhle der Küche aneinanderpreßten, und fragte sich, wie jemand, der bei Sinnen war, dergleichen glauben konnte. Aber es war nicht nur eine Frage seiner eigenen Ehre. Auch die ihrige stand auf dem Spiel. Hatte sie schon etwas von dem Gerücht gehört? Hatte Mrs. Liddell etwas gehört?

Ein Schlückchen Sherry rann ihm warm und würzig die Kehle hinab.

»Kein Anlaß, es sich allzusehr zu Herzen zu nehmen«, sagte Macdonald. »Sie sind immer alle auf ein Skandälchen aus.«

Der Wind rappelte am Fenster.

Macdonald öffnete eine aufgeplatzte lederne Mappe und nahm ein Blatt Papier heraus, das mit peniblen Schriftzügen und Korrekturen in blauer Tinte versehen war: sein neuestes Gedicht, das Dodgson lesen sollte.

Dodgson versuchte, sich auf das scharfsinnige Gedicht über eine Taube zu konzentrieren – die Taube war eine Metapher für die Einsamkeit.

3. November 1856

Die Kamera gestattet es mir, alle Blickwinkel & Möglichkeiten durchzuspielen – über Schönheit nachzusinnen – beispielsweise in der Perfektion einer Form – der Gestalt eines Knöchels – der Breite einer Taille – der Schmalheit einer Hüfte. Erwachsene Frauen entfernen sich mehr & mehr von jener idealen Form – werden dicker & breiter – die Umrißlinien ruiniert, die Winkel verschoben, die Wölbungen übertrieben. Vielleicht besieht sich kein Mann eine erwachsene Frau, ohne nach Spuren verfallener Schönheit zu suchen – ihre frühere Perfektion – ein weicher Schatten dessen, was sie einst war, und der vielleicht über ihre verfallene Gestalt hinweghuscht.

Obwohl ich nicht leugnen kann, daß viele meiner Freunde die Damen ihrer Bekanntschaft als ästhetische Geschöpfe anzusehen scheinen: Reginald Southey hat sich darauf verlegt, um das Dekanat herumzustreunen & freundschaftlich mit den Mädchen zu verkehren, und dies aus dem alleinigen Grund, sich bei Mrs. Liddell einschmeicheln zu wollen. Und außerdem ist da natürlich Rossetti – was ist von der traurigen ätherischen Gestalt in Ecce Ancilla Domini zu halten? Sie ist wunderschön mit ihrem golden verbrannten Haar und ihren weiten Augen – ihr hageres, eckiges Gesicht – ihre schmale Gestalt – als habe sie sich allein vom Winde genährt – aber sie ist schön, insofern sie nicht von dieser Welt ist. Seine Geschöpfe haben keinerlei Ähnlichkeit mit den stämmigen, erdverbundenen Frauen, die ich in Ch. Ch. herumspazieren sehe.

Das ist ein wahrhaft kniffliges ästhetisches Problem – wie der Frau das Fleisch entfernen – das Fett, die Rundungen – & die Schönheit der Seele bewahren – die vollkommene Spiegelung von Gottes Absichten. Wenn wir ernsthaft davon ausgehen, daß die Frauen aus Adams Rippe erschaffen wurden, was ist der ranken Perfektion der Rippe dann wohl näher – Frau oder Kind?

Drei

Mrs. Liddell hatte das Hausmädchen zu Dodgsons Räumen herübergeschickt, um ihm rosa Lilien aus ihrem Garten zu bringen. Sie waren von Alices siebtem Geburtstag am Tage zuvor übrig, an dem er zusammen mit dem halben College teilgenommen hatte. Dodgson hatte die Formulierung »Herzlichen Glückwunsch zum Geburtstag« nie verstanden. Soweit es ihn betraf, schlossen sich Geburtstage und Glück gegenseitig aus. Er hatte Alice zugesehen, wie sie sich über die Torte beugte, und das Haar war ihr ins Gesicht gefallen. Selbst die Rituale, die sich um Geburtstage drehten, waren erschreckend und gar nicht feierlich, dachte er, etwa das Auspusten der Flamme. Hinterher hatte er sie beiseite genommen und ihr gesagt, er würde ihr an einem anderen Tage ein »Nichtgeburtstags«-Geschenk machen, um sie nicht noch dazu anzustacheln, daß sie älter werde.

Mrs. Liddell konnte nichts von seiner extremen Aversion gegen das Abschneiden von Blumen wissen, aber trotzdem; das Parfüm der Blumen hing in der Luft, schwer und zuckerig, zum Begängnis ihrer eigenen Beerdigung. Blumen kamen ihm beinahe wie das schlimmste Geschenk vor, das jemand einem anderen machen konnte. Aber andererseits wußte er wohl, daß die meisten Leute anders darüber dachten. Er stellte sie in eine blauweiße chinesische Vase am Fenster. Aber er wußte, was passieren würde. Er würde nicht imstande sein, sie wegzuwerfen, würde hilflos zusehen müssen, wie ein Braun ins Rosa kroch, in spinnwebigen Mustern, bis es die Blumen endgültig dahinraffte.

Dodgson duckte sich unter dem verschossenen Samtvorhang hindurch, um in seine Dunkelkammer zu gelangen, die nach Chemikalien riechende Dunkelheit, die ihn hier umgab, vermochte ihn zu trösten. Er fing an, die Fotografien zu entwickeln, die er an Alices Geburtstag gemacht hatte, goß die dickflüssige Mischung aus Eiweiß und Nitrat über das Papier und drückte es auf die Platte.

Er dachte daran, daß Alice sieben geworden war. Er addierte sie zu sich selbst und multiplizierte sie mit sich selbst. Er dachte daran, daß sie vierzehn werden würde, und dann neunundvierzig, dann dreihundertdreiundvierzig, und eine ganze Zahlenkolonne ergoß sich über das Papier. Er dachte an den Riesen aus Manchester, von dem in der Zeitung zu lesen gewesen war. Seine Mutter hatte dem Reporter gegenüber gejammert, Woche für Woche müsse sie ihm Knöpfe annähen und Risse im Hemd flicken.

Es war nicht seine Absicht gewesen, die weinende Alice zu fotografieren. Aber da war sie, Alice am Boden zerstört. Der Nachmittag war makellos verlaufen, blauer Himmel, Ananaseis, die Tische im Garten gedeckt, Kinder, die aus purer Eifersucht herumkrakeelten. Er hatte mit einem Gefühl der Isoliertheit vor einem Teller unangerührter, leuchtend rosiger Torte gesessen. Er konnte sich nicht beherrschen und errechnete seine Wichtigkeit für die Liddells aus der Zahl der Leute, die dichter bei ihnen saßen als er (31). Und deswegen hatte er sich abseits verdrückt, um zu fotografieren, um seinen Kopf unter den Kattunvorhang zu stecken und sich mit Dunkelheit zu umgeben. Aber irgendwo in der Menschenmenge – Frauen in Musselin, mit rosigem Eis beschmierte Kinder – lag die französische Porzellanpuppe unbeachtet in ihrer Stoffumhüllung. Und ihr Gesicht mit den echten Wimpern und den Lidern, die sich über die bemalten blauen Augen herabsenkten, wurde von einem unachtsamen Stiefel zertreten. Er hörte es knirschen und sah das blasse Etwas, das mit zerschmettertem und eingedrücktem Gesicht am Boden lag, die vollkommen geformte Nase hing zur Seite weg.

Dodgson nahm Alices Tränen persönlicher, als er jemals jemandes Tränen genommen hatte oder überhaupt jemandes Gefühle gleich welcher Art. Der ganze Vorfall war so abrupt und erschütternd. Es war nicht so, daß sie ihm leid getan hätte. Vielmehr hatte er das Gefühl, die Puppe sei in seiner Brust zertreten worden, so als sei es ihm selbst geschehen. Die anfallartige Aufregung der ganzen Gesellschaft, die flinke chemische Reaktion des

Stimmungswechsels. Er hatte natürlich schon früher von Menschen gehört, die so etwas verspürt hatten. Aber er mußte schon ganz besonders selbstsüchtig gewesen sein, daß er siebenundzwanzig Jahre alt hatte werden können, ohne auch nur einmal die Gefühle eines anderen als seine eigenen zu erleben.

Und darum machte er diese Aufnahme. Um etwas von sich festzuhalten, das er noch nie zuvor zu sehen bekommen hatte. Er notierte auf der Rückseite penibel die Nummer, Neg. 206 1/3, und klebte die Fotografie in sein Album ein.

15. August 1859

Vier Uhr. Bronzenes Licht.

Habe es endlich geschafft, mir Alice für eine Serie von Aufnahmen auszuborgen – ohne die anderen. Sie war recht aufgeregt bei dieser Aussicht, & wir gingen geradewegs ans Werk, ohne die üblichen Vorspiele.

Ich bekleckerte meine Hose mit Kollodium & Nitrat, während ich zwischen Dunkelkammer & Kamera hin & her lief, schwarzgesprenkelt & seltsam riechend. Alice lachte.

Ich schien unablässig in Bewegung, Alice ebenso. Ich rannte pausenlos in die Dunkelkammer, um die Glasplatte mit Kollodium zu überziehen, in Silbernitrat zu tunken & wieder damit zur Kamera zurückzukehren – & Alice huschte hinter den Schirm, um die Kostümierung zu wechseln – Sofort zu Beginn stellte sich ein Rhythmus ein

– ich bedeckte die Linse – sie als Bettlermädchen – bedekkte die Linse – sie als Chinesin – bedeckte sie wieder – sie als Zigeunerin – & die ganze Zeit lief ich unablässig in die Dunkelkammer, um keines von den kostbaren Bildern zu verlieren. Doch wie wir so flitzten & sie ihre Kleider wechselte – Bettlermädchen, Chinesin, Zigeunerin – Entwickeln, fixieren, glasieren – da wuchs sie über die äußeren Umstände hinaus – Oxford, 1859, meine Räumlichkeiten über der alten Bibliothek – & wurde Teil des Äthers – & ich wuchs über die meinigen hinaus. Wir spielten ein Spiel höherer Ordnung, jenseits der Grenzen dessen, wer wir waren – nicht mehr der blasse Stotterer, der gebeugte & vertrocknete Mr. Dodgson & ein kleines Mädchen, dem die Haare in die Augen fallen – sondern zwei Wesen, die weit droben über der Erde herumflattern und ihre Gestalt wechseln.

Sie stand hinter dem Schirm aus Reispapier, & ich beobachtete ihren Schatten, der sich in die & aus den Kleidern schlängelte – einen schwarzen hochschnürigen Schuh auf den Teppich schleuderte – ihn sich unbekümmert vom Fuß schüttelte – fleischgewordener Schatten – ich wollte sie in Augenschein nehmen, nicht durch zufällige Lücken & Spalte in der Kleidung, sondern sie wahrhaftig anschauen – Ein kleines Stück wandelnder Kunst – Nymphe im Garten – Elfe im Walde – Unschuldiges Possenspiel – Gerüche von Gras & Wind am Fluß & Katzenhaar – Eine milchig-sahnige Bauchpartie – Dunkle, dreckverschmierte Alice, nie gelingt es ihr, so adrett &

sauber zu sein wie Ina oder so süß wie Edith – Olivenhaut, mediterran – ein Wechselbalg – Etwas, das von anderswo hierhergetrieben oder -gefallen kam.

Zum Beispiel das Bettlermädchen – Sieh doch nur, wie ihr die Kleiderfetzen von den zierlichen Schultern fallen – die Hand auf der Hüfte, den Kopf keck erhoben – sieh doch, wie sie einen behext – die Beine schlank & rank – die Füße zu lang wie bei einem kleinen Hund – reduziert auf die Essenz ihres Wesens – zerrissene Kleider, Schmutz – irgendwie mehr Alice als in all der Spitze und den Bändern – die weitärmeligen Musselin- und Samtkleider, in die ihre Mutter sie verpackt wie eine Opfergabe an die Mode – Die Augenbrauen leicht erhoben – sie geht in Lumpen, schmutzstarrend – ihre Haut schimmerig, doch dreckverschmiert – als hätte sie einiges von der Welt gesehen – mehr davon gesehen, als ein unschuldiges Wesen, das aus Oxford kaum herausgekommen ist, das wohl vermag.

Was mich erstaunt, ist dieses Lauern in der Verwandlung – man sieht direkt, auf der Aufnahme, wie es bebt und zittert – ihre Ungeduld, ihre Ruhelosigkeit – als hielte sie ihr Leben für langweilig – Miss Prickett & Geographie & Klavierstunden & Tee – man kann erkennen, wie die Hitze ihres Unglücks aus der Fotografie aufsteigt – ihr so handgreifliches Verlangen – ein anderes Wesen als das, was sie ist, zu sein & nicht nur so zu scheinen.

Das hölzerne Geländer vor der oberen Galerie des Dekanats war mit geschnitzten Löwen verziert, die dem Familienwappen der Liddells entsprangen. Dahinter hockt Alice, kauerte im Nachtgewand auf dem Treppenausgang. Sie sollte eigentlich ihre Gebete sprechen, doch Miss Prickett war unten in der Küche und schwatzte mit der Köchin, und Alice war hinausgelaufen, als sie die Tür gehört hatte.

»Vielen, vielen Dank, daß Sie gekommen sind, Mr. Dodgson.«

»Das war mir ein V-v-vergnügen.« Sie hörte, wie seiner Stimme der vertraute Klang entgleiten wollte. Nervosität.

Obwohl sie ihn schon kannte, solange sie sich erinnern konnte, hatte sich ein unverhoffter Zauber um den Mathematikdozenten zu entwickeln begonnen. Ihr Vater war nicht an ihr interessiert. Er war an ihr interessiert. Seine Aufmerksamkeit fühlte sich warm an wie eine Lampe, die plötzlich in einem dunklen Zimmer entfacht wird, wie ein cremiger unerwarteter Lichtteich. Ihr gefielen seine Geschichten, wo die Dinge sich im Zickzack aus dem Nichts heraus entwickelten, wo keine Minute mit der nächsten zusammenzuhängen schien. Gewiß, so ganz sicher war sie sich nicht, ob er so wie andere Menschen war. Wäre er in ihrem Alter und würde so stottern, so hätte sie ihn bestimmt nicht gemocht. Und dann war da noch die Stimme ihrer Mutter, wenn sie mit ihm sprach: Sie schien stets allzu süßlich und überladen, wie die französischen Nachtische, die die Köchin servierte, so als habe sie ein schlechtes Gewissen, daß sie ihn nicht mehr mochte. Ihre Mutter hatte Lorina einmal angewiesen, sie solle bei einer Geburtstagsfeier ganz besonders nett zu Mr. Dodgson sein, weil er in Gesellschaften Schwierigkeiten hatte. Wird er denn je heiraten? fragte Edith. Das glaube ich nicht, mein Schatz, sagte ihre Mutter. Falls da irgend etwas mit ihm nicht stimmte, und sei es etwas, das nicht gutzuheißen war, so machte Alice ihm das nicht zum Vorwurf. Er gab ihr das Gefühl, die Trennlinie zwischen Erwachsenen und Kindern sei ebenso imaginär wie der Äquator. Nur aus Bequemlichkeit erfunden und anerkannt, nicht aus Gründen physikalischer Tatsachen. Neulich ließ er sich mit ihr im Küchengarten auf der schmuddeligen Erde auf die Knie nieder und inszenierte ein kurzes Schauspiel mit Tomatenranken und Bohnen als handelnden Personen, gab der Figur der Tomate befremdliche gekrächzte Zeilen in den Mund: *Meine pflanzliche Liebe wird zu einem größeren Gebilde als Weltreiche wachsen, und sie wird langsamer wachsen.*

Sie nannte ihn nirgendwie. Sie hatte keinen Namen für ihn. Wenn sie gezwungen wäre, ihn anzusprechen, dann hätte sie ihn natürlich Mr. Dodgson genannt, doch das tat sie nie. Das wäre bei weitem zu förmlich für den Mann, der da mit ihr im Küchengarten im Dreck kniete und in dessen Haar sich ein schmales Blatt verfangen hatte. Und dann war da dieser seltsame Zauber: die kribbelnde, berstende Vagheit, die die Frage umgab, wer er war.

Alice zwängte ihr Gesicht durch die Streben des Treppengeländers, um den Scheitel vom lackierten braunen Kopf ihrer Mutter sehen zu können, der sich über die Fotografien beugte. Wenn sie angestrengt hinsah, konnte sie den winzigen weißen Fleck auf der Fotografie ausmachen: das mußte sie sein.

Als Dodgson herüberkam, um diese Aufnahmen zu machen, hatte er auch nach ihren Schwestern gefragt, aber es hatte zwischen ihnen ein unausgesprochenes Einverständnis geherrscht, daß es ihm nur um sie gegangen war. Ihre Freundschaft war so wie eine Privatanspielung angelegt: Jeder konnte sie hören, aber nur sie beide verstanden, was genau damit gemeint war.

Am meisten mochte Alice die Dunkelkammer; sie mochte es, in dem winzigen, überfüllten Raum dicht bei ihm zu stehen, umgeben von braunen Flaschen mit seltsam riechenden Flüssigkeiten, sich darauf zu konzentrieren, daß sie nichts umstieß, und ihm dabei zuzuschauen, wie er die Chemikalien über die Platten goß und das Glas erhitzte, bis aus dem Nichts heraus ihr Gesicht erschien, farbenverkehrt freilich: ihre Haut schwarz verkohlt, ihre Augen weiß, ihr Kleid schwarz, ihr Haar weiß.

Hinterher hatte sie sich mit Strümpfen an den Füßen auf sein Sofa gestellt und seine goldgerahmte Weltkarte betrachtet. Alice liebte Landkarten. Sie liebte die knallbunten Rosa- und Blautöne. Sie liebte die Namen der Ozeane, Kaspisches Meer, Totes Meer, Atlantik, die Dreiecke, die Berge waren, die blauen Fäden, die Flüsse waren, das Herz, das Afrika war, den gestreckten Stiefel, der Italien war.

Mrs. Liddell war gar nicht begeistert von dem Bettlermädchenporträt. In dem dunklen Salon mit seinen schweren weinfarbenen Vorhängen und der Damasttapete kamen die Schwärze und die Weiße der Fotografien irgendwie noch stärker heraus. Die Kontraste kamen direkt daraus hervorgesprungen. Das zerrissene weiße Kleid, das dem kleinen Modell weit von der Brust stand und tief von den Schultern hing, schien hier noch deutlicher. Dodgson schob das Bettlermädchen unter den Stapel und ging rasch zu einer hübschen Profilaufnahme über – in zerknittertem Kleid mit weiten Ärmeln, dazu einen Blumenkranz um den Kopf.

»Dürfte ich das andere wohl noch einmal ansehen?« fragte Mrs. Liddell. Dodgson hatte keine Wahl. Er reichte ihr das Bettlermädchenporträt und lehnte sich ins steife, reichbestickte Polster zurück.

Mrs. Liddell nahm die Fotografie genau in Augenschein. Ihre Tochter stand mit schmutzigem Gesicht an rohes Mauerwerk gelehnt, angetan mit zerrissenen, ausgefransten Lumpen. Sie hatte die eine Hand in die Hüfte gestemmt, die andere war willfährig geöffnet. Was für ein durchtriebenes Balg. Doch da war noch etwas. Das Bild schimmerte von einem Scherz, der eben ausgesprochen worden sein mußte. Sie sah es in den Augen ihrer Tochter, ein Lachen, das gerade erst erstarb.

»Recht hübsch«, sagte sie und lächelte. Doch sie war beunruhigt. In einem Buch, das sie gerade beendet hatte, *Die Frau des Bankiers*, wird aus der Tochter Ellen eine Schauspielerin, protegiert vom Kommiß, und mit der Mutter geschieht folgendes: *Die arme Frau, so lange von Ängsten, Armut und Sorge heimgesucht, bettete ihr Haupt auf das Kissen der Krankheit und erhob es nimmermehr. Ihre nächste Ruhestatt war das Grab*. Mrs. Liddell wußte, daß es töricht und albern wäre, sich des Porträts wegen zu erregen. Aber da lag etwas Verbotenes, etwas Frauliches und Verführerisches in der Art und Weise, wie Alice sich zurücklehnte, und sie vermochte nicht zu entscheiden, ob das von Alice ausging oder von der unsichtbaren Kamera. Ob es ein Trick der Kostümierung und des Lichts war. Doch es schien da ein Austausch stattzufinden, eine elektrische Übertragung, die die Fotografie nur teilweise einfing. Sie wollte, daß der äußere Rahmen der Fotografie sich dehnte und auch Mr. Dodgson mit aufs Bild kam, wie er hinter seiner Kamera kauerte. Sie wußte, an den drei Zoll seiner Stirn hätte sie ablesen können, was da vor sich ging. Sie wollte *ihn* sehen.

War es möglich, daß die Zukunft sich auf leisen Sohlen in eine Fotografie einschlich und sie erhellte? Sie hatte so ein Gespür, als sei die Kamera in den innersten Wesenskern von Alice vorgedrungen, einen verderblichen, schwülen Kern, doch das war der innerste Wesenskern einer zukünftigen, erwachsenen Alice.

Unvermittelt kam ihr der Gedanke, noch nie habe

Dodgson darum gebeten, eine Aufnahme von ihr zu machen. Sogar in diesem Moment, wo sie gemeinsam auf dem Sofa saßen, nur wenige Zoll voneinander entfernt, fehlte die übliche Spannung ganz und gar. Ihr wurde klar, daß er nur aus einer Art Pflichtgefühl gekommen war, um ihr die Fotografien zu zeigen; das war nicht vergleichbar mit den Tiefsinnigkeiten über Aristoteles oder den Spielzeugschiffchen für die Kinder oder sonstigen Mitbringseln, die sie von den Protegés ihres Mannes gewohnt war. Die meisten jungen Männer, die zu ihnen ins Haus kamen, zeigten sich den Kindern gegenüber aufmerksam, um zu ihr vorzudringen. War es wohl möglich, daß Dodgson höflich zu ihr war, um zu den Kindern vorzudringen?

Mrs. Liddell wandte sich wieder dem Bildnis des Bettlermädchens zu. Das Porträt sprach sie durchaus an, das mußte sie zugeben. Die Fotografie zeigte, auf welche Weise Alice schön war. Im normalen Licht konnte man ihre spezielle Schönheit bisweilen gar nicht ausmachen – da sah sie fahl, mager, dunkel aus –, doch hier sah man sie.

Manchmal erkannte sie in Alices zunehmender Lieblichkeit einen Spiegel ihres eigenen Verfalls: die Querlinien auf der Stirn, die trockene, kreppartige Haut ihres Gesichts, die ersten grauen Haare, der kleine Fettring um ihren Bauch, der sie anfangs gar nicht gestört hatte, weil das von den Kindern gekommen war. Doch für eine Mutter schickten sich derlei Gedanken nicht, so wies sie sich schnell zurecht und versuchte, diese Gedanken aus ihrem Kopf zu verbannen. Was blieb, war eine Spur von Irritation.

»Etwas Kuchen?« Sie schob Dodgson den Orangenbiskuitkuchen hin.

»Nein danke.« Er wirkte leicht verschreckt.

Sie legte die Fotografien neben einer rundlichen Porzellangöttin auf den Tisch.

»Nun, Mr. Dodgson«, sagte sie schließlich. »Ich weiß nicht recht, was ich sagen soll. Ich bin ganz überwältigt. Ganz gewiß können sich nur wenige Kinder so glücklich schätzen, daß jede ihrer Stimmungen aus jedem Blikwinkel von einem so talentierten Fotografen dokumentiert wird.«

»B-b-bitte.« Dodgson rutschte unruhig hin und her. »Nehmen sie, welche sie möchten.«

Er beobachtete Mrs. Liddell, wie sie einige von den steiferen Porträts auswählte. Und dann, nach einem Moment des Zögerns, nahm sie sich auch das Bettlermädchen.

Mrs. Liddell lehnte am Türpfosten und sah ihm nach, als er den Pfad hinabging. Sie wäre die erste, die einräumen würde, ihre Ängste seien irrational – es war absolut akzeptabel, ja, sogar ausgesprochen in Mode, daß Fotografen Porträts kleiner Mädchen in Verkleidung anfertigten, und doch war sie besorgt. Gewiß, er war ein Mann, der nach London fuhr, um in Kunstausstellungen zu gehen, der Freunde in Künstlerkreisen hatte und sich mehr für Lichteffekte und Formen und Bildkomposition interessierte als für irgendeinen anderen Aspekt des Lebens. Seine blassen Gesichtszüge waren jeder Emotion so sorgsam entrückt, waren so bar allem, was nicht rationales Denken war. Seine Augen waren so grau und glatt wie das Innere einer Kirche.

Aber in seinem Verhalten war etwas Verqueres. Sie spürte das auf eine Weise, wie eine Mutter eine Gefahr für ihre Kinder spüren kann, selbst wenn es sich nur um eine entfernte Möglichkeit handelt, ein Buch, das herunterfallen könnte, eine spitze Tischkante, die zu Verletzungen führen könnte; sie spürte das unsichtbare Potential der Situation, die Brillanz des Bettlermädchenporträts, als etwas Schweres auf ihrer Brust lasten.

Vier

Dr. James Hunt war groß, hager und gebeugt, doch sein schmales Gesicht mit der auffälligen Nase, den dichten Brauen und den kleinen kieselfarbenen Augen war schwer einzuordnen. Das Außerordentliche an ihm war seine Stimme, die tief und schwer durch den Raum dröhnte.

»Hallo, Dodgson«, kam die Stimme hinter dem Schreibtisch hervor. Es lag eine bemerkenswerte Ironie in der Tatsache, daß ein Sprachtherapeut eine solche Stimme hatte.

Hunts Studierzimmer war klein. Ein glänzendes Mahagonisofa mit verschlungenen Lehnen und Löwenklauenfüßen stand neben einer gußeisernen Stehlampe. An der Wand neben der Tür befand sich ein wissenschaftliches Schaubild vom Kopf und Rachen eines Mannes mit sternförmig abstrahlenden Pfeilen, die aussahen wie Nadeln in einer Voodoopuppe und mit verschiedenen Bezeichnungen versehen waren: *Pharynx, Uvula, Cranium.* Auf seinem Schreibtisch hatte er ein großes Vogelskelett unter Glas, und auf dem Kaminvorsprung über dem Feuer reihten sich Krüge mit Meeresgeschöpfen. Vom leichten Geruch nach Salz und Tang wurde Dodgson ganz seekrank.

»Ich hoffe, mir wird es besser ergehen als dem Vogel«, sagte Dodgson, der auf dem Sofa saß.

»Besser ergeht es niemandem.«

Ein scheckiger Spaniel lag hingegossen unter dem Schreibtisch.

Hunt breitete mit wohlgesetzten Worten seine komplexe Theorie über das Stottern aus, mit der Dodgson nur sehr vage vertraut war. Man sagte Hunt nach, er arbeite an dem bahnbrechenden Werk zum Thema; der Titel lautete: *Stammeln und Stottern*. Bei jedem Stotterer, so erklärte Hunt, liege die Ursache entweder bei der Zunge, beim Atmen, bei den Lippen oder beim Kiefer. Und für jeden dieser Fälle gab es geeignete Gegenmaßnahmen: schnelles oder langsames Lesen, verändertes Atmen oder eine spezielle Positionierung der Zunge in der Mundhöhle. Dieser pragmatische Ansatz war von seinem Vater Thomas Hunt in einer hitzigen Kampagne aus Wortgefechten und Erfolgen begründet worden, und er selbst hatte ihn nach Abschluß seiner medizinischen Studienjahre präzisiert und vervollkommnet und auf eine intellektuelle Basis gehoben.

Hunt streckte die Beine aus und legte die Knöchel übereinander.

Blätter wurden vom Wind ans Fenster geklatscht.

»Niemand stottert aus Versehen«, sagte Hunt. »Alle stottern nach Plan.«

In Dodgsons Fall meinte er, das Problem könne wohl beim Kiefer liegen. Außerdem glaubte er, Dodgson hielte einen großen Teil seiner Persönlichkeit unter Verschluß. Mit dem Stottern versuche er, ein Geheimnis für sich zu behalten. Es gäbe irgend etwas, was er nicht sagen wolle. Einen inneren Unwillen, einen planvollen Vorsatz, der dem geschmeidigen Sprachfluß sein Stolpern aufdrückte.

Manchmal, dachte Dodgson, sprießen hier, in Oxford und umher, solche Leute wie Hunt einfach aus Mangel an Sonne, aus Mangel an Sauerstoff, aus Mangel an Kontakt mit dem wirklichen Leben aus dem Boden. Sie haben zuviel Zeit zum Denken, deswegen wird aus einer bloßen Laune der Biologie oder des Schicksals gleich ein bedeutungsschweres intellektuelles Problem; die Laune nimmt alle nur erdenklichen Schattierungen und Bedeutungen an, denn wenn das nicht ginge, würde er sich zu Tode langweilen, während er hier inmitten seiner schweren Lederfolianten und seiner Stimmdiagramme und seiner Vogelskelette herumsitzt.

Freilich … unter Verschluß halten. Nicht aussprechen. Als gäbe es ein unterdrücktes Bemühen auf der Tag-für-Tag-, der Satz-für-Satz-, der Wort-für-Wort-Ebene: nicht zu offenbaren.

»In manchen Fällen kann das Stottern die natürliche Fortsetzung eines schüchternen Temperaments sein«, erläuterte Hunt.

»Ich bin mir nicht sicher, ob das in meinem Falle zutrifft«, erhob Dodgson Einwände. »Ich bin heutzutage ganz das Gegenteil von schüchtern.«

In seinen eigenen Augen schloß und pflegte Dodgson unablässig soziale Kontakte. Zumindest kam es ihm so vor, als treibe er sich ständig dazu an. Indem er sich vorne vor die Studenten stellte, zum Beispiel. Indem er beim Frühstück mit Kollegen schwatzte. Es stimmt zwar, wenn er in einen Raum voller Menschen eintrat, durchzuckte ihn ein kurzes Entsetzen, doch mit den Jahren hatte er sich eine manierliche, relativ gesellige Persönlichkeit zuzulegen gewußt.

»Erzählen Sie mir von Daresbury«, sagte Hunt.

»Was gibt es da zu erzählen?« sagte Dodgson. »Es war eine kleine Pfarre auf dem Land. Zweimal täglich Gebete. Sonntags kaltes Essen. Kirchenpolitik und alte Damen, die ihre Nase in alles steckten. Nichts, was Sie nicht schon bei Trollope gelesen hätten.«

Aber das war keineswegs alles. Daresbury, das war auch Efeu, der sich über das bescheidene zweigeschossige Backsteinhaus ausbreitete, und der Duft nach Jasmin. Daresbury, das war das verschossene Chintzsofa neben dem von Spitzenvorhängen gesäumten Fenster, wo seine Mutter ständig lag, immer wieder ein weiteres Baby in den Armen. Daresbury, das war die Stimme seines Vaters, wie sie wutentbrannt durchs Haus hallte und beklagte, wieviel Geld für das Spalier im Garten ausgegeben worden war. Und die Vase mit den Blumenmustern, die von seiner Tante Lucy Lutwidge stammte und bei jenem Zornesausbruch von der Anrichte gefegt wurde. Sein Vater hatte nicht etwa damit geworfen, hatte nicht damit nach seiner Mutter gezielt; er hatte sie nur versehentlich heruntergestoßen, weil seine Gliedmaßen so klobig und ungelenk waren; aber bei jenem trampeligen Wutausbruch mußte einfach irgend etwas zu Bruch gehen. Der Fünfjährige konnte das Bersten im Gesicht seiner Mutter sehen. Die kleinen Porzellanscherben, die auf dem Fußboden glitzerten. Die Blüten und Blätter, die im Nichts versanken. Daresbury, das waren die Regeln seines Vaters. Kein warmes Essen an Sonntagen. Kein Puppentheater an Sonntagen. Niemals Theaterbesuche. Es gab Regeln, wann man essen sollte und was man essen sollte, Gebete am Morgen, im Kalten, wenn man noch halbwegs schlief und die Füße auf dem Boden wie Eis waren, und so sagte man die Worte auf, und immer kam er drin vor, dein Vater. Und tief unter alldem verborgen die Phantastereien. Das war Dodgsons Antwort. Auf dem Fußboden sitzen und Notizen zu einem Schauspiel auf den Rand seiner Lateinbücher kritzeln, ein Trauerspiel in drei Teilen. Seine Gedanken schweiften ab, krakelten herum, schufen etwas; sie formten sich selbst zu Strichzeichnungen und Reimen.

Dodgson war nicht ersichtlich, was das kleine Haus, in dem er aufwuchs, mit seinem Stottern zu tun haben sollte. Vielleicht versuchte Hunt einfach, ihn munter drauflos schwafeln zu lassen, um herauszukriegen, wann er zu stottern anfing. Vielleicht versuchte er, präzise den Augenblick zu isolieren, in dem ihm seine Beredsamkeit abhanden kam.

»Ich möchte meine Patienten gut kennen«, sagte Hunt. »Begreifen Sie unsere Unterhaltung versuchsweise als eine zwanzigjährige zwanglose Bekanntschaft, die auf einige wenige Monate verdichtet wird.«

»Das klingt recht erschöpfend.«

»Aber ja doch, genau das ist der springende Punkt.«

»Weil man dann, wenn man müde und erschöpft ist, mehr stottert?«

»Ich habe festgestellt, daß die Menschen im allgemeinen bei vertrautem Gesprächsstoff am meisten stottern. Bei den Geschichten, die die ältesten überhaupt sind«, sagte Hunt. »Außerdem finde ich es hilfreich zu wissen, an welchem Punkt das Stottern eingesetzt hat.«

»Wie in Wordsworths Zeile *Das Kind ist Vater von dem Mann?*«

»Ganz genau.«

Und so fing er wie der pflichtbewußte Student, der er gewesen war und immer noch war, damit an, Hunt von seinem Vater zu erzählen, Hochwürden Charles Dodgson, dem brillanten, löwengleichen, breitbrüstigen Manne, angetan mit seinen schwarzen Pfarrersroben und seinen blankpolierten Schuhen. Dodgson erinnerte sich an einen bestimmten Tag, als es ihm gestattet worden war, den Vater zum Drogisten zu begleiten. Des Pfarrers pompöse Wichtigkeit schleppte sich ihnen durchs ganze Städtchen hinterher wie der Schweif einem Kometen, die Leute nahmen ihre Hüte ab, als sie an ihnen vorbeigingen. Als sie den Laden erreichten, ließ Hochwürden seinen Sohn unter einem engbestückten Regal mit Pasten und Salben stehen, während er zum Drogisten vortrat und sich mit ihm unterhielt. Dodgson sah, wie einer von den Angestellten seinen Vater beäugte und zu einem anderen sagte: *Der kann seine Hände wohl gar nicht von ihr lassen, was?* In so wenigen Jahren kamen so viele Kinder zur Welt. Dodgson spürte, wie eine tiefe Scham ihn durchflutete. Sie waren so viele, allesamt sichtbare Produkte der Sünde, fleischliche Manifestationen unaussprechlicher Handlungen. *Der kann seine Hände wohl gar nicht von ihr lassen.* Wenige Wochen später starb ein Baby. Es war schwer für ein Kind, diese Bruchstücke zusammenzusetzen, irgendeine Art von tieferem Sinn herauszupuzzeln aus diesen gleichermaßen unhandhabbaren Fakten, den Eltern, die ihre Hände nicht voneinander lassen konnten, dem Neugeborenen, das starb.

Und dann war da noch seines Vaters unausgesprochene, nie recht thematisierte Enttäuschung. Eine Atmosphäre des Verlustes durchtränkte das ganze Haus und zog alle in ihren Sog hinein, der Kompromiß, den sein Vater mit seiner eigenen Brillanz hatte schließen müssen. Der Verlust saß mit am Essenstisch, eine Spannung, in der sie befangen und von der sie fasziniert waren, die in die kleinsten Gesten und Kontakte eindrang, etwa wenn einer dem anderen die Bratensoße reichte und dabei ein Tropfen das Tischtuch besudelte und sein Vater dann seine kalte Wut an dem Schuldigen ausließ. Nichts läßt sich ungeschehen machen. Nicht der braune Fleck auf dem weißen Tuch. Nicht das Los eines Mannes, der seine Intelligenz in einer entlegenen Pfarrei für ein geringes Geld verschwendet. Nicht die Tendenz einer großen Familie, immer noch größer zu werden. Er erinnerte sich, wie seine Mutter vor der Niederkunft verschwunden war. Ihren Bauch hatte er unter der rutschenden Decke halb zu sehen bekommen, hart und eiartig und geschwollen. Sie wurde weggewischt, zugedeckt mit dem Flüstern der Dienerschaft. Er erinnerte sich, wie er durch den Flur zu ihrem Zimmer gekrochen war, wohin zu gehen ihm unmißverständlich verboten worden war, und dort das Klappern von Pfannen gehört hatte und das Tuscheln der Diener, die flink und leise miteinander gesprochen hatten. Ein Weilchen später war es ihm dann immer gestattet worden, sich sein kleines Schwesterchen im Kinderzimmer anzuschauen, in Laken gewickelt, mit rosigem Gesicht, einem truthahnhaften Hals und einem fürchterlichen schwarzen Fleck am zerbeulten Kopf. Zweimal hatte es gar kein Baby anzusehen gegeben. Das interessierte und erschreckte ihn: das Verschwinden des klumpigen tuchumwickelten Fleisches aus dem Bauch der Mutter in blankes Nichts. Die Tatsache, daß Fleisch sich in Luft auflösen konnte. Die Stille, die folgte.

Er wußte, daß sein Vater das ersehnte Studium im Christ Church College in Oxford aufgegeben hatte, um seine Mutter zu heiraten. Man konnte nicht diese angesehene Position innehaben und gleichzeitig verheiratet sein, und sein Vater, der sich so sehr um Ansehen und Positionen bekümmerte, entschied sich für die Heirat. Es lag etwas Sündiges, so würde es Dodgson später empfinden, etwas Obszönes und Abscheuliches in dieser Entscheidung, den Schritt hinab zu tun und seine höchsten Prinzipien und seine lebenslangen Ziele für die Frau aufzugeben, für eine warme Frau im Nachtgewand in seinem Bett, die mit langen gelösten Haaren aus dem Schlaf erwachte, lose und massig und sich windend, ein rotgoldenes Netz ums Gesicht, fleischige Arme, die aus ihrem Nachtgewand hervorstaken. Sein Vater verließ Oxford dieser Arme wegen, der Umarmung dieser Arme wegen, der Fortpflanzung wegen, der unwiderstehlichen Vervielfältigung seiner selbst wegen. Frances Jane, Elizabeth Lucy, Charles Lutwidge, Caroline Hume, Mary Charlotte, Skeffington Hume, Wilfred Longley, Louisa Fletcher, Margaret Anne Ashley, Henrietta Harington, Edwin Heron. Elf Kinder und zwei Gespenster.

Sehr viel von alledem trug er Hunt vor, ohne auch nur einmal zu stottern, und als Dodgson geendet hatte, schlug der Arzt vor, er solle sich jeden Tag eine Passage aus dem *Sommernachtstraum*, zweiter Akt, erste Szene, in raschem Tempo selbst vorlesen.

Fünf

Alice saß auf Dodgsons Schoß in dem alten Schaukelstuhl im Kinderzimmer, ihren Arm um seinen Hals geschlungen. Das Zimmer war vergleichsweise kahl eingerichtet, nur mit einem Eichentisch, über den ein Häkeldeckchen gebreitet war, einem runden Flickenteppich und einer Stehtafel neben der Tür. Die winterliche Sonne schien durch den Spitzenvorhang herein und warf ein Gittermuster auf den Fußboden, Halbmonde aus Licht. Er erzählte ihr eine Geschichte. Er sprach sanft, ohne zu stottern. *Oh, wartet noch, bat da die Schar, die gern geplaudert hätt': Ein paar von uns sind außer Atem, Und alle sind wir fett!* Seine Stimme war stofflich, faserig. Sie verlor sich darin, als werde sie Teil um Teil zerlegt und davongetragen. Sie war die Auster, die Sonne, das Walroß. Alices Hand lag ihm am Hals, und sie konnte die Wörter fühlen, die Sehnenstränge, während er sprach. Beinahe wie ein Instrument. Die Austern, das Walroß, der Zimmermann, der verrückte Marsch am Meer, der sich zu Reimen formte, für sie ganz allein. Sie schmolz ihm an die Brust, war selbst ganz austernhaft.

Alice spürte seine Beine unter den ihren, zerbrechlicher und vogelhafter als die Beine ihres Vaters. Sie spielte mit seinem Kragen, während er sprach. Sie wußte, daß er die Geschichte nur für sie erzählte, daß er jede Einzelheit erfand, nur um ihr eine Freude zu machen. Austern, die Schuhe anhatten. Bei einer Feier trug ihre Mutter Austern auf. Er sah ihre geheimen Wünsche voraus, noch bevor sie selbst davon wußte, und sie verspürte, daß auch sie in der Geschichte drinsteckte, daß sie ihren Abdruck auf der unsichtbaren, muskulösen Gestalt hinterlassen hatte. *Bewein' euch denn, das Walroß sprach: Mit großer Sympathie. Und heulend suchte er heraus von größter Sorge die.* Was will Alice? Sie konnte spüren, wie Dodgson das dachte, während er sprach, untergründig, und diese Frage, diese Voraussicht war es: ihre Mitwirkung. Die Einfälle, die aus den Tiefen heraufgeschleudert kamen, nur ihretwegen. Das war etwas, was sie gleich von Anfang an begriffen hatte, die gemeinsame Erzeugung der Geschichte. Es waren nicht nur Geschichten für sie, es waren auch Geschichten *von ihr*.

Am Ende wurden all die gutmütigen Austern vom Walroß und dem Zimmermann verspeist, und ihre Schalen starrten leer aus dem heißen Sand empor. Ein trübseliges Ende, hätte manch einer meinen mögen. Doch Alice konnte gar nicht wieder aufhören zu lachen.

Dodgson ging mit seinem Schirm rasch die Straße entlang. Er bog nach rechts und marschierte Richtung Trafalgar Square, die dunkelgrauen Fetzen am Himmel drohten mit Regen. Er hatte leicht befriedigende Kopfschmerzen, weil er bei einem Festessen abends zuvor bei den Macdonalds ein Glas Rotwein zuviel getrunken hatte, und die Geräusche der Straße erreichten ihn gedämpft und wie durch Baumwollstoff. Gerade die rechte Stimmung für die Königliche Akademie, dachte er sich. Er war für ein paar Tage nach London gekommen, um sich die Gemeinschaftsausstellung neuer Fotografien anzusehen, hatte sich dieses Vorhaben aber für die letzten paar Stunden aufgespart.

Die Menschenmenge stand breitgefächert vor dem Eingang, alle wollten sie hinein. Im Jahr zuvor war fast niemand gekommen. Lady Eastlakes Essay neulich hatte die Fotografie ganz atemlos zu »einer neuen Kommunikationsform« und »einem Begriff, den jeder kennt« erklärt. Das seltsame Steckenpferd, das er sich da zugelegt hatte, fand plötzlich viel Beachtung, und er wußte nicht recht, was er davon halten sollte. An Kommunikation war er nicht interessiert.

Dodgson ließ sich langsam durch die große Halle treiben, hielt Ausschau nach Händen. Bei seinen eigenen Fotografien bereiteten ihm Hände Schwierigkeiten. Die komplette Selbstsicherheit seiner Porträtierten floß mysteriöserweise in ihre Hände, und er wußte nicht genau, warum. Er blieb einen Augenblick an der Stelle stehen, wo seine Aufnahme »Kleine rote Reiterkappe« gehangen hatte. Jetzt hing dort eine Weide vor einem Backsteinhaus, technisch in Ordnung, aber ohne allen Reiz. Im Jahr zuvor waren vier seiner Fotografien in der Ausstellung der Königlichen Akademie gezeigt worden: »Kleine rote Reiterkappe«, »Porträt«, »Kindergruppe nach der Natur« und »Porträt eines Kindes«. Und seither hatten viele seiner Aufnahmen auf informellere Weise zirkuliert, waren von den Eltern der Kinder herumgereicht worden, die er porträtiert hatte: den Welds, den Macdonalds, den Marshalls, den Tidys, den Hobsons, den Henleys, den Tennysons und anderen. In gewissen Kreisen wuchs er zu einem bescheidenen Mythos heran – der seltsame Oxforder Universitätslehrer, der Kinder und Dichter porträtiert. Doch er fühlte sich von seinem neuen Ruhm auf befremdliche Weise distanziert, so als handele es sich dabei um eine *Carte de visite* aus dem Ausland, die einem von einem Freund gezeigt wird, der dort Urlaub gemacht hat.

Tatsächlich war die Fotografische Gesellschaft mit dem Wunsch an ihn herangetreten, er möge doch seine neuen Bilder in dieser Ausstellung zeigen lassen, doch er hatte das höflich abgelehnt. Er hatte entschieden, Porträts sähen unter Glas zu protzig aus, die glänzende Oberfläche fing das Licht ein und zwang den Gegenstand, mit der Spiegelung zu konkurrieren. Und allein der Gedanke daran, Alice an der Wand hängen zu sehen, war ein Ding der Unmöglichkeit.

Damen in großen Hüten bückten sich um die gerahmten Fotografien herum. Seine Stimmung begann ihm zu entgleiten. Er wußte, daß seine neuen Fotografien gut waren, besser als die meisten, die hier hingen. Aber aus irgendeinem Grunde befriedigte ihn dieses Wissen nicht. Während er rastlos in der Galerie herumspazierte, war er selbst überrascht, wie sehr er um seinen Platz rang, wie sehr er im Kopf damit beschäftigt war, die Ausstellungsbilder durch seine eigenen zu ersetzen. Er konnte nichts dagegen tun – er hatte das Gefühl, daß das, was er dann in schweren vergoldeten Rahmen und trauriger Sepia an den Wänden hängen sah, sein eigenes Verlangen danach war, Eindruck zu machen. Er war kein Fotograf, so ermahnte er sich, sondern ein Mathematiker mit einem Steckenpferd.

Weil ihm diese Gedanken durch den Kopf gingen, sah er Gertrude Thomson erst, als sie direkt vor ihm stand, ungestalt und gebückt, ihr mausgraues Haar unter dem grauen Seidenhäubchen ganz zerzaust. Sie trug einen Schirm, einen Skizzenblock und Stifte bei sich. Sie war eine Kinderbuchillustratorin mit bescheidenen Erfolgen. Ihre schwarzweißen Feen und Nymphen hatten ihn beeindruckt.

»Haben Sie sich die schon angesehen?« Sie deutete auf die Fotografien einer berühmten Fotografin, deren Profilaufnahmen junger Frauen mit in die Ferne gerichteten Blicken und herabwallenden Haaren der letzte Schrei waren.

»Ja«, sagte Dodgson still, doch er hatte es vermieden, sie sich anzuschauen.

»Ganz entzückend, nicht wahr?« Sie strich sich die Haarsträhnen aus dem Gesicht und sah ihn geradewegs an. »Oder sind ihre Modelle zu alt für Ihren Geschmack?«

»Möchte ich wohl sagen.« Dodgson lächelte. »Hinfällig und verbraucht.«

Sie hatte seine neuen Fotografien also schon gesehen. Irgend jemand, dessen Kinder er porträtiert hatte, mußte sie ihr gezeigt haben. Vielleicht die Tennysons.

»Mir geht es genauso«, sagte sie. »Für gewöhnlich skizziere ich Mädchen unter zehn.«

»Ich finde sieben am sublimsten.«

»Ich suche sie mir, wo immer es geht. Die Strände sind meine erfolgreichsten Jagdgründe. Ich finde, es ist leichter, anatomische Grazie in Badekostümen einzufangen.«

Vor ihm erstand ein Bild von Wellen, die die sonnenverbrannten Beine drei kleiner Mädchen umtanzten.

»Entzückend, daß Sie mir über den Weg gelaufen sind«, sagte sie unvermittelt, schlängelte mit ihren Fingern nach ihm, drehte sich um und verschwand in der Menge.

Auf der Bahnfahrt nach Hause kritzelte er etwas auf ein Blatt Papier, das er sodann faltete und sich in die Jackentasche steckte:

Ich muß schon sagen, die Fotografien der großen Dame beeindrucken mich nicht. Sie sind über Gebühr romantisch – können sich irgendwie nicht auf die Lieblichkeit ihrer Gegenstände einlassen. Alles nur Duster & Jammer & große Köpfe. Sie sind nicht natürlich, & das ist es, worauf ich es abgesehen habe. Der größte Vorteil, den man beim Fotografieren von Kindern hat, ist die Natürlichkeit. Man muß sie keineswegs so heimgesucht darstellen. Ihre bedauernswerten Opfer schauen allesamt drein, als seien sie gerade Zeuge der Zerstückelung ihres Lieblingshaustiers geworden. Das Licht ist indirekt & bedrükkend – stets das eigentümliche Licht eines Sturms –, & die Porträts sind weniger Porträts der Mädchen als vielmehr Porträts des Gemütszustands der Künstlerin. Ich hasse diese Art von Selbstausstellung seitens des Fotografen. Es gibt etwas, das man als Ziel ausgeben sollte: Vergiß nicht, die Person, die du fotografierst, auf der Fotografie vorkommen zu lassen.

In Mrs. Liddells Kopf war es schwül und tropisch von ihrer Lektüre. Pochende Herzen. Geheimes Rendezvous im Park. Sie legte ihr Exemplar von *Die Witwe und der Marquis* von Mr. Theodore Hook auf dem Nachttischchen ab. Auf der Seite, die sie gerade beendet hatte, glaubt die verwitwete Mrs. Franklin, der wohlhabende Mr. Smith sei im Begriff, sie um ihre Hand anzuhalten, dabei will Mr. Smith in Wahrheit um die Hand ihrer Tochter Harriet anhalten, die dreißig Jahre jünger ist als er und den mittellosen Mr. Carville liebt. Die Kerzen neben dem Messingbett zerlegten den Raum in dunkelgoldene Streifen. Die Chintzvorhänge waren zugezogen; riesige dunkle Rosen kamen die Tapete herabgepurzelt. Die Welt war plötzlich überkonturiert und tragisch und wichtigtuerisch, so als sei alles sternengefleckt und dunstig und schimmernd, jedes Wort, das ausgesprochen wurde, leidenschaftlich und glühend, jedes chinaseidene schulterlose Kleid mit Rosenbesatz im Begriff, in schmeichlerische Falten zu fallen. Sie wurde von einer dieser Stimmungen umfangen. Hervorgerufen zu einem guten Teil durch Mr. Theodore Hook und die Verleger der Bahnhofsromane.

Sie wandte sich ihrem Ehemann zu.

»Henry.«

Sie wollte reden.

»Henry?«

Er schlief. Er hatte sich nicht einmal die Mühe gemacht, sich zuzudecken. Unwillkürlich verspürte sie die Intimität, neben ihm im Bett zu sitzen. Seine nackte Brust, seine bloßen Arme, das Gewicht seiner Schenkel. Sie liebte es, wie massig er war. Wie er sich da breitmachte. Die Umarmung, die möglich gewesen wäre, hing greifbar in der Luft: ihr Verlangen und sein mangelndes Verlangen, unbestreitbare Tatsachen wie der acht Fuß hohe Kleiderschrank und der marmorne Waschständer an der anderen Seite des Zimmers. Henry hatte ihr in letzter Zeit nicht viel Aufmerksamkeit geschenkt, so sehr war er mit seinen Reformen beschäftigt. Die Arbeiterhäuser beispielsweise, die er am Rande von Christ Church errichten lassen wollte. Er konnte gar nicht aufhören, davon zu reden, die Pläne, die Entwürfe, die Millionen von unbedeutenden Kontroversen, die sie auswendig herbeten konnte. Er hatte sie seit Wochen nicht mehr angefaßt. Sogar tagsüber war er wie abwesend. Der Leonardo da Vinci unserer Universität, so nannten die Leute ihn. Tatsächlich hatte ihr Mrs. Lamb gerade am heutigen Morgen erst erzählt, sie habe ihn bis zur Hüfte in einem Abzugsrohr stehen sehen. Das überraschte sie ganz und gar nicht, denn es gab keinen Bereich der Universitätsverwaltung oder der damit verbundenen Arbeiten, der zu unbedeutend wäre, als daß der Dekan sich damit befassen mochte. Er war in solchem Maße ein Mann der Öffentlichkeit, daß er privat gar kein richtiger Mann mehr war. Eine lange Liste kleinerer Anlässe für Verdruß ging ihr durch den Kopf: Er hatte es versäumt, etwas zu ihrem neuen satinbesetzten Häubchen aus London zu sagen, hatte die launenhafte Köchin nach dem Essen nicht hinreichend gelobt.

Ihr Mann atmete tief und unschuldig, und einen Augenblick lang fühlte sie sich schuldig. Da lag er, die Stirn kaum noch bedeckt unter dem lichter werdenden Haar, die Augenlider beinahe durchscheinend, zierlich und säuglingshaft, mit dünnen blauen Äderchen darin, die Wimpern lang und rötlich. Sie konnte ihn riechen, den kräftigen Geruch nach Moschus und Büchern, oder vielmehr den Geruch, den sie, als sie noch jünger war, mit Büchern assoziiert hatte, von dem sie später freilich erkannte, daß es einfach sein natürlicher, ungebadeter Geruch war. Er verstörte sie, wie er sich da ausstreckte gleich einem graziösen Tier. Das Graziöse an ihm verstörte sie.

Es gab Gespräche, die sie gerne mit ihm geführt hätte, einen Informationsaustausch, durch den sie einander in ihren jeweiligen Tagesablauf mit einbezogen hätten. Sie wollte ihm zum Beispiel gerne von der Diskussion erzählen, die in ihrem Damenlesekreis über Homers Penelope geführt worden war, und ihn fragen, ob es wirklich ganz normal war, daß der Mathematikdozent soviel Zeit mit den Kindern verbrachte. Ja, das gehörte zu den Dingen, die sie mit ihm besprechen wollte: was er wirklich von Charles Dodgson hielt, welche komplizierten Gedankenverästelungen sich hinter seiner politisch motivierten Herzlichkeit verbergen mochten. Ihr Mann ging mit ihm ganz genauso um wie mit jedem anderen jungen Mann, der an der Universität tätig war: Er bewies ihnen allen gegenüber eine freundliche, leicht überhebliche Wärme mit einer geheimen Kälte im Zentrum, die so subtil war, daß nur sie etwas davon mitbekam, und deswegen war schwer auszumachen, wen er wirklich mochte. Es fiel ihm niemals ein, von sich aus über andere Menschen zu sprechen, doch wenn sie ihn bedrängte, stellte sich stets heraus, daß er die fragliche Person ebenso gründlich eingeordnet und analysiert und annotiert hatte wie eines seiner griechischen Verben.

Sie legte ihm ihren Arm sachte um den Bauch. Sie spürte die Wärme, die sich neben ihm unter dem Laken angesammelt hatte, und schmiegte sich hinein. Er rückt ein bißchen zu ihr her, schlief aber weiter. Wahrscheinlich träumte er von Abzugsrohren.

Sechs

Alice ritt an der Seite ihres Vaters auf einem Pony. Dodgson traf gerade noch rechtzeitig auf der Wiese ein, um sie davontrotten zu sehen. Sie hüpfte auf dem kastanienbraunen Pony auf und ab, hielt sich steif und gerade dabei. Immer noch recht klein für eine Zehnjährige. Dodgson wußte, daß dies eine ihrer Lieblingsbeschäftigungen war: neben dem grauen Hengst ihres Vaters dahinzureiten. Obwohl ihr Gesicht von ihm weggekehrt war, wußte er, daß sie vor Vergnügen errötet war. Er wußte, daß dies eine der wenigen Gelegenheiten war, bei denen sie ihren Vater sah, eines der wenigen Dinge, die mit ihr zu tun er sich herabließ. Natürlich war er ihr Vater, und es war vollkommen natürlich, daß sie sich zu ihm hingezogen fühlte, doch plötzlich fühlte Dodgson sich vernachlässigt. Ihr Vater jagte davon, und sie folgte ihm, das Pony unter ihr geriet beinahe ins Schlittern, so heftig hatte sie es getreten. Wieviel schwerer es doch ist, Geschichten zu erzählen, wieviel mehr es dafür braucht, dachte Dodgson, als einfach nur auf einem Pferd auf und ab zu hüpfen und nichts über die Lippen zu bringen außer »gutes Mädchen« und »versuch's noch einmal«.

Dodgson ging auf, daß er womöglich der einzige Mann in ganz Oxford war, der den Dekan nicht mochte. Liddell war das absolute Muster des englischen Gentleman, jedenfalls sagten das alle, aber in Wahrheit hieß das nur, daß er an etwas anderes dachte, während er mit einem sprach. Er gab sich vollen Bewußtseins als Typus; seine Fähigkeiten waren die eines Politikers: Er glättete seine Ecken und Kanten und brachte seine Besonderheiten zum Verschwinden. Er erinnerte Dodgson an die Jungen in der Schule, die die ganze Nacht saßen und für die Prüfungen büffelten, hinterher freilich so taten, als hätten sie gar nicht dafür gelernt. Er besaß die nämliche einstudierte Nonchalance. Dodgson mochte die Herzhaftigkeit in seinem Tonfall nicht, die nahezulegen schien, jedes Gespräch über Philosophie und Lexikographie müsse am Ende doch in eine Diskussion darüber münden, welcher Wein am besten zu Lammfleisch passe. Tatsächlich benamste der Dekan die Haupttreppe im Dekanat »das Lexikon«, und zwar zur höheren Ehre seiner unglaublich lukrativen, freilich völlig phantasielosen Abhandlung über das Griechische, aus deren Erträgen er seine privaten Umbauten finanziert hatte. Wie vulgär, dachte Dodgson. Was für eine unbeabsichtigte Ironie doch darin lag, daß die reizenden kleinen Mädchen jedesmal, wenn sie zu Bett gingen, über die Seiten jenes großen Werkes hinwegtrampelten.

Er konnte sich nicht helfen, er mußte daran denken, auf wie vielfältige Weise der Dekan die Universität zu zerstören trachtete, und er fand keineswegs, daß das übertrieben ausgedrückt war. Da waren die Fenster mit den Buntglasscheiben, die er bereits hatte entfernen lassen, die modernen Erkerfenster, die er an ihrer Stelle hatte einsetzen lassen, der Zugang zur Kathedrale, den er hatte verändern und absenken lassen. Er dachte daran, was wohl passieren würde, wenn er die ganzen alten Zinnen und Türme Oxfords nehmen und ihnen mit seinen Methoden des Aufpolierens glatt alle Geschichte und allen Charakter austreiben würde. Das war eine rechte Travestie: sich alles vorzunehmen, was an der Universität großartig und geheimnisumwittert war, und dann darauf einzuhacken, bis nur noch eine grimmige moderne Anonymität übrig war.

Noch schlimmer war der Glockenturm, den der Dekan plante und in dem die Glocken in einem hölzernen Kasten stecken sollten. Tatsächlich dachte Dodgson daran, vielleicht noch ein weiteres gegen solches Banausentum gerichtetes Pamphlet in Umlauf zu bringen, in dem er sich mit der etymologischen Bedeutung des neuen Glockenturms beschäftigte. Die Stilrichtung würde er folgendermaßen bezeichnen: *Frühe Verfälschungen: sehr frühe und ganz bemerkenswerte Verfälschung*. Er dachte außerdem daran, einen Appendix an seine offizielle Denkschrift anzuhängen, betitelt *Einwände gegen gewisse ins Auge gefaßte Veränderungen am großen Innenhof, eingereicht der regierenden Körperschaft von Christ Church, Ox-*

ford. Ihm war durchaus klar, daß das scharf formuliert war, aber so sah er die Angelegenheit nun einmal. Es war ihm völlig unbegreiflich, wie jemand eine solche Beleidigung aller ästhetischen Sinne in die Welt setzen wollte, einen so aller harmonischen Proportionen baren Turm.

Während er am Rande der leeren Wiese stand und im Kopf Pamphlete über Türme verfaßte, verspürte er einen nicht enden wollenden Zorn, der selbst ihm etwas übertrieben dünkte. Ging er womöglich doch zu weit? (Das *Oxforder Grundstudienjournal* hatte gerade erst in diesem Monat geschrieben: »Die allgemeine Leserschaft reagiert mit herzhafter Belustigung auf die Broschüren, welche Mr. Dodgson unablässig über diese abscheulichen Ungeheuerlichkeiten veröffentlicht.«)

Noch Stunden später war es ihm nicht möglich, diese Mißgestimmtheit zu zerstreuen. Er konnte das Bild nicht abschütteln, wie Alice und ihr Vater gemeinsam über die windgepeitschten Fluren galoppierten und er als mühsamer und beladener Fußgänger zurückblieb.

Dodgson schätzte es, wie Mrs. Liddell aufgefallen war, normalerweise gar nicht, Bücher laut vorzulesen; lieber erfand er aus dem Stegreif eigenen Nonsens, als sich an die in seinen Augen offenkundig unterlegenen Worte eines richtigen, professionellen Autors gebunden zu fühlen. Doch auf Alices Drängen hin hatte er nun eingewilligt, sich unter die Weide zu setzen und die Geschichten aus Tausendundeiner Nacht vorzulesen.

Im Garten pustete es; Scheherazade rettete ihr Leben mit Geschichten.

Der Wind zerrte an den knochigen Zweigen der Weide, und Mrs. Liddell zog sich den Schal enger um die Schultern.

Ihre Töchter hingen wie eine Traube über Dodgson, um die Illustrationen besser sehen zu können. Und sie nahm Dodgson selbst in Augenschein. Ein blasser, fast kreidebleicher Mann mit einem langen Gesicht, eingefaßt von sorgfältig gescheitelten Haaren mit eingedrehten Spitzen. Seine für gewöhnlich eher traurigen grauen Augen wurden von der Geschichte erhellt, und die ängstlichen Falten um den Mund waren verschwunden. Er hielt das Buch in der einen Hand und entwarf mit der anderen in der Luft die Umrisse der verschleierten Dame. Die Mädchen ließen sich verzaubern. Ihr Mann schien zu glauben, Dodgson sei von Miss Prickett betört. Das war jedoch ganz offensichtlich nicht der Fall. Sie fragte sich, warum ihr Mann so rasch darauf verfallen war, es auf die Reize von Miss Prickett zu schieben. Sie musterte Dodgsons Haar noch einmal. Für einen Mann, der sich solche Mühe gab, sich korrekt zu kleiden, sich an die herrschenden Moden zu halten, zumindest nach Maßgabe dessen, was in Oxford in dieser Hinsicht üblich war, trug er sein Haar um eine Spur zu lang, ein wenig zu lockig, zu feminin. Er war nicht einfach nur achtlos, da war sich Mrs. Liddell ganz sicher. Er traf eine bewußte Wahl. Seine Haare waren irgendeine Art von ästhetischer Aussage, genau wie alles andere an ihm. Sie musterte die Gruppe, die zusammengeschweißt war wie eine lebende Statue, vier gebeugte Köpfe, dunkles schulterlanges Haar.

Mrs. Liddell hatte nichts für frauliche Männer übrig. In ihren Augen war es genau das, was in Oxford nicht stimmte – mit Ausnahme ihres Mannes natürlich –: die Männer waren keine Männer. Sie waren irgendwie zerbrechlich, beschädigt. Die Jungen waren etwas besser, aber nicht allzusehr und nicht immer.

Später am selben Abend stand Mrs. Liddell in der Tür zum Kinderzimmer.

»Miss Prickett?«

»Ja, Ma'am.«

»Welchen Eindruck macht Alice auf Sie?«

»Einen guten, denk ich.«

»Und Mr. Dodgson, ist er häufig dagewesen?«

»Recht häufig, ja.«

»Was halten Sie von ihm?«

»Ich weiß nicht recht, was Sie meinen.«

»Gibt es irgend etwas Verqueres in dem Verhalten, das er an den Tag legt?«

»Etwas Verqueres?«

Mrs. Liddell sagte nichts.

»Ich denke nicht. Aber ich weiß es wirklich nicht so genau.«

»Die Mädchen sind jedenfalls noch immer Feuer und Flamme, ihn zu sehen?«

»O ja. Absolut.« Sie errötete.

»Was treiben sie nur so stundenlang mit ihm?«

»Hauptsächlich erzählt er ihnen seine Geschichten«, sagte Miss Prickett. »Es sind ganz außergewöhnliche Geschichten, finden Sie nicht auch?«

»Ja, das sind sie«, sagte Mrs. Liddell und schloß die Tür. Sie war über sich selbst irritiert, weil sie versucht hatte, eine Bedienstete auszuhorchen. Noch irritierter war sie, weil ihr das nicht gelungen war.

4. Febr. 1862

Heute früh brachte ich Alice eine Zeichnung der spazierenden Austern mit, & Mrs. Liddell wies mich an, ihr die Zeichnung gleich ins Kinderzimmer bringen. Auf dem Rückweg durch den Flur sah ich eine offene Tür. Das Badewasser war noch eingelassen – eine große ovale Badewanne –

Ich blieb stehen. Der Boden war feucht & die Luft schwer vom Dampf. Alice mußte gerade in dem Augenblick herausgekommen sein – naß und nach Seife riechend in ihr Zimmer gelaufen sein – und da war das Bad, noch voll – das Badewasser fleckig vom Schmutz – vermutlich hatte sie den halben Garten mit hereingeschleppt. Das Wasser, das ihre Beine umspült hatte – ihren Nacken ausgeleckt – ein Stück Lavendelseife, achtlos beiseite geworfen – ein Tuch, das über die Seite gebreitet war. Und ich konnte meinen Blick nicht davon lösen – die Por-

zellanrundungen, in die sie sich gebettet hatte. Nachhallend wie ein Echo: ihre gerade erst entschwundene Gegenwart.

Ich fühlte mich ihr nahe – von ihr umfangen – der Dampf stieg auf & umgab mich mit seiner Hitze. Ihre Haare, klebrig naß & ihr ins Gesicht geklatscht – ihre Haut heiß – mit Wasserperlen betröpfelt – ihre Handflächen pflaumig & kribbelig von der Lauge. Die Badewanne ließ sie lebhafter vor mir erstehen, als ich sie mir hätte heraufbeschwören können.

So seltsam. Ein Raum, ganz unverhofft, in einem Zustand des Verlangens.

Ein Raum, abrupt und unverhofft – wie albern & peinlich ich doch bin – schlichtweg eine zufällig & spaltbreit erspähte Badewanne hinter einer halbgeöffneten Tür – & doch kehrt das Bild immer wieder.

Als er die Treppe herunterkam, saßen die Liddells einander gegenüber in den Sesseln vor dem Kamin. Sie waren mit dem Öffnen von Briefen beschäftigt. Dodgson stand linkisch auf der Schwelle herum und wartete, daß er sich verabschieden konnte. War da eine Spur von Kälte in ihrem Betragen, oder bildete er sich das nur ein? Vielleicht fanden sie, er mache zu viele Aufnahmen, sein künstlerisches Interesse sei übergebührlich, vielleicht hatte seine Faszination sogar das mütterliche Verlangen überfordert, die Gesichter der eigenen Kinder zu sehen. In den letzten Tagen war ihm aufgefallen, daß es im Hause inzwischen geradezu von Fotografien wimmelte, daß es kaum noch freie Stellen gab, an denen man weitere Bilderrahmen hätte aufstellen können. Er hatte das ungewisse Vorgefühl, ihm stehe eine Phase der Isolation bevor. Unerwünschter Gast. Der zweiköpfige Mann mit der Kamera.

»Bitte setzen Sie sich doch etwas zu uns, Mr. Dodgson«, sagte Mrs. Liddell schließlich und schaute von den Briefen auf ihrem Schoß auf. Aber da war er schon so sehr aus dem Lot geraten, daß er nur noch etwas von Arbeitspflichten murmeln konnte und nach seinem Hut langte.

Er eilte über den Innenhof zu seinen Räumen zurück, der silbrige Mauerstein war kaum auszumachen durch die chaotisch wirbelnden Schneeflocken hindurch, die nicht nur von oben herunterzufallen, sondern auch vom Boden aufzufliegen schienen. Er blieb stehen und schaute zum Dekanat hoch, dessen bezinnte Türmchen vor dem geweißten Himmel burgartig in die Höhe ragten. Das Fenster des Kinderzimmers sah durch den Schnee hindurch verschwommen und unmöglich fern aus. Ein Zoll Glas, eintausend Kilogramm Schnee, einhundert Fuß Nacht, acht Zoll Mauerwerk.

Stunden später beugte er sich immer noch über seinen Schreibtisch und mühte sich mit Größenrechnungen ab. Er verspürte den nämlichen angenehmen Schmerz, den er fühlte, wenn er an einem ganz besonders schweren logischen Problem arbeitete. Wie ließ sich die Situation vereinfachen? Alice war jetzt zehn. Wie die Grenzen von

Raum und Zeit überwinden? Er setzte zu einer neuen Gleichung an, wollte eine Reihe von Faktoren gegeneinander ausbalancieren, um das Problem seines Verhältnisses zu Alice zu lösen.

$$\frac{A+D}{T\,(a+p+d)} = ?$$

In jener Nacht träumte er von Alice. Er saß auf einem gülden aufgepolsterten Stuhl unter einem blühenden Kirschbaum, Alice auf seinem Schoß. Er konnte ihr Gewicht auf seinen Oberschenkeln spüren, ihre Beine baumelten an die seinigen, ihr Schuh bohrte sich schmerzhaft in sein Schienbein, ihr Haar strich ihm über das Gesicht, geriet ihm in den Mund, und plötzlich fing ihr Hals zu wachsen an. Ihr Kopf war hoch droben zwischen den Bäumen, war hinaufgewachsen wie der einer abscheulichen Schlange, streckte sich durch die Äste hindurch und in den Himmel hinauf, und ihr Körper war massiger als seiner, sie zerquetschte ihn, und er wurde kleiner, und schließlich war sie selbst wie ein Baum, ihr Hals ein riesiger borkiger Stamm, und er konnte ihr Gesicht nicht mehr sehen.

Sieben

Dr. Hunt machte sich Sorgen um Dodgson. Sie arbeiteten nun seit drei Jahren miteinander, und sein Stottern war nicht besser geworden. Die zungenlösenden Übungen für seine Bs und Ds funktionierten nicht. Ebensowenig seine tägliche Shakespeare-Lesung. Sein Stottern war, wenn überhaupt etwas, nur noch schlimmer geworden. Die Wörter waren feindliche Tiere, die ihm in der Kehle steckten, seine Zunge lag mit den Zähnen im Zwist.

Und vom Stottern einmal abgesehen, schien Dodgson ungewöhnlich furchtsam geworden. Jegliche Erkundigungen nach seinen gegenwärtigen Lebensumständen, sogar ganz banale Fragen wie »macht denn Ihre Fotografiererei Fortschritte?« zogen nichts anderes nach sich als ein beinahe abwehrendes »doch, ja, danke der Nachfrage«. Ziemlich eisig. Und Dodgson sah blasser als gewöhnlich aus, falls das überhaupt möglich war.

»Ganz gleich, womit Sie da kämpfen – es scheint den Sieg davonzutragen«, sagte Hunt.

»Wie dramatisch«, sagte Dodgson. »Es ist bloß ein leichtes Fieber.«

Dodgson verstand sich ganz offensichtlich auf Ausflüchte.

Dodgson fummelte wie abwesend mit einem der Exemplare der *Anthropological Review* auf dem Tisch herum. Hunt hatte gerade die Anthropologische Gesellschaft gegründet und die Herausgeberschaft des monatlichen Mitgliedsjournals angetreten.

»Darwin-Anhänger?« fragte Hunt.

»Ach, n-n-nein, für dergleichen hab ich keinen Sinn.«

Hunt sagte: »Versuchen wir's noch einmal mit *Tu dem bestürzend bösen Buben kund, gar köstlich ist der Trauben Trank.*«

»T-t-t-tu dem b-b-b-b-«, begann Dodgson und brach dann ab. »Entschuldigung. Ich kann das heute nicht.«

»Dann erzählen Sie mir einmal, was Sie nachts so lange wach hält. Ich habe mir sagen lassen, Ihr Licht brennt oft noch um vier Uhr in der Frühe.«

»Oft, ja.«

»Nun, es ist doch gewiß nicht Euklid, der Sie vom Schlafen abhält.«

»Nein, Euklid nicht.«

»Gut«, sagte Hunt, »er wäre es wohl kaum wert.«

»Wenn Sie es wirklich wissen müssen: ich t-t-träume recht unruhig.«

Eines von Hunts ausgefeilteren Heilungsverfahren bestand darin, seine Patienten dazu zu zwingen, daß sie über einen Gegenstand sprachen, der ihnen schwer über die Lippen kam. Er meinte, durch solches Drängen könne sich womöglich ihr Redefluß lösen. Wenn Sie über die Dinge sprechen können, die Ihnen Schwierigkeiten bereiten, so erklärte er seinen Patienten häufig, dann haben Sie keinerlei Probleme mehr mit den Dingen, die simpel sind. Jüngst hatte er bemerkenswerten Erfolg bei einem jungen Patienten gehabt, den er dazu brachte, sich mit ihm auf Latein zu unterhalten – Latein war das Fach, in dem er am schwächsten war und die meisten Ängste auszustehen hatte.

»Die T-t-träume sind – nun ja, sie sind ich und gleichzeitig nicht ich. Ich kann das schwer erklären. Sie d-d-drehen sich viel um Wachsen und Schrumpfen. Derlei Sachen.«

»Ging es darin um irgend etwas im besonderen?« Dodgson zögerte.

Hunt kam sich plötzlich vor wie ein Priester bei der Beichte. Wiewohl Charles Dodgson natürlich in Oxford der allerletzte Kandidat für sündiges Verhalten war. Er trank kaum etwas, ganz im Gegensatz zu einigen der Universitätslehrer; er schien keine Schwäche für das weibliche Geschlecht zu haben. Und ebensowenig gab es bei ihm Anzeichen für einen Hang zur Inversion oder, wie man das inzwischen mit einer Modebezeichnung nannte, die »Knabenverehrung«, die im College so weit verbreitet war. Dennoch spürte er, daß Dodgson zitternd am Rande der Beichte stand. Er spürte, daß seine Reserve sich neu zementierte und zwischen ihnen einzog wie das eiserne Gitter eines Priesters.

»Nein, nichts im besonderen.«

Dodgson erhob sich. »Tut mit leid, Hunt. Ich fürchte, ich muß los. Einführung in die Logik.«

»Wenn Sie mich fragen«, sagte Hunt, »ich denke, Sie sollten es einmal mit Darwin versuchen.«

Dodgson lächelte ihn von der Tür aus an. »Ich sollte versuchen, diesen erschreckend schlimmen Träumen ein Ende zu setzen.«

Nachdem Dodgson gegangen war, trat Hunt an die Bar, goß sich einen Whisky ein und sank in seinen ledernen Lieblingssessel am Fenster.

Hunt hatte seine Praxis als Sprachspezialist begründet, um den Menschen zu helfen, normaler zu funktionieren. Das war sein Ziel: er wollte Stotterer dabei unterstützen, sich in die Gesellschaft einzufügen. Aber was ihn wirklich interessierte, das waren Menschen, die sich nicht einfügten. Interessiert war er an den geheimen Schwächen und den verborgenen Schichten des menschlichen Charakters. Er warf einen Blick nach den gewundenen weißen Wirbelknochen, die aus dem Haufen von Papieren und aufgeschlagenen Büchern auf seinem Schreibtisch herausragten. Was ihn ursprünglich an den Wissenschaften fasziniert hatte, das war der Prozeß des Offenlegens und Durchschauens. Aber bei Menschen war das nicht so einfach. Man mußte einen Weg finden, durch eine schwache Stelle in sie einzudringen: einen Spalt, ein Loch, eine Öffnung, ja, ein Stottern.

Hunts Frau war sieben Jahre zuvor bei der Niederkunft

mit einem nicht normal entwickelten Kind gestorben. Der Arzt hatte ihn gewarnt, er solle nicht mit ins Zimmer kommen, doch er konnte nicht an sich halten. Der Säugling lag tot auf einem Laken am Fußboden, gleich neben einem Kessel Wasser. Seine Haut hatte eine schöne, durchscheinende Färbung, und seine – er brachte es nicht über sich, das auszusprechen – Augen saßen zu weit auseinander. Er war in sich verdreht wie ein Seepferdchen, schützte immer noch seinen zierlichen Unterbauch. Der Arzt, der Hunts Blicken gefolgt war, hatte sich das Kind rasch gegriffen und ihm das Gesicht bedeckt, doch er konnte die Anklage nicht wirklich aus der Welt schaffen, die unausgesprochen im Raume hing: Das Fischkind, das ihm die Frau getötet hatte, war irgendwo aus seinem Innern entsprungen.

Seither hatte ihn das Wie als Leitfrage der Wissenschaften zusehends weniger interessiert, und er hatte sich auf das Warum konzentriert. Diese Interessensverschiebung hatte sein praktisches Tun, seine Schriften, seine Freundschaften verändert. Er war ehrenamtlicher Schriftführer der Ethnographischen Gesellschaft gewesen, doch man hatte ihn aus dem Amt gedrängt, weil einige der Mitglieder seine Spekulationen über den Ursprung des Menschen nicht gutheißen mochten. Seine Arbeit, bei der es sich bisher um eine angenehme und leidlich interessante Beschäftigung gehandelt hatte, die er von seinem Vater übernommen hatte, entflammte ihn nun richtiggehend.

Und nun beschäftigten sich seine Gedanken unversehens und in zunehmendem Maße mit Charles Dodgson. Hunt hatte in großer Zahl ungewöhnlich talentierte und seltsam unglückliche Menschen zu sehen bekommen. Oxford bot ein besonderes Versteck für Außergewöhnlichkeiten aller Arten und zog Menschen an, die eines kaum wahrnehmbaren emotionalen Ticks wegen für das Leben draußen nicht recht taugten. Aber Dodgson war anders, noch faszinierender.

Zu der Faszination Dodgsons gehörte es, daß er als Dozent in seinen Vorlesungen funktionierte. Im allgemeinen schaffte es Dodgson, seit er Hunt konsultierte, lange und komplizierte Vorlesungen ohne Stottern zu bewältigen. Aber vielleicht erreichte er das auch durch eine gewisse Selbstdistanziertheit, indem er vor seinen Studenten so tat, als sei er jemand anderes. Indem er einen Universitätslehrer spielte. Dodgson hatte Hunt einmal gestanden, daß das Theater eine große Leidenschaft von ihm sei. Er stehle sich gern ins Prinzessinnentheater in der Oxford Street davon, eine Praxis, die er vor seinem Vater geheimhielt, da dieser aus religiösen Gründen Einwände gegen derlei hatte. Einmal hatte er Hunt in einem gänzlich unernsten Augenblick erzählt, er wäre gewiß ein guter Schauspieler gewesen. Und das schien irgendwie zu passen. Als baue er sich vor den Studenten voll kostümiert und mit Bühnenschminke getarnt auf.

Hunt hatte sich von Studenten sagen lassen, daß Dodgsons Vorlesungen phänomenal langweilig waren –

warum das? Dodgson hatte ihm einen Entwurf der Euklid-Dialoge gezeigt, an denen er arbeitete, und deswegen wußte er, wie brillant und witzig er sein konnte. Wie boshaft. Tatsächlich hätten wohl die charismatischsten Dozenten von ganz Oxford ihren rechten Arm hergegeben, hätten sie dafür die Art von Witz bekommen, die Dodgson ganz natürlich zuzufallen schien, die in seinen Arbeiten verborgen lag, selbst in unbedachten, unachtsamen Momenten. Und doch versteckte er diese Fähigkeit. Hunt interessierte sich genau für diese hochgradig untertreiberische oder unterdrückerische Selbstverleugnung. Als sei der Mann vorsätzlich damit beschäftigt, die schillerndsten und ansprechendsten Teile seiner Persönlichkeit nach Möglichkeit aus seinem öffentlichen Auftreten herauszuhalten. Irgendwie hatte es Dodgson geschafft, der auf perfekte Weise korrekte Dozent zu werden. Der über alles Maß ernsthafte und gestrenge Dozent. Der einzige Dozent in ganz Oxford, der immer noch darauf bestand, daß Studenten, die verspätet erschienen, zur Strafe etwas abschreiben mußten.

Hunt sah Dodgson aus dem Fenster nach, sah ihn ungelenk über den Rasen schreiten.

Mai 1862

War bei Hunt & kann kaum schreiben – dies ist ein Gemütszustand, mit dem ich extrem vertraut bin – Frustration – das intime, erschöpfende Wissen um die eigenen Grenzen – Es gibt Zeiten, da wollen mir die Worte nicht auf die Lippen kommen – das Gefühl dahinter brennend – das Verlangen, alles da – doch die Wörter selbst verdreht & entstellt bis zur Unkenntlichkeit – Zunge zergeht an den Zähnen. Was, wenn ich sie dennoch zu Papier bringe, so verbogen, wie sie sind, und ihre Bedeutung hindurchscheinen lasse, hell und gebrochen, wie Licht, das zwischen Bäumen hindurchdringt? Es tut nichts zur Sache, was man sagt – Was zählt, ist das Bestreben, die belebte Gewalt, die dahinter steckt – das Verlangen zu sprechen ist noch da – und jener Teil des Rätsels wird schon irgendein Körnchen Sinn ergeben. Steht zumindest zu hoffen.

Der Alptraum bleibt im Stottern stecken, schreitet niemals zum nächsten Konsonanten fort – Die Wörter träumen & tänzeln – Gedanken, die im Kopf steckenbleiben.

Dies ist ein Gefühl, mit dem ich recht vertraut bin – Insbesondere in Hunts Studierzimmer, ein dunkles inhaltsloses Gebrabbel erhebt sich da aus den Tiefen – Es ist die Empfindung eines mathematischen Paradoxons, das über meine Fähigkeiten geht – einer Geschichte, die sich nicht in Handlung überführen lassen will. Ich beginne, wechsele die Szenerie aus, beginne von neuem, wechsele wieder die Szene. Sinn und Bedeutung sind nicht auszumachen.

Hierin liegt die destillierte Essenz der Einsamkeit beschlossen – in der Furcht, man werde niemals imstande sein, das Wort zu finden, mit dem sich das ausdrücken läßt, nach dessen Formulierung es einen verlangt. Das Wort bildet sich nur in den dunkelsten Tümpeln des eige-

nen Seins. Nur nackte Umrisse treten aus den Schatten hervor. Ein monströses Wesen wird erschlagen.

's war britzlich, und der schlinke Totz zerschirrt' und drilberte 's Geweech.

Dodgson legte sich aufs Sofa, die Knie an die Brust hochgezogen wie bei einem Kind. Wenn er gar nicht versuchte, wieder einzuschlafen, vielleicht ließ sich sein Körper dann überlisten. Er hörte den Widerklang seines Pulses als Echo durch das Kissen zu ihm zurückkehren. Das Poch-Poch-Poch verstörte ihn, denn es erinnerte ihn an den unausweichlichen Bruch. Das Problem war, wenn er die Augen schloß, konnte er jede einzelne Unze seines Wesens gegen den Schlaf ankämpfen spüren. Als sei das Gefühl der Vergessenheit, die seinen Körper übermannen sollte, das Eigentliche und Wahre. Der Körper ist so zerbrechlich, Knochen, Haut, Herz, nichts davon bietet nennenswerten Schutz gegen zerstörerische Kräfte. Gott hat uns diesen weichen, komplizierten, leicht zu zertrümmernden Behälter für unsere höchsten Hoffnungen gegeben; er hat uns so fehlbar gemacht, daß es bloß noch komisch ist, so anfällig für das Alter und für Krankheiten und für Gewächse, die weit drinnen in unseren Körpern entstehen, die unser Blut durchziehen ...

Dieses waren bloß ein bißchen ausgefeiltere Varianten der Gedanken, die er schon als Kind hatte, wann immer er allein im Bett lag. Um die Zeit, da seine neugeborene Schwester starb, waren sie beträchtlich schlimmer geworden. Er schämte sich, sich selbst gegenüber zugeben zu müssen, daß ihr Tod auf ihn vornehmlich diese eine Wirkung hatte: Angst. Er verzehrte sich beim Gedanken daran, auch er werde womöglich mitten in der Nacht ausgelöscht werden. Und seines Vaters Worte – *sie ist gegangen, sie wurde von uns genommen, Dein Wille geschehe* – trugen nichts dazu bei, das Mysterium zu erklären und die Tatsachen zu erhellen. Er war ein gläubiger Mensch. Von diesen Dingen sprach man nicht in wissenschaftlichem Gestus. Doch der Tod seiner Schwester blieb ihm als diffuse Bedrohung erhalten, die über ihm in der Luft hing wie ein feuchter nächtlicher Nebel. *Ich bete zu Gott, er möge meine Seele erhalten. Und sollte ich sterben, bevor ich erwache, so bete ich zu Gott, er möge meine Seele zu sich nehmen* … Jedesmal wenn er die Augen schloß, dachte er daran, daß er womöglich im Schlaf sterben könnte.

Dodgson beobachtete den Himmel dabei, daß er den allmählichen Übergang von schmuddeligem Schwarz zu Lavendel hinter sich brachte; er war jedesmal überrascht, daß die Sonne aufging, selbst wenn man zusah. Sein gesamter Körper schrie nach Schlaf. Aber er wußte aus Erfahrung, der Teufelskreis von Mühen und Scheitern machte es nur noch schlimmer. Der Trick bestand darin, so zu tun, als sei alles schon richtig so.

Das Licht sah immer ganz schmutzig aus, wenn man die ganze Nacht auf war.

Der Tod seiner Mutter kam plötzlich. Hirnhautentzündung nannten es die Ärzte. Vier Monate nachdem er in Oxford angekommen war, mußte er kehrtmachen und zur Beerdigung heimreisen. Er war neunzehn. Als er im Zug nach Hause saß, hatte der Himmel die Farbe von Veilchen und Asche. Er breitete auf dem Ledersitz neben sich seine Bücher und Papiere aus und kritzelte den ganzen Weg über schuldbewußt vor sich hin. Alternative Methoden, mit denen sich beweisen ließ, daß Parallelen sich niemals schneiden. Gab es irgendwelche praktischen Prüfmethoden für das Problem des Sichschneidens von Parallelen, die mit Euklids Beweisführung hätten mithalten können? Er hatte Euklids zwölften Lehrsatz aufgeschlagen auf seinem Schoß liegen. Einer seiner Lieblingssätze: so eloquent und auf seine Weise so anrührend. Alles fließt daraus hervor. *Charly, mein Liebling,* hatte sie ihm als Kind geschrieben. *Ich sende Dir 1.000.000.000 Küsse. Teile sie durch zwei und gebe deinen Schwestern bitte die Hälfte ab.* Bei Beweisen geht nichts verloren. Jedes Element ist erklärbar und wird festgehalten; jedes Element kann umgewandelt oder verschoben werden, doch niemals verschwindet es einfach so aus dem Bild.

Dodgson konnte sich daran erinnern, daß seine Mutter ihn als Baby im Arm gehalten hatte. Oder war es bloß so, daß er sie so oft ein Baby hatte im Arm halten sehen? Nein, er konnte sich daran erinnern, daß sie ihn im Arm hielt, konnte sich an den süßlichen milchigen Geruch ihrer Haut erinnern. Verschmolz mit ihr, als sei ihre gesprenkelte Brust ein Teil von ihm. Seine Finger in ihren sonnenfarbigen Haaren. *Charlie, Charlie.* Das Gefühl, ganz und gar mit ihr zu verschmelzen, seinen Schrei aus ihrem Mund zu hören.

Als er sieben war, hatte es noch eine weitere Beerdigung gegeben. Es hatte ihm nichts ausgemacht, in einer mit schwarzem Samt verhängten Kutsche zum Friedhof zu fahren. Doch sobald sie dort eintrafen, waren da Verwandte, die sich über ihn beugten, als wollten sie ihm ein Stück Karamell schenken, und sie tätschelten ihm über den Kopf und flüsterten: *Deine Schwester ist jetzt im Himmel. Deine Schwester ist zu Gott aufgefahren.* Wann hatte dieses Baby Zeit gehabt, seine Schwester zu werden? Für ihn war es ein Neugeborenes, das nicht geboren worden war. Ein Geburtstag ohne Geburt. Die Worte, die ihrer Bedeutung entledigt über ihre Lippen zu kommen schienen, stürzten ihn in Verwirrung; die Worte schienen zu schwingen und wegzuklappen wie Falltüren.

Seine Schwestern sahen in ihren schwarzen Kreppkleidern so unvertraut und erwachsen aus, der Stoff war zu steif und schimmerig, als daß man ihn hätte berühren können. Ihnen liefen Tränen übers Gesicht. Doch sein Kopf beschäftigte sich störrisch mit dem Sinn der Wörter. Er arbeitete an dem Problem. *Deine Schwester ist zu Gott aufgefahren.* Er dachte an das karierte Laken, das fein säuberlich gefaltet über der Seitenlehne der Wiege gehangen hatte.

Er stand neben seinem Vater am Rand des Grabes. Er

sah ihn an, doch seines Vaters Augen waren auf das Grab gerichtet. Der kleine Sarg, der rundherum von Blattgold und Mahagoni glänzte, wurde in die Erde hinabgelassen. Alle sahen sie zu, die Köpfe gesenkt. Doch er blickte nach oben, um zu sehen, ob ihre Seele entwich.

Die Wahrheit ist, daß er seine Schwester gar nicht wollte. Ein Gedanke, den er beim Absingen des Liedes zu verdrängen suchte. Sollten die Worte ihm in den Kopf geflutet kommen und den Gedanken ertränken. *Teile sie durch zwei und gebe deinen Schwestern bitte die Hälfte ab*. In der Nacht, in der sie geboren wurde, hatte er sein Laken genommen und es sich feucht und wollen in den Mund gestopft. Durchtränkt und ausgelutscht. Wieder ein Baby.

Dort in den frischen kreuzförmigen Stein eingemeißelt: *Jesus berief ein kleines Kind zu Sich*.

Er erinnerte sich an die Schaufeln voll Erde, die er auf das glänzende Mahagoni des Sarges hatte fallen und sich dann zu Körnern zerteilen sehen. Er erinnerte sich an die rosigweißen Lilien, die hineingeworfen wurden, an ihre blassen, feucht aussehenden Stengel.

Unter seines Vaters Augen hingen dunkelbraune Halbmonde. Er sagte: *Deine Schwester ist ein Engel*. Doch selbst er, der Pfarrer von Daresbury, sah so aus, als suche er nach Worten in einer fremden Sprache, die das, was er ausdrücken wollte, nicht recht fassen konnte. Charles versuchte zu begreifen, daß wir Möglichkeiten finden, über Dinge zu sprechen, über die man auf keinerlei Weise sprechen kann. *Deine Schwester ist ein Engel.* Der Knoten aus Angst, der ihm in der Brust saß, war ein »Engel«. Zwölf Jahre danach, als seine Mutter starb, hatte er einen Schmerz in der Magengrube, der sich festklammerte und so schien, als würde er dort festgeklammert bleiben. Das Loch, das seine Mutter hinterließ, war ein »Engel«.

Die Verwirrung blieb ihm erhalten, nur hatte sie sich etwas gesetzt und in etwas anderes verwandelt. Wenn er auf irgendein Paradoxon stieß, auf ein logisches Problem, das unmöglich zu lösen oder zu verstehen war, dann fühlte er sich auf unerklärliche Weise daheim. Eine Art Befriedigung, die sich in seiner Brust ausbreitete. Als sei er an den Ort gelangt, an dem seine Mutter war.

Das Muster des gußeisernen Gartenstuhls drückte Alice Rauten auf die Oberschenkel. Sie sah Dodgson dabei zu, wie er aus Papier eine Pistole faltete. Unter der Bank ärgerte Edith das Kätzchen im Gras. Sie würde richtig knallen, versprach Dodgson. Doch wen kümmerten schon Pistolen und Geknalle? Alice riß die Augen weit auf, so daß sie die Luft sehen konnte, statische Teilchen, flirrende blaue, gelbe und weiße Pünktchen. Sie war genervt von Dodgson Pingeligkeit, von seinen langen dünnen Fingern mit den perfekten Ovalen der Nägel, von der Akkuratesse, mit der er das Papier in seiner Ledermappe verstaut und aus seinen Räumen mit nach draußen genommen hatte, dies alles zu ihrer Unterhaltung, das wußte sie wohl, doch es war ihr peinlich, die Mühe, die er sich damit machte, der ganze Aufwand. Sie fühlte sich unbehaglich, so als sei sie es, die er zu kleinen Dreiecken zusammenfaltete.

Ein Marienkäfer krabbelte hinten an ihrem Stuhl entlang, und Alice fuhr herum und nahm ihn in die Hand und spürte sein Kribbeln auf ihrer Handfläche und sah ihm nach, als er ungelenk davonflog. Sie konnte Dodgsons Vorwurf spüren, konnte ihn an der Art und Weise ablesen, wie er mit steifem Oberkörper dasaß und die Falze mit übertriebener Sorgfalt plattdrückte. Sie hockten hier schon seit drei Wochen. Jedenfalls kam es ihr so vor. Und gerade in dem Moment riß Lorina die Küchentür auf und verlangte von Alice, daß sie sich den grauen Stein mit den funkelnden Fleckchen darin anschaute, den Freunde ihrer Eltern mitgebracht hatten. Toll, sagte Alice. Dodgson faltete weiter, ohne aufzuschauen. Der Stein glitzerte in der Sonne. Alice rannte mit Rautenschenkeln ins Haus.

Edith fing zu schnattern an, um den Raum, den Alice ausgefüllt hatte, mit Worten zuzustopfen. Hatte er jemals daran gedacht, die Katze zu fotografieren? Wollte er sich vielleicht einmal die neuen Löwenmäulchen anschauen, was für ein hübscher Name, Löwenmäulchen, nicht wahr? Edith war stolz auf ihre Fähigkeit, mit Erwachsenen Konversation zu machen. Ihre Mutter sagte, sie wisse, wie man Leute ausfrage.

Dodgson ließ sich nicht ausfragen.

Am vorherigen Abend war Edith für die Tischgesellschaft ihrer Mutter ganz gegen ihren eigenen Willen das gleiche weiße Musselinkleid mit lilafarbenen Bändern angezogen worden, das auch Alice trug. Die Gäste beugten sich mit strahlenden Gesichtern zu ihnen herab, zwei Mädchen mit großen Augen und Lockenköpfen in identischen weißen Kleidern, doch Edith war stocksauer. Alles wurde halbiert und verdoppelt und nachgemacht, bis es gar keine Bedeutung mehr hatte.

Dodgson sah ihr über die Schulter zu der Küchentür.

Edith meinte, sie könne sich an Dodgsons erste Besuche in ihrem Hause erinnern, obwohl sie damals noch ein Baby war. Er schien sich besonders für sie zu interessieren. Er nahm sie auf den Schoß, flüsterte ihr Verse ins Ohr, strich ihr über das Haar.

»Alice ist gewiß ein ganz besonderer Liebling unseres Mr. Dodgson«, hatte ihre Mutter vor einigen Tagen leichthin beim Tee gesagt, und Edith hatte die Bemerkung als heftige Kränkung empfunden. So als sei sie durch die wichtigste Prüfung gefallen, die das Leben bisher für sie bereitgehalten hatte. Sie fühlte sich so wie damals, als sie in der Menschenmenge im Bahnhof verlorengegangen war. Sie hatte nicht genug Luft. Ihre Mutter war durch Männer und Frauen von ihr getrennt, durch schwarze Beine und sich bauschende Röcke und Koffer, die zwischen ihnen herumwirbelten.

Natürlich hatte Alice diese Fähigkeit, daß sie alles und jeden für sich einnehmen konnte. Die Katze zum Beispiel. Dinah hatte ursprünglich einmal Inas Katze sein sollen. Darüber bestand eigentlich nicht der geringste Zweifel, denn Dinah war an Inas Geburtstag ins Haus gekommen, eine blaue Satinschleife um den Hals. Doch dann hatte Alice sie vereinnahmt, ganz allmählich und klammheimlich, so daß man nicht genau den Augenblick bestimmen konnte, in dem es geschehen war; sie kriegte es hin, daß die Katze sie liebte, daß sie ihr nachlief und ihr aus der Hand fraß, und sie verwandte so übergebührlich viele Energien darauf, sie zu streicheln und mit ihr zu reden, daß die ganze Familie schon bald, ohne es selbst zu bemerken, von ihr als »Alices Katze« sprach.

»Wollen wir nicht ein wenig fotografieren?« fragte Edith.

»Ach nein, Edith«, sagte er abwesend. »Heute nachmittag nicht.«

Für nichts konnte sich Edith mehr erwärmen als dafür, sich fotografieren zu lassen. Vor einigen Monaten hatte Mr. Dodgson sie zum ersten Mal mit zu sich genommen. Er geleitete sie an den roten Diwan mit den verschlungenen orientalischen Pflanzen darauf. Gleich daneben stand eine Vase mit glockenförmigen Blumen.

»Darf ich dir die Ärmel etwas hochstecken, Edith?« fragte er sie. Er nannte sie niemals Edie, wie das alle anderen taten. Er nannte sie Edith. Und er behandelte sie mit einer Art körperlicher Achtung, die sie von praktisch keinem anderen Erwachsenen kannte, er fragte, ob er ihr das Kleid etwas hochstecken dürfe, und tat es nicht einfach ohne ihre Einwilligung. Er ließ sich mit Nadeln im Mund auf die Knie nieder und begann, an ihren Ärmeln herumzuwerkeln, bis sie auf gleichmäßiger Höhe festgesteckt waren.

Sie gab sich alle Mühe, sich nicht zu bewegen. Sie war sich ganz sicher, daß sie sich weniger bewegte als Alice, weniger als die Macdonald-Mädchen, weniger als irgendwer, der zu Dodgson ins Zimmer gekommen war, um sich porträtieren zu lassen. Perfekt, sagte er hinter der Kamera heraus zu ihr. Wunderschön. Sie hatte spüren können, wie die Sekunden richtig atmeten und sich dehnten, ihre Kehle war trocken, ihre Lungen schmerzten, doch sie atmete nicht. Bleib vollkommen reglos, sagte er. Wenn sie auch auf keiner der Fotografien lächelte, glaubte sie doch, Mr. Dodgson müsse von ihrer Fähigkeit, seinen Anweisungen zu folgen, beeindruckt gewesen sein.

»Warte, ich nehme sie dir heraus«, hatte er gesagt, als er fertig war, und ihr vorsichtig die Nadeln entfernt. Und dann lehnte sie sich ans Sofa zurück für die allerletzte Aufnahme.

Hinterher gab er ihr Ingwerbier und Kekse.

Aber er hatte sie nicht wieder zu sich eingeladen.

Was Edith ganz besonders verdroß, war die Tatsache, daß sie hübscher war als Alice. Sie hatte einmal mitgekriegt, wie ihre Mutter das zu ihrem Vater sagte. Und dennoch musterte sie in dem marmorumrahmten Spiegel über dem Waschständer ihrer Mutter suchend ihr Spiegelbild: das herzförmige Gesicht, die Pausbacken, die kastanienbraunen Locken, durch die ihr Vater so gerne mit den Fingern fuhr. Sie suchte nach einem Anhalt dafür, was fehlte. Was Mr. Dodgson nicht sah.

Er saß in brütendem Schweigen neben ihr. Sie wollte ihm auf den Schoß klettern.

»Du mußt mich entschuldigen, Edith«, sagte Mr. Dodgson und erhob sich. Sie sah ihm nach, wie er sich unter dem niedrigen Ast hindurchduckte und wegging.

Die Stimmen der älteren Mädchen kamen aus einem offenen Fenster herausgeflutet, *nous voulons*, *vous voulez*, und anschließend Miss Pricketts scheußlicher Akzent. *Je voulais*. Er hätte ihnen viel besser Französisch beibringen können, doch natürlich könnte er schwerlich einen solchen Vorschlag machen.

Il voudrait, *elle voudrait*, jetzt hörte er die Stimme von Alice allein. Die vertraute Stimme, die sich um die Silben der fremden Sprache legte, bezauberte ihn. Jetzt wechselten sie zu einem anderen Tempus über. Futur. Imperfekt. Wie wäre es, wenn er und Alice allein in Paris leben würden, in einer Wohnung mit einem Garten, wenn sie gemeinsam die lange Treppe mit den abgeplatzten Stellen hinaufschreiten würden? Vor ihren Zimmern hätten sie Blumenkästen mit Sonnenblumen, und durch die großen, mit Rolläden versehenen Fenster ginge der Blick hinaus auf ein Land ohne Könige.

Er schritt langsam über den Hof zu seinen Räumen hinüber.

Er öffnete seine Tür, legte seine Bücher ab, überflog die Post wie stets in der Hoffnung auf eine Einladung mit gezacktem Rand, und da keine dabei war, fing er an, sich sein übliches Mahl zu bereiten. Er machte Tee, ließ die Blätter exakt vier Minuten drin, ließ den Tee dann dreißig Sekunden abkühlen. Und dann ging er an sein Mahl aus einem Rührei und einer Scheibe Toast. Es war ausgeschlossen, daß er einmal versehentlich zwei Rühreier oder drei Toastscheiben zu sich nehmen könnte. Dodgson labte sich an Präzision und Disziplin auf die nämliche Weise, wie sich jemand anderes an einer umfänglichen Mahlzeit aus gebratener Ente und Auberginen und Süßkartoffeln laben konnte. Er achtete in besonderem Maße darauf, seinen Appetit unter Kontrolle zu halten. Er gehörte nicht zu denen, die sich hinreißen ließen.

Nach dem Essen setzte er sich an sein Schreibpult, um seinen Euklid-Dialog noch einmal durchzugehen, und wenn seine Gedanken abschweiften und sich dem nagenden Gefühl in seiner Magengrube oder Alice oder dem schmuddeligen grauen Vogel, der draußen vor dem Fenster in den Ranken herumhüpfte, zuwandten, dann konnte er sie ohne etwelche Schwierigkeiten zur Ordnung rufen. Er hatte sich von Kindesbeinen an dazu erzogen, sich ganz auf einen gedanklichen Gegenstand zu konzentrieren. Diese Fähigkeit hatte dazu beigetragen, daß die Schule ihm nie ein Problem gewesen war; schon lange bevor er eingeschult worden war, hatte er die Kunst beherrscht, die Frage danach, was ihn vielleicht interessiere, zu verdrängen. Zumindest so lange, bis alle anderen schliefen.

In jener Nacht lag Dodgson unter den Laken seines schmalen Bettes, und französische Verben glitten vor seinem Auge vorüber wie die Schafe. *Dormir. Dormais.* Futur. Imperfekt. Wir stehen im Begriff, uns auf das Feld der unvollendeten Zukunft zu begeben.

27. Mai 1862

Die Träume werden noch schlimmer. Letzte Nacht saßen wir auf meinem roten Sofa, doch es war nicht verschossen & abgenutzt wie im richtigen Leben, sondern leuchtend karmesin, plüschig & samten & gut gepolstert & mit Tüchern. Sie lag da wie eine zierliche Odaliske, die Arme unter dem Kopf verschränkt, die Haare (um einiges länger & gelockter, wie eine Figur bei Dante Rossetti oder Burne-Jones) fluteten über ein Kissen, ihre schmalen Hüften rundeten sich seitlich, die Knochen standen hervor. Ich beugte mich herab & küßte sie sachte auf die Stirne & es fühlt sich absolut natürlich & harmonisch an, wie auf einem Gemälde – & ich fange an, sie an den Schläfen zu berühren, & die Rot- & Brauntöne verdunkeln sich, & ihre Züge verändern sich – Nase, Mund, Augen, alles entgleitet dem angestammten Ort – bis ihr Gesicht nicht mehr vollkommen ist, sondern monströs. Genau das empfinde ich als so erschütternd an meinen Träumen – sie fangen so angenehm an. Ich glaube, wenn ich einfach von Beginn an Alpträume hätte, dann empfände ich das als erträglicher. Ich würde dann einfach den Schlaf meiden oder würde voller Erleichterung aufwachen und den hölzernen Fußboden & die getäfelte Decke sehen & durchs Fenster ein Stück vom Himmel. Was mich am meisten enerviert, ist die Geschwindigkeit, mit der schöne Träume sich zu schlimmen verkehren, daß sie gleichzeitig höchste Freuden & tiefste Schrecknis bringen, daß ich ins Schwimmen & Treiben gerate & mir ganz & gar nicht sicher bin, wie ich damit enden will – aufwachen? – tiefer hineintreiben? Diese Träume, in welchen schreckliche Dinge geschehen, enthalten gleichzeitig Passagen größerer Freude und Zufriedenheit, als ich sie im wahren Leben jemals kennenlernen durfte – genau das bestürzt mich so sehr – ich erwache verwirrt; Sünde & Tugend, Heiterkeit & Qual, durcheinandergeworfen & unauflöslich vermengt, bis ich kaum noch weiß, wer ich bin.

Am nächsten Morgen war sie zornig auf ihn. Schon in dem Augenblick, als er zur Tür hereinkam, eine Schachtel Sahneschokolade unter dem Arm, konnte er ihre Verärgerung spüren. Ungreifbar zunächst, so als seien die Möbel umgestellt worden, und er käme nicht drauf, wie. Mrs. Liddell stand neben ihm im dunklen Flur. Er konnte die Mädchen in der gegenüberliegenden Ecke des Salons auf dem goldenen Sofa sitzen sehen, das seine schweren Schwingen hinter ihnen ausbreitete. Ein Schachbrett lag auf dem Tisch. Seine Wangen glühten. Alice hob ihren starren Blick nicht von den Schachfiguren. Er ging mit wissenschaftlicher Akribie die letzten paar Tage durch, überprüfte selbst die Fußnoten dessen, was vorgefallen war (zwei Partien Backgammon und eine Geschichte, ein kurzes Hallo im Garten), um herauszufinden, ob er sie auf irgendeine Weise gegen sich aufgebracht haben könnte. Doch es fiel ihm nichts ein. Ja, als er sich vor zwei Tagen von ihr verabschiedet hatte, da hatte sie ihm sogar die Arme um die Taille geschlungen. Er entsann sich dessen ganz klar und deutlich. Sie trug ein gelbes Kleid mit Puffärmeln. Seither hatte er sie nicht mehr gesehen. Er schaute nach der Lampe auf dem Tisch in der Diele. Ein Messingmann in Lendenschurz, der sich auf die Knie niedergelassen hatte und einen runden Lichtglobus stemmte. Da er nicht wußte, was er sonst hätte tun sollen, reichte er Mrs. Liddell die Schokolade, die er den Mädchen mitgebracht hatte.

»Danke, Mr. Dodgson«, sagte sie. »Wie aufmerksam von Ihnen.«

Alice ließ ihre Augen für einen kurzen Moment über ihn hinweghuschen, als sei er ein lebloser Gegenstand, ein Schirm, ein Kronleuchter. Er kam sich ausgeweidet vor, durchsichtig. Erinnerte sich an jenen Tag in der Schule, als die Jungen beschlossen hatten, ihn nicht mehr »er« zu nennen, sondern als »es« und ein »Ding« zu bezeichnen. Ignoriere sie, hatte er sich gesagt. Doch er konnte die Metamorphose spüren. Es spürte die Wangen glühen. Das Ding zog sich vor Angst zusammen.

Alice setzte ihre Schachpartie mit Ina fort.

»Dein Zug«, sagte sie, und ihre Stimme klang auf unheimliche Weise erwachsen – tadelnd und eine Spur gelangweilt. Die Dame bei der Teegesellschaft.

Er stand einfach da, den Hut in Händen, zögernd, peinlich berührt. Konnte seine Verwirrung ganz offensichtlich nicht verbergen.

»Wie Sie sehen, sind die Mädchen ganz mit ihrer Schachpartie beschäftigt«, sagte Mrs. Liddell freundlich. »Vielleicht ein andermal?«

Alice starrte die blassen grauen Äderchen ihres marmornen Königs an. Sie hatte Dodgson nicht ignorieren wollen. Sie gab ihrer älteren Schwester die Schuld, die sie am Abend zuvor seinetwegen aufgezogen hatte. Die Mädchen hatten sich in Inas Messingbett unter der Decke zusammengekauert. Sie hatten sich einen der alten Groschenromane ihrer Mutter stibitzt, der Titel lautete *Wagner, der Wehrwolf*. Ina las die Beschreibung der schönen Mörderin, deren Liebhaber sich einmal im Monat in einen Werwolf verwandelte: *Angetan war sie in düsterem Schwarz; ihr üppiges Rabenhaar, das sich nun nicht mehr in glänzenden Locken ergoß, spannte sich ihr in dichten Strähnen über die Schläfen nach hinten und sammelte sich dort in einem Knoten, aus welchem ein weiter Schleier austrat, der auf eine solche Weise über ihres Körpers vortrefflich symmetrische Leibeslänge mäanderte, daß hierdurch ihre Staffage in der Herausarbeitung der Formen eher noch Unterstützung erfuhr, als daß die Konturen jenes unübertrefflichen Leibes darunter verborgen würden.*

Auf der nächsten Seite kam sie tragisch und unter großen Gewissensbissen zu Tode.

Ina sah von der Geschichte auf. »Trotz ihrer vortrefflich symmetrischen Leibeslänge«, sagte sie theatralisch, »wird Alice Mr. Dodgson heiraten.«

»Ich heirate gar keinen«, sagte Alice.

»Sie ist zu jung«, sagte Edith.

»Er wird wunderschöne Aufnahmen von eurer Hochzeit machen.«

»Man kann keine Aufnahmen von der eigenen Hochzeit machen«, warf Alice ein.

»Aber unglücklicherweise werden eure Kinder alle Kaninchen und Zwerge sein, die s-s-s-stottern.«

»Könnten wir bitte mit dem Buch weitermachen?« Alice rollte mit den Augen.

Lorina hatte entschieden, Mr. Dodgson sei kein richtiger Erwachsener, er sei niemand, dessen Bekanntschaft man suchen und pflegen müsse, trotz des offensichtlichen Interesses, das er an ihnen bezeigte. Es mangelte ihm an der nötigen Würde, weil er sich so bereitwillig auf den Boden kniete und Grasflecken auf seiner Hose in Kauf nahm, und weil er anstelle von Blumen Zeichnungen mitbrachte, um sich mit den drei kleinen Mädchen auf eine Stufe zu stellen. Lorina zog ihm den Rhetoriklektor bei weitem vor: Mr. Joyce, der einen Weizenstrohhut trug und fayenceblaue Augen hatte und dazu neigte, sich mit den Eltern Liddell zu unterhalten, ohne von ihr und ihren Schwestern Notiz zu nehmen.

»Ich würde Mr. Dodgson heiraten«, schaltete sich Edith ein.

»Dich wird nie jemand heiraten«, sagte Alice. »Lies weiter.«

Ina fuhr fort: *Die wollüstige Fülle ihre Büste wurde verschleiert, jedoch nicht verhüllt von dem Mieder aus schwarzem Samt, welches sie trug und welches in heftigem Kontraste die bestürzende weiße Tönung ihres Halses betonte.*

Das war ihre Lieblingsstelle. Verschleiert, jedoch nicht verhüllt.

Und deswegen wollte Alice Ina einmal zeigen, wie eigenständig sie war. Sie wollte, daß Ina sah, wie wenig sie sich für Dodgson interessierte. So jedenfalls fing es an, doch dann verstrickte sie sich zusehends in der Situation. Sie erkannte die Verwirrung in Dodgsons Gesicht, doch sie konnte nicht mehr aufhören. Seine Züge lagen bloß. Er sah verletzt aus, und dann versuchte er zu verbergen, wie verletzt er war, wodurch er sogar noch verletzter aussah. Ein heftige Wißbegierde entbrannte in ihr. Er war nicht so wie der Held der Geschichte: *Diejenigen, welche ihn zu beleidigen trachteten, zuckten ganz klein und beschämt zusammen unter dem stolzen Feuer, welches aus seinen Augen hervorloderte, doch im Salon oder im Boudoir, wessen Augen besaßen dort einen durchdringenderen Schmelz, wessen Blicke mehr Weichheit, wessen Schmeicheleien mehr Süße als die seinigen?* Und doch stand er da, ein erwachsener Mann in Rock und Weste, dessen gewöhnliche graue Augen sich ihretwegen mit Trübsal füllten.

»Turm schlägt Bauer«, sagte sie kalt zu Ina.

Inas Springer bedrohte ihre Dame. Statt sich umzudrehen und aus der Tür zu gehen, wie sie es einen Moment lang befürchtet hatte, blieb Dodgson einfach hilflos auf der Schwelle stehen. Er konnte sich nicht von ihr losreißen; ihre Gleichgültigkeit schlug ihn um so stärker in ihren Bann, als wäre er eine Marionette am unsichtbaren Faden, und machte es ihm nur noch schwerer, sich den Hut aufzusetzen und zu gehen. Sie hatte das Gefühl, sie würde Strahlen absondern, sie beobachtete, daß ihr Verhalten als Schatten über sein Gesicht zog, als wäre es das Wetter. Ihre leisesten Stimmungen wurden von ihm vergrößert und zurückgeworfen. So also war das Gefühl, einen Mann zu verletzen, so schrecklich und gleichzeitig so befriedigend. Dergleichen hatte Alice nie zuvor verspürt.

Acht

Der Juni war heißer als gewöhnlich. Sogar drinnen im Dekanat hing die Hitze zähflüssig in der Luft. Mrs. Liddell schaute von ihrer Stickerei – ein bauschiger Baum, ein gezackter Himmel – zu dem jungen Mann auf, der sich auf ihr Sofa lümmelte. Charles Francis Needham, Viscount von Newry. Sein Vater war mit ihrem Mann zur Schule gegangen. Seine blassen, fast klaren blauen Augen wurden von dichten schwarzen Wimpern eingefaßt. Er erinnerte sie an die Statuen, die sie in Italien gesehen hatte, lockig und vollkommen und leicht rundlich wie eine Frau.

»Nächste Woche bin ich zu einer Hausfeier bei Lady Carbury eingeladen.«

»Wie reizend«, sagte sie und zog die Nadel durch den Himmel.

»Muß es wohl sein.«

»Warum denn nicht?«

»Sechsundzwanzig Personen, eingesperrt unter einem Dach, wo sie nichts machen können, außer Whisky-Soda in sich reinzuschütten und übers Wetter zu schwatzen.«

»Ich hätte doch gedacht, daß Ihnen das zusagen müßte.« Sie lächelte. »Das mit dem Whisky-Soda, meine ich.«

Als sie nach einer Schere auf dem Beistelltischchen langte, sah er einen Streifen Petticoat und einen kamelfarbenen Stiefel mit Knöpfen an den Seiten. Sie strich sich das Kleid glatt.

»Wenn Sie es denn wissen wollen: ich bin schwer beschäftigt«, sagte er. »Mit einem Schauspiel, das ich schreibe.«

»Ach?« sagte sie und verknotete den Faden.

Seine Haut hatte die Färbung milchigen Tees. Eine solche Haut war das beste Argument gegen Darwin, das sie sich vorstellen konnte, der lebendige Beweis eines göttlichen Plans. Die wahre *Herkunft der Arten* und glatte, milchige Haut. Aber aus irgendeinem Grunde waren diese schönen Bengel alle so gewöhnlich geworden. Sie wußte noch, wenn Henry einen Raum betrat, dann spürte jede einzelne Frau darin seine Gegenwart. Das elektrische Knistern in der Luft, die Verschiebungen im Raum, um ihm Platz zu schaffen. Und inzwischen war er zwar immer noch recht ansehnlich auf eine erhabene dekanshafte Weise, aber doch schon dem Verfall preisgegeben, faltig, glatzköpfig, als sei das Leben über ihn hinweggetrampelt. War das gerecht? Nicht wirklich, aber sobald man sich einem bestimmten Lebensweg verschrieb, einer bestimmten Lebensweise mit einer bestimmten Person, dann begannen all die Möglichkeiten, die man dadurch einbüßte, sich einem ins Gesicht einzugraben und dort ihre Pfade zu hinterlassen.

Lord Newry streckte seine Beine von sich, die Hände in den Hosentaschen. Er lehnte sich zurück und schaute zur Decke. Er hatte leichte Stoppeln am Kinn. Sie kam sich seltsam vor, spürte, wie ihre Position als Ehefrau, Mutter, Stickerin sich auflöste, in der Hitze aufgeribbelt wurde. All die jungen Männer, die sie gekannt hatte, bevor sie heiratete, kamen ihr wieder zu Bewußtsein, all ihre Möglichkeiten, aufgereiht wie die grünen Bahnhofsromane auf dem Regal neben ihrem Bett: *Bekenntnisse einer schönen Frau* und *Die Frau des Bankiers* und *Adelige und Emporkömmlinge*.

Sie war zusammen mit den anderen vorzeigbaren Mädchen ihrer Kreise zu all den Tanzgelegenheiten gegangen. Die Möglichkeiten schienen alle durch den Raum zu gleiten, der innerste Kern ihres eigenen Wesens wurde umgekrempelt und veränderte mit jedem Tanzpartner seine Gestalt. Da war der himmelstürmende Ballsaal der Greys mit dem ovalen vergoldeten Spiegel über dem Kamin, da war der Speisesaal der Smiths mit den verschnörkelten goldenen Kerzenständern auf dem Tisch, da war der Rasen der Bascombes mit den Laternen an den Tischen. Es erschien ihr so zufällig, mit wem sie schließlich tanzte, der Druck einer Hand in ihrem Kreuz. Und dann war da noch dieser befremdliche Gedanke, der ihr bei einem der überlaufenen Feste ihrer Nachbarn von nebenan kam: *Es spielte gar keine Rolle, mit wem sie tanzte*. Sie hatte den bösen Verdacht, ebenso mochte es auch mit dem Heiraten aussehen. Ganz gleich, welchen der Männer sie erwählt haben mochte, wenn sie dann mit ihm auf den Rasen hinausgestolpert wäre, sein Atem ganz weiß vor Kälte, seine Silhouette kaum zu erkennen in der Dunkelheit, Konversation über Shelley oder über die Hunde auf seinem Gut oder über den Schneider, bei dem er seine Anzüge fertigen ließ, dann wäre das alles ganz genau gleich gewesen.

Die Knäuel mit dem grünen und dem gelben Garn lagen vor ihren Füßen. Sie griff sich das gelbe und fing an, es abzuwickeln.

»Irgendwelche interessanten jungen Frauen?« sagte sie, nun wieder mütterlich.

»Keine, die interessant *und* hübsch wäre.«

Sie ließ es zu, daß das Schweigen sich über sie herabsenkte, ihre Finger waren mit dem Garn beschäftigt.

Dann sagte sie abrupt: »Wie kommt der Grieche über die Runden?«

Ihre Hände bewegten sich zum Bauch. Sie würde noch ein Kind kriegen. Sie konnte es spüren.

Alice kauerte an seiner Seite, die Kerze warf kaum genug Licht, um lesen zu können. Der Duft von gebratener Ente für das Zwanzig-Personen-Festessen unten kam die Treppe heraufgezogen. William Thackeray war eingeladen, außerdem etliche weniger bekannte Kritiker und Dichter. Ein literarischer Abend, hatte Mrs. Liddell ihm ins

Ohr geflüstert, als der Diener ihm den Mantel abnahm. Dodgson stahl sich nach oben ins Kinderzimmer, bevor die Gäste zu Tisch gebeten wurden. Um Gutnacht zu sagen. Und jetzt las er ein Gedicht vor, das er selbst ersonnen hatte: *Wenn ich am weichen Strande bin, Am Salzgestade hier, Und schluchzen muß, ganz weg und hin; Weil ich mich nicht rasier.* Sie war dabei einzuschlafen, versuchte jedoch, seinetwegen wach zu bleiben, den Schlaf seinetwegen abzuschütteln. Sie sah kleiner aus, wie sie sich da an ihn preßte.

»Ins Bett, ab, ab, Alice«! rief Mrs. Liddell von der Treppe aus. »Ins Bett, ab, ab!«

Dodgson konnte die Wärme durch ihr dünnes Nachthemd spüren. Sein Arm umfaßte ihren Rücken, seine Hand legte sich ihr leicht auf die Hüfte, ihr Haar fiel ihm auf den Ärmel. Sie schien zu schlafen. Den Finger im Mund. Der Rhythmus ihres Atems vermischte sich mit seinem eigenen.

Mrs. Liddell sagte noch einmal, diesmal ein bißchen lauter: »Ins Bett, ab, ab!«

»Den Kopf ihr ab«, flüsterte Dodgson vor sich hin. »Den Kopf ihr ab.«

Alice lächelte.

Gleich nachdem er nach Hause gekommen war, langte Dodgson nach Richardsons *Clarissa.* In einem Augenblick eitler Neugier hatte er das Buch aus der Bibliothek mitgenommen. Wie konnten es Tausende von Lesern bloß über sich bringen, eine solche Schwarte, eine so langatmige Tragödie über den Ruin einer Frau zu Ende zu lesen? Auf dem Titelblatt stand:

> *Clarissa, oder Die Geschichte eines vornehmen Frauenzimmers:* Als da umfasset *die zuhöchst* wichtigen Besorgnisse *des* privatimen Lebens und insonderheit die BETRÜBNISSE, welche durch Mißbetragen von ELTERN wie auch KINDERN in betreffs des EHESTANDS heraufbeschworen.

Er streckte sich mit dem 1100-Seiten-Buch auf dem Diwan aus, und er stolperte über die Zeile: »Sie hatte keine einzige Feier der Freuden auslassen müssen, seitdem sie ihr neuntes Jahr erreicht.« Er las es noch einmal. Neun? War das nicht arg jung für Feiern der Freuden? Irgendwie klang es durch das »der Freuden« sogar noch schlimmer. Natürlich, das Buch spielte in den 1750er Jahren. Und im übrigen wurden die meisten Mädchen, auch heute noch, durchaus anders erzogen als seine Schwestern, insbesondere wenn die Eltern sie für eine gute Partie vorgesehen hatten. Sie wurden von oben bis unten in rosa- und purpurfarbene Seidenschärpen eingewickelt in die Welt hinausgeführt, als seien sie verfrühte kleine Knospen Ende Februar. Weiße Kinderhandschuhe. Gänseblümchen im Haar. Schon früh unterwies man sie in der Kunst des... Dodgson schloß das Buch und legte es auf den Boden. Alice war zehn.

4. Juli 1862

Erlitt eine heimtückische Heimsuchung heute früh – ich schaute in den Spiegel und erblickte vor mir ein zerschundenes Geschöpf, bleich & grünlich, mit schweinischer Nase, unterlaufenen Augen & einem Gesicht, in das die Linien eines kompletten Londoner Stadtplans eingeritzt worden waren. Es tritt einem mit einer Häßlichkeit entgegen, die einen entsetzen kann – dieses ureigene Monströse & grobschlächtig Körperliche.

Als ich im Dekanat eintraf, immer noch geschüttelt von dieser morgendlichen Erscheinung, setzten die Mädchen sich gerade die Hüte auf. Duckworth & ich nahmen sie auf einen längeren Bootsausflug als gewöhnlich mit, ganz hinaus bis Godstow. Wir schafften es, um acht Uhr bei der Folly Bridge zu sein, & als wir das Boot beluden, konnten wir schon die Hitze spüren. Ich zog mir die Sicherheitsnadeln aus dem Rockaufschlag & setzte mich mit Nadeln im Munde auf den Anleger & ging daran, den Kindern die Rocksäume hochzustecken.

Als wir so dahintrieben, begann ich mit einer Geschichte von Alice, die in einen Kaninchenbau fällt und beim Fallen Regale und Marmeladentöpfe sieht. Die Kinder waren ganz hingerissen, das sachte Dahingleiten des Bootes, die knallende Sonne, das Gemurmel meiner Stimme, das Geräusch der Ruderblätter im Wasser, das Gesumme der Flußinsekten – all das schien eine fast hypnotische Wirkung auf sie zu tun.

Was für ein merkwürdiges Gefühl, sagte meine erfun-

dene Alice. Ich muß mich zusammenschieben wie ein Fernrohr!

Dodgson, erfinden Sie diese Romanze da etwa aus dem Stegreif? fragte Duckworth.

Ich wußte kaum recht, was ich sagte. Die Geschichte glitt einfach an mir vorbei, trug mich fort wie das Wasser unter uns.

Was hatte Alice an? unterbrach mich Edith.

Ein Baumwollkleid, antwortete ich. Blau.

Einen Augenblick lang hatte ich das Gefühl, das Boot schlage um & alle außer Alice versänken langsam im Fluß.

Später lagen wir im Schatten unter den Heuschobern, Alice nur wenige Handbreit neben mir im Grase, eine klebrige Schweißschicht über dem Gesicht, von der das Haar, das ihr in die Stirn hing, ganz naß wurde. Sie streckte ihre Beine aus. In der Ferne konnten wir die Scheitel von Lorinas und Duckworths Köpfen auf & ab hüpfen sehen. Sie gingen an der Flußböschung umher und suchten nach Steinen.

Alice befächelte sich die Beine mit ihrem Kleid, & die Worte kamen immer schneller – wie soll man das nur beschreiben? – verrückt machend & anstachelnd zugleich – die Worte segelten an meinem Verständnis vorbei & formten sich von allein zu einer Geschichte – Geschöpfe kamen mir aus dem Kopf gestürmt – Worte kamen von ihrer Bedeutung ungebändigt daher & schwirrten durch die hellen Lüfte –

Frustrierend war nur Edith, die mich unablässig unterbrach. Halt, dieser Teil gefällt mir nicht. Was meint die Taube damit, wenn sie sagt »alle kleinen Mädchen sind Schlangen«?

Ich erklärte es ihr geduldig: Einfach, daß kleine Mädchen Eier essen & daß Schlangen Eier essen & daß deshalb kleine Mädchen Schlangen sind.

Dieser Teil gefällt mir nicht, sagte sie noch einmal.

Der Himmel war klar und blau, die Hitze drückend. Wir ruderten heim, ich in meinen weißen Flanellhosen und meinem Strohhut, unser halbverspeistes Picknick aus Erdbeeren und kalten Hähnchensandwiches und Kuchen hatten wir immer noch dabei, unter der hinteren Bank, im Picknickkorb. Als die Brücke in Sicht kam, fängt der Schildkrötensupperich zu singen an: »Willst du magst du. Willst du magst du? Dich im Tanze drehn?« Alice saß neben mir. Sie zog sich die Schuhe aus.

Wir glitten unter einem überhängenden Ast hindurch. Er beschirmte uns für einen Moment vor der Sonne. Plötzlich sah ich einen beunruhigenden Kniff in ihrem Lächeln – ein Neigen des Kopfes – ein Schatten der Frau, die einmal aus ihr werden würde, glitt ihr über das Gesicht – parfümiert & mit hochhackigen Schuhen & posierend. Die Zeit wird knapp. Das Weiße Kaninchen mit den rosa Augen & der Taschenuhr & dem Zylinder, sehr adrett angezogen, hoppelt rasch vorüber: »Ich komm zu spät. Ich komm zu spät.« Alice lachte. Edith & Ina lachten, & sie konnten alle drei gar nicht wieder aufhören, zu lachen & zu kichern, & das gab mir Auftrieb & richtete mich wieder auf, besänftigte die Panik, von der ich einen Augenblick vorher ergriffen worden war. Wir sind bloß Kinder & Kaninchen. Bis auf weiteres.

Als sie ans Ufer gelangten, war Alice bekümmert. Alle waren in Hochstimmung. Doch Alice war bekümmert. Sie hatte Teile der Geschichte so behalten, wie er sie erzählt hatte, doch sie wollte sie aufgeschrieben haben, sie wollte, daß seine Handschrift auf dem Papier es zu etwas Selbstgemachtem und Benutzbarem machte. Dodgson war irgendwie seltsam an jenem Nachmittag und nicht ganz er selbst. Besser als er selbst. Aber eben nicht ganz er selbst.

Er fummelte mit dem Halteseil herum. Sie nahm sich die Nadeln aus dem Kleid. Seine Aufmerksamkeit war ganz auf sie konzentriert, aber irgendwo in dieser Aufmerksamkeit spürte sie seine Ungeduld. Er entfernte sich nervös kreiselnd langsam von ihr, so wie Flußwasser, das über einen schwarzen Stein hinwegkreiselt. Sie wußte nicht recht, was sie von der Geschichte halten sollte. Auf keinen Fall gefiel ihr der Teil, wo sie im Hause größer wurde, wo sie an die Wände stieß, ihre Schultern eingequetscht wurden, ihr Kinn sich in ihre Brust bohrte, ihr Kopf an die Decke knallte, ihr vergrößertes, schwellendes Ich eingedrückt und zerknautscht und eingepfercht wurde. Ihr gefiel die Stelle nicht, wo sie sagt, ihr Hals sei beinahe abgebrochen. Oder wo Alice sagt: *Aber werd' ich dann auch niemals älter werden als ich jetzt bin? Das wär' natürlich angenehm, auf der einen Seite – niemals eine alte Frau zu sein.*

Sie fühlte sich von der Geschichte bedrängt. Sie war in irgendeiner Weise persönlicher als die Verse, die er im Kinderzimmer für sie aufsagte. Die Geschichte war wie ein Brief, den er in Geheimschrift schrieb, etwas, was er häufig tat. (Der letzte hatte gelautet: *etsbeiL ecilA, hcI ekcets ni menie legeipS tsef. ettiB flih rim. tshcilzreH nieD selrahC nosgdoD.* Noch Wochen später hatte sie ihn immer »Mr. Nose-god« genannt.) Aber genau das tat er. Er schickte einem Briefe, die man vor den Spiegel halten mußte. Briefe, die man nur mit einer Lupe lesen konnte. Briefe, die aus kleinen Bildchen bestanden. Briefe, bei denen man das Gefühl bekam, niemand anderes könne sie lesen, und wenn sie es noch so sehr versuchten. Nur die eigene Raffinesse, die ganz speziellen Eigenheiten des eigenen Kopfes könnten das Nonsensgekritzel in einen alphabetischen Zusammenhang bringen. Erst war da immer dieser Anflug von Furcht, man würde es nicht verstehen können, und dann kam die Erleichterung, daß es doch ging. Und dann auch noch das vage Gefühl, nachdem man die Übersetzung hingeschrieben hatte, daß da doch immer noch irgend etwas anderes war, was sich immer noch versteckte.

Alice liebte die Geschichte, weil sie Angst vor der Geschichte hatte. Sie fand sie auf die Weise angenehm, wie der Augenblick angenehm ist, wenn man aus einem besonders fürchterlichen Traum aufwacht und die wohlvertrauten, wie Vögel aussehenden Blumen auf der Tapete des Schlafzimmers, in dem man sein Leben lang geschlafen hat, sieht; genau dieses angenehme Gefühl hatte sie bei der Geschichte, das angenehme Gefühl der Rückkehr.

Darum bat Alice ihn, während das lange Gras ihr die nackten Fesseln kitzelte und die Erde unter ihren Füßen sich feucht anfühlte, er solle alles aufschreiben, was er während des Bootsausflugs gesagt hatte. Sie wollte es jetzt haben, wollte es in ihren Händen halten. Ihr Impuls war genau derjenige, der Frauen, die sich verlobt haben, veranlaßt, sich genau in dem Moment, in dem alles im Fluß ist, Edelsteine zu wünschen – leuchtende Unterpfänder unvergänglicher Gefühle. Aber Alice war ein Kind. Und sie wollte die Geschichte haben. Auf Papier.

Dodgson unter seinem Strohhut versuchte gerade, das Boot an dem kleinen Anleger zu vertäuen, den einen Fuß noch im Boot, um zu verhindern, daß es von der Strömung abgetrieben wurde, und den anderen Fuß schon an Land, als Alice, die einige Schritte entfernt am Ufer stand, zu betteln anfing, er solle die Geschichte für sie aufschreiben.

Das Wasser war glasig und grün. Er konzentrierte sich auf den Knoten. Er spürte, wie ihm Wasser in die Schuhe kroch. Er spürte, wie die Feuchtigkeit der Hosen seine Beine berührte. Es alles aufschreiben? Er wußte nicht, was schlimmer sein könnte. Tatsächlich verdroß es ihn schon, daß sie nur gefragt hatte. Die Geschichte war Teil des Bootsausflugs, die Figuren blieben in den Bäumen zurück, wo sie den Tag über verstreut worden waren, hingen irgendwo in der Luft – sie waren nichts, was greifbar und haltbar gemacht werden konnte. Er meinte, wenn überhaupt jemand, dann müsse sie das doch begreifen. Die Geschichte war so ähnlich gedacht gewesen wie die Cheshire-Katze, die auf dem Ast hockt, dann langsam vergeht, und schließlich ist nur noch ein Grienen übrig. Doch sie sah ihn an, beschirmte ihre Augen vor der Sonne, und da empfand er es als schwierig, es ihr abzuschlagen. Bitte, bettelte sie. Es kam so selten vor, daß sie ihn um etwas anbettelte, daß er einfach nicht widerstehen konnte. Also bot er ihr eine Reihe vager Zusagen an: Vielleicht. Ja. Mal sehen.

Der ganze Ausflug wurde ihm schon zuviel, zu vieles war verschenkt, zu vieles beinahe verloren. Er war müde. Vom Rudern schmerzte ihm der Rücken. Die Sonne sengte tief und rot, die Bäume brannten orangen, durchsetzt mit Braun, und unvermittelt wünschte er sich, zu Hause zu sein, auf seinem Diwan zu liegen, sich auszustrecken, sich Syllogismen für seine Vorlesung am nächsten Morgen auszudenken.

Doch als er dann schließlich seine Tür aufschloß, hatte er sich schon überredet, daß es doch ein vollkommener Nachmittag gewesen war. Das war eines seiner speziellen Talente. Er schaffte es, die Vorfälle des Lebens fast noch in dem Moment, in dem sie geschahen, in glückliche Erinnerungen zu überführen. Eine Art Nostalgie ohne Verzug. Er vergaß sein wildes Verlangen, das Boot zum Kentern zu bringen, so daß er mit Alice allein war, während alle anderen der Länge nach ins Wasser fielen; er vergaß die Unruhe, die ihn befallen hatte, als Alice ihn aufforderte, er solle die Geschichte aufschreiben. Die Erinnerung hat bekanntermaßen diesen Effekt, daß sie die beunruhigenderen Episoden aus dem Leben tilgt, doch bei Dodgson war es nicht die Erinnerung – es war das Erleben selbst. Dieses Vermögen, diese Befähigung zum sofortigen mentalen Aufräumen machte es ihm möglich, den Augenblick zu isolieren, seine angenehmeren Elemente herauszugreifen und alles andere wegzuwerfen. So daß er nur das übrig behielt, was er später stets als jenes »Gold des Nachmittags« bezeichnete.

Dodgson notierte sich: »über uns das wolkenlose Blau, unter uns die spiegelnde Flut.« Er hat sich häufig über die Wolkenlosigkeit und Makellosigkeit jenes Tages ausgelassen. Die Londoner Meteorologische Gesellschaft freilich notierte das Wetter im Raum Oxford am 4. Juli 1862 als »kühl und ziemlich naß«. Dodgsons Befähigung zur unverzüglichen Nostalgie beschloß sogar das Wetter mit ein. Doch es handelte sich nicht um ein instinktives Weißwaschen vergangener Zeiten, um einen sentimentalen Blick zurück; als er am Abend in seine Räume zurükkehrte, war das pure Gold ganz einfach die Art und Weise, wie er jenen Nachmittag erlebt hatte – der Nachmittag war wirklich wolkenlos blau.

Neun

Der Dekan schloß die Augen. Die Lehrkörper langweilten ihn. Wenn er nicht kriegen konnte, was er wollte, wurde ihm die Sache rasch langweilig, und er ging innerlich zum nächsten Thema über und versuchte, verlorene Zeit aufzuholen, schon bevor sie verloren war. Er überlegte sich ein Essen mit John Ruskin, um mit ihm über die Möglichkeit zu diskutieren, Dante Gabriel Rossetti, Edward Burne-Jones, William Morris und all die anderen wieder nach Oxford zu holen, daß sie im Innern des Museums Wandgemälde schufen. Nach dem Essen würde er Ruskin ein Glas Portwein kredenzen (er würde dafür den 20er spendieren), und dann würden sie in den Garten hinausgehen (Sterne, samtener Himmel), und er würde die Idee vor ihm ausbreiten, als sei sie ihm gerade erst gekommen. Die Mosaike zum Morte D'Arthur hatte der Union eine ganze Menge Aufmerksamkeit eingetragen, und er überlegte sich, wenn vielleicht dieselbe Künstlergruppe sich des Museums annahm ... Bruchstücke aus der Diskussion der Universitätslehrer kamen in das aquamarinblaue Fresko gesegelt, das er herbeiphantasierte. *Die akademischen Standards kompromittiert*. Strähnen rotblonden Haars trieben wie in Wasser. *Champagnerfestivitäten, die erst im Morgengrauen endeten*. Vielleicht wäre eine Szene aus der Bibel am geeignetsten, sofern er sie davon überzeugen konnte, daß das modisch genug war, oder Szenen aus dem Leben der Königin Elisabeth. *Und dann war er vor Übelkeit in die Büsche vor meinem Zimmer gestürzt*. Er leerte den letzten Schluck aus seinem Glas.

Dekan Liddell hatte seine komplette Fakultät – Mr. Clerke, Mr. Gordon, Mr. Prout, Mr. Sandford, Mr. Joyce, Mr. Bayne, Mr. Pickard und Mr. Dodgson – zu einem informellen Treffen zu sich herübergebeten, um ein kleines bürokratisches Problem aus der Welt zu schaffen. Der Protegé seiner Frau, Lord Newry, hatte um die Sondergenehmigung nachgesucht, im Christ Church College einen Ball veranstalten zu dürfen, der die festgesetzte Sperrstunde überschreiten würde, und letzte Nacht war dem Dekan klar geworden, daß das Glück seiner Frau in hohem Maße davon abhing, daß die Genehmigung erteilt wurde. Er hatte gemeint, eine guter Single Malt Whisky würde die Angelegenheit wohl glatt über die Bühne bringen, doch das erwies sich als Fehleinschätzung.

Der Dekan wandte sich an Dodgson. »Es ist doch bloß eine halbe Stunde, um die wir uns hier streiten.«

»Es ist ein Beschluß verabschiedet worden«, sagte Dodgson. »Wenn wir erst anfangen, dergleichen offiziell zu sanktionieren –«

»Nun, gelegentlich brechen wir wohl selbst einige von den harmloseren Regeln«, warf Sandford, der Griechischlektor, ein.

»Auf wen genau spielen Sie da an?«

»Da wäre zum Beispiel Buckland«, sagte Sandford.

Dr. William Buckland war der legendäre Geologe und Mineraloge, der die Eckräume am großen Innenhof bewohnte. Er hielt Bären, Ratten, Schakale, Schlangen, Kaninchen, Hunde, Katzen und eine komplette Menagerie und servierte sie seinen Gästen bei Tisch, wobei er für sich geltend machte, er esse sich planmäßig durch die komplette Tierwelt.

»Nach allem, was mir bekannt ist«, sagte Dodgson lächelnd, »existieren keine Regeln, die Vorschriften für kulinarischen Geschmack enthalten.«

Der Dekan schenkte Bayne nach. Er ging hinter Dodgsons Stuhllehne vorbei und schenkte auch ihm nach. Er fand es seltsam, daß dieser Mann, der seinen Kindern Kalauer ins Ohr flüsterte, mathematische Abhandlungen mit Rätseln anreicherte, mit wüstbemähnten Dichtern speiste und zu Künstlersoireen nach London karriolte, alle ihm zu Gebote stehende Ernsthaftigkeit darauf verwandte, die Verlängerung einer Feier zu verhindern. Doch Dodgson war schwer auszuloten. Anfangs hatte er gedacht, der junge Mathematiker und Fotograf könne vielleicht ein Verbündeter für ihn sein, ein Reformer, ein Architekt neuer, veränderter Welten. Doch sehr bald war er mit seiner starrköpfigen Regelgläubigkeit aneinander geraten, mit seiner grimmigen Loyalität zu allem Althergebrachten. In Dodgson lauerte ein Widerstand grundsätzlicher Natur, nämlich der Unwille, sich zu arrangieren. Er lebte zu sehr in seinem Geiste. So etwas Befremdliches aber auch: ein Mann ganz für sich. Der Dekan mußte an seine vielen eigenen hilfreichen Geister denken, an die Diener, die in der Küche Tee aufsetzten, an seine Frau, die im Bett las, an seine Töchter, die durch den Flur stürmten, auch an die neue Wiege, die bald gefüllt werden sollte.

Der Dekan sah sich nach seinen potentiellen Mitstreitern am Tisch um und überlegte sich, wie er sie herumkriegen konnte. Joyce würde es aufs Essen abgesehen haben. Bayne, der Tutor in klassischen Sprachen, stimmte fast immer mit dem Dekan überein, und Sandford und Clerke lagen fast immer mit Bayne auf einer Linie.

»Das scheint mir doch alles arg viel Aufregung um so ein bißchen Gefeiere«, sagte er und schaute dabei Bayne und Joyce, den Rhetoriklehrer, an. »Ich möchte meinen, wir können wohl für einmal drüber hinwegsehen, und die Sache ist erledigt.«

»Das meine ich durchaus auch«, sagte Joyce. »War es nicht Epikur, der gesagt hat, Vergnügen sei Anfang und Ziel eines glücklichen Lebens?«

»Und war es nicht Seneca, der gesagt hat, was bedarf es des Weinens um Teile des Lebens? Das Leben insgesamt verlangt nach Tränen.« Dodgson amüsierte sich prächtig.

Bayne holte seine Taschenuhr heraus, eine Geste, der der Dekan gehörige Achtung schenkte. Er wußte, daß die Zeit sein stärkster Gegenspieler war; alle wünschten sie, die Angelegenheit möge rasch erledigt sein, und Dodgson würde sich so schnell nicht breitschlagen lassen.

»Es stimmt schon«, sagte Joyce, »wenn wir ihm gestatten, sein Fest über die offiziell zugestandene Zeit hinaus zu feiern, dann werden das andere auch wollen.«

»Scharenweise«, stimmte Bayne zu.

Und zu seinem größten Verdruß mußte der Dekan, der zwei Flaschen recht teuren Whiskys verschwendet sah, feststellen, daß Griechisch, Latein, Mathematik und Rhetorik gegen ihn waren, womit die Angelegenheit sich erledigt hatte.

Die anderen Gäste schwärmten in den warmen Abend hinaus, doch Dodgson hinkte hinterher. Er blieb in der Stille vor dem Dekanat stehen. Die Wände waren purpurgetränkt. Die leisen Laute klappernder Töpfe und lachender Dienstboten drangen aus dem Fenster heraus. Und dann erstand es ihm alles: das große dreigeschossige rote Backsteinhaus, die an der Rasenkante aufgereihten Bäume, das Spalier, durch das glockenförmige Blumen ihre Köpfe steckten, das Kinderzimmer mit schräger Decke, die Bibliothek im Erdgeschoß, das Haus, in dem er niemals leben würde. Es geschah fast nie, daß er sein Leben aus diesem speziellen Blickwinkel betrachtete, in diesem speziellen Licht: als ein Haus, das nicht seines war.

Er hatte es anders gewählt: ein schmales Bett, ein winziges lackiertes Waschbad, niedrige Bücherregale mit Glastürchen davor, ein weißmeeriger Globus auf einem Messingständer, ein purpurfarbener türkischer Teppich. Er hatte kleine enge Räume gewählt, die an andere kleine enge Räume angebaut waren, hatte sogar die Vorstellung von einem kompletten Leben gewählt, das sich in einigen wenigen Räumen ausbreitete. Wie ein Student, der geblieben war, der es versäumt hatte, den Absprung zu finden. In Wahrheit hatte er gar keine Wahl gehabt. Es war nur ein blindes Weitertraben. Die Strömung, die einen zog. Das einzige Leben, das paßte.

Andere Menschen hatten andere Dinge; er hatte Zahlen, dumpfe Qualen.

Es ist seltsam, ein Gefangener zu sein, der sich seine Zelle selbst entworfen hat. Die Architektur des eigenen Unglücks. Die geschlossenen Mauern, die man sich selbst erträumt hat. Die Gitter, nach denen es einen verlangt hat. Die Pfosten und Türme, die man selbst erschaffen hat. Man möchte es gar nicht anders haben. Die Sehnsucht nach dem Draußen wird für diese Art von Gefangenen um einiges komplizierter. Das Draußen – niedrig hängender Mondzacken, kühle Lüfte in gewundenen Blättern – ist das, was man nie gewollt hat. Was man draußen ließ.

Dodgson lag in seinem Bett, in sich zusammengeschoben wie ein Teleskop.

Fast nie verspürte er sie, die Panik der Einsamkeit, wie ein Schwarm Vögel, der in seiner Brust herumflog.

Was könnte er sich noch mehr wünschen. Einen Kopf, der den seinen begleitet.

Am nächsten Morgen schritt Dodgson durch die Große Halle mit ihren hohen Gewölbedecken und den Buntglasfenstern. Überall standen und saßen Studenten herum, lasen und redeten und dösten. Dodgsons Blick wurde von der Schlagzeile einer *Gazette* angezogen, die jemand auf einem der schweren Holztische hatte liegen lassen. Die Titelgeschichte befaßte sich mit Mädchen im Alter von zehn oder elf Jahren, die für ein paar Shilling an verdorbene Mannsbilder verkauft wurden. In fünf langen Spalten wurde geschildert, daß die Mädchen in diesen übel beleumundeten Häusern in den schlimmsten Gegenden Londons mit Chloroform betäubt wurden, bis sie leblos auf dem Bett lagen. Und dann wurden »unaussprechliche Handlungen« an ihnen vorgenommen. Er errötete. Er sah zu den Studenten in ihren Roben auf, die zu zweit und zu dritt an ihm vorbeischlenderten. Er bildete sich ein, sie würden die zwei Zoll große Schlagzeile lesen – VERLORENE UNSCHULD! – und ihn anschauen. Und das hier war eine angesehene Zeitung. Dodgson faltete sie zusammen und steckte sie sich unter den Arm und eilte die Halle entlang.

Dodgson schritt durch den Flur und dann die Treppe hinauf, bis er vor seinen Räumen stand. Er las sich den kompletten Artikel durch, während er im Foyer vor seiner Tür stand.

Er konnte sich nicht recht überwinden, die Zeitung wegzuwerfen – immerhin könnte der Hausdiener sie lesen, wenn er sie im Müll fand. Er entschied sich, sie unter dem Sitzpolster seines Sofas zu verstecken. Er würde später entscheiden, wie er sie sich vom Hals schaffte.

Er konnte das Bild eines schäbig gekleideten kleinen Mädchens in einem überbelichteten Zimmer nicht aus seinem Kopf kriegen. Er stellte sich vor, wie süßliches Chloroform ihr die Lunge füllte und ihr den Kopf mit einem künstlichen Frieden auswusch. Er sah sie erschlaffen, während ein namenloser Gentleman sie beobachtete. Und dann sah er eine ganze Reihe von Türen im Flur, und hinter all diesen Türen befanden sich Mädchen in verschiedenen Stadien des Drogeneinflusses. Er sah das so klar und deutlich vor sich, als wäre der Artikel mit Fotografien illustriert gewesen. Eine Zeile aus seiner eigenen Geschichte ging ihm ganz unverhofft durch den Kopf: *Alle kleinen Mädchen sind Schlangen*. Er entschied, er werde einen Leserbrief verfassen. Der Zorn floß ihm aus der Feder: »Ich vertrete die Sache unserer jungen Männer und Burschen, deren Phantasie sich an allzu kräftig ausgemalten Bildern des Lasters entzünden könnte… Ich vertrete die Sache unserer reinen und unverdorbenen Mädchen, deren Seelen bekümmert, ja, sogar besudelt werden durch die übelkeitserregende Literatur, welche auf diese Weise vor ihnen ausgebreitet wird…« Der Gedanke an eine Unterwelt, wo geheime Gelüste, der Stoff von Alpträumen und Phantasievorstellungen, sich straflos für ein paar Shilling befriedigen ließen, erfüllte Dodgson mit Entsetzen. Ganz besonders empörte ihn der Gedanke daran, daß solche Form der Befriedigung in der Zeitung ausgebreitet werden konnte. Er fand, es sei korrumpierend, so etwas auszusprechen. Wie stets, wünschte sich Dodgson, alles Untergründige möge im Untergrund bleiben.

Hunt und Dodgson saßen an dem runden Rosenholztischchen am Fenster, zwischen sich ein Schachbrett.

»Endlich einmal ein Spiel, das Ruhe und Kontemplation belohnt«, sagte Dodgson, während er seinen Turm zog.

Hunt starrte aufs Brett und schob seine Dame diagonal darüber. »Den Sanftmütigen wird die Erde gehören, nicht wahr?«

Dodgson fand es schwer, Hunt in dieser neuen Umgebung anzusehen – neu als Umgebung für sie beide. Nie zuvor hatte er Hunt zu sich eingeladen. Zuerst, als er die Tür öffnete, erschreckte ihn Hunts körperliche Gegenwart. Wie bei einem Vogel, der aus seinem Käfig fliegt; die chaotisch flatternden Flügel. Hunt war groß. Sein Mund breit und verwundbar. Seine Schultern gebeugt. Seine Hosen abgetragen. Dodgson kam es vor, als sehe er ihn zum ersten Mal. Zum Glück hatten sie das Spiel.

Nur selten fand Dodgson jemanden, mit dem er gerne Schach spielte. Im Kopf bewegte er die Figuren nach Maßgabe dessen, was als nächstes geschehen würde, verfolgte das komplexe Geflecht der gangbaren Pfade, das dichte Netz der Möglichkeiten, die über dem Brett schwebten. Das war für ihn die Befriedigung des Schachspielens, das Gedankengeflecht aus Möglichkeitsschichten, die simultan existierten. Hunt spielte auf die nämliche Weise.

»Erzählen Sie mir von diesem verzwickten Newry-Problem, von dem neuerdings soviel die Rede ist.«

»Was möchten Sie dazu wissen?«

»Was genau fanden Sie so anstößig an dem Ball?«

»Es ist meine feste Überzeugung.« Dodgson sah vom Brett auf. »Daß es gewisse Traditionen gibt, die es aufrechtzuerhalten und zu respektieren gilt.«

»Und wenn man sie nicht aufrechterhält und respektiert?«

»Dann«, begann Dodgson. »Sind wir um kein Jota besser als –«

»Was?« fragte Hunt und ergriff seinen Bauern.

Dodgson sah fünf Züge voraus. Hunt trieb ihn mit dem Bauern und dem Läufer in die Enge. Er sagte nichts. Er spürte die Spannung zwischen den Sandelholzfiguren, spürte, daß er Schwierigkeiten hatte, die Partie im Kopf zu behalten. Er fand die geistige Erschöpfung erholsam. Er spürte, wie sich zwischen ihm und Hunt etwas auftat, etwas, das er durchaus nicht als Freundschaft bezeichnen würde. Doch er verspürte in Hunts Gesellschaft eine plötzliche Befriedigung, die neu war.

»Sie haben es immer noch nicht ganz erklärt.«

»Es ist gar nicht so vertrackt. Ich glaube einfach, daß man die Jugend schützen sollte.«

»Vor was?«

»Vor sich selbst«, sagte Dodgson. »Unter anderem.«

»Aber Sie können doch gewiß nicht glauben, daß man irgend jemanden vor sich selbst zu schützen vermag«, sagte Hunt. »Ganz gleich, wie viele Bälle sie auch untersagen mögen.«

»Wir haben nichts untersagt«, entgegnete Dodgson. »Wir haben einfach nur davon Abstand genommen, eine Ausnahme von einer lange vorher festgelegten Regel zu machen. Um ein unziemliches Spektakel zu verhindern.«

»Unziemlich?« sagte Hunt. »Mir will es eher wie das genaue Gegenteil vorkommen. Ein bißchen Schönheit in den grauen alten Kasten einführen. Was wäre das Schlimmste, was geschehen könnte?«

Die Frage überraschte Dodgson. *Das Schlimmste, was geschehen könnte.* Die Frage nahm ihn ebenso gefangen wie das Schachbrett. Man stelle sich das Schlimmste vor, und dann stelle man sich vor, daß es geschehe. Im Kopf arbeitete er sich hindurch. Die Musik, die über den Innenhof wogen würde. Die nackten Schultern. Das Tanzen. Das süße, stille Gras am nächsten Morgen. Der rosige Schleier, der über den Stein zog... Vielleicht hatte Hunt recht. Nichts würde sich ändern.

»Manchmal«, sagte Hunt, »klingen Sie eher nach dem ehrwürdigen Archidiakon als nach seinem künstlerischen Sohn.«

Dodgson tat seinen Zug. Drei Felder nach vorn. Er sah vom Brett auf.

»Da könnten Sie recht haben«, sagte er und lächelte, »und im übrigen: schachmatt.«

Draußen vor dem Fenster badeten die Zweige in einem dunklen Aprikosenlicht. Die beiden saßen in geselligem Schweigen. Dodgson hatte nicht einmal gestottert.

Zehn

Mrs. Liddell setzte Mrs. Jasper und Mrs. Lamb auf dem gußeisernen Tisch in der hinteren Ecke des Gartens Frühstück vor. Die Bäume waren gelb. Der warme Septemberwind raschelte im trockenen Laub. Sie legte sich die Hände schützend über den schwellenden Bauch. Das Hausmädchen trug die Würstchen und Eier und Leberpasteten auf einem silbernen Tablett aus der Küche herbei. *Ein Frühstückspicknick*, so hatte sie auf die Einladung gekritzelt. Eine festliche Geste, die die Tatsache verdecken sollte, daß sie ihre Gäste beide nicht sonderlich mochte. Es waren die Frauen der Kollegen seines Mannes, und sie sah sich genötigt, sie zu unterhalten.

»Haben Sie den Artikel über die Opiumhöhle am Ratcliff Highway gelesen, wo Dickens gewesen ist?« fragte Mrs. Jasper. Sie war eine mondgesichtige Frau mit kleinen schwarzen Augen.

»O ja«, sagte Mrs. Liddell, die die dampfenden Eier mit der Gabel aus der silbernen Terrine herausangelte. »Ich hab es mir gleich von Henry geben lassen. Wie finden sie es?«

»Es kam mir doch recht belanglos vor«, sagte Mrs. Jasper und langte nach ihrem Teller. »Nicht gerade sonderlich aufregend.«

»Ja, ich hatte auch etwas Düstereres erwartet«, sagte Mrs. Lamb.

»Alle schienen sie recht schläfrig.«

»Und es war doch alles ziemlich keusch.«

»Wobei die Stelle mit dem Chinesen mir freilich gefiel. Wie hieß er noch gleich? Mr. Chang?«

Der Teller mit den Würstchen war fast leer. Mrs. Liddell war froh, daß sie das gute Service mit den blauen und rosaroten Rosen genommen hatte.

»Gestern bin ich bei der Damenschneiderin eingekehrt«, sagte Mrs. Lamb. »Sie hat da eine vortreffliche magentafarbene Seide.«

»Also wirklich, ich würde Lorina zu ihrem vierzehnten Geburtstag ja so gerne ein Kleid nähen lassen.«

Gegenüber im Garten konnte sie Mr. Dodgson und Alice auf der Schaukel ausmachen. Sie hatte das unbestimmte Gefühl, Alice hätte irgendwo anders sein sollen, doch sie konnte sich nicht darauf besinnen, wo.

»Ich kann es kaum glauben, daß sie ihre Journalisten ausschicken, um Opium zu rauchen«, sagte Mrs. Jasper. »Das ist mir schon so ein Beruf. Erinnern Sie sich noch an Mrs. Carville? Ihre Nichte heiratet einen Journalisten.«

»Ich bin mir nicht sicher, ob dieser spezielle Farbton etwas für Lorina wäre«, sagte Mrs. Lamb. »Vielleicht doch eher etwas Helleres.«

»Ja«, sagte Mrs. Liddell unbestimmt.

Sie bemerkte Dodgsons Arm, der hinten um die Schaukel herumgelegt war. Ihr Blick blieb an ihrer Tochter hängen. Alice in ihrem blaßblauen Kleid sah irgendwie verändert aus. Es bereitete ihr Schwierigkeiten, genau anzugeben, woher die Veränderung rührte, eine ganz leicht veränderte Haltung vielleicht, eine neue Fülle an Gesicht und Schultern. Aber bei Mädchen geschah das nun einmal; Mrs. Liddell wußte noch, wie das bei Lorina passiert war, eines Tages hatte sich die knöcherne Magerkeit in Grazie verwandelt.

»Gab's sonst noch etwas Neues im Angebot, außer der Magentaseide?« fragte Mrs. Jasper.

Der Geruch der Würste schlug vom Tisch herüber; Mrs. Liddell fühlte sich unbehaglich.

»Ein nettes Grün.« Mrs. Liddell zwang sich, ihre Aufmerksamkeit wieder den Gästen zuzuwenden. »Wobei ich mir nicht sicher bin, ob das ebenso in Mode ist.«

Die Bewegung der Schaukel, hin und her, hin und her, schien sich in ihrem Kopf zu verfangen. Diese Bewegung lenkte sie von ihrer Konversation ab, zwang ihr den eigenen Rhythmus auf, dieses Schaukeln.

»Hat jemand von ihnen den neuen Trollope verfolgt?« hörte Mrs. Liddell sich sagen. »Ich bin ganz begierig, was wohl in der nächsten Folge kommen wird.«

»Ich werde nie verstehen, wie sich jemand da durchfinden kann«, sagte Mrs. Lamb. »Immer geht es nur um Bischöfe und Politik.«

»Vortreffliche Würstchen«, sagte Mrs. Jasper und langte nach dem letzten.

Mrs. Lamb warf einen Blick zu Dodgson und Alice hinüber.

»Unser Mr. Dodgson ist ein exzellenter Fotograf«, sagte Mrs. Liddell.

»Oh, natürlich«, sagte Mrs. Jasper. »Das sagen alle.«

»Alice sieht doch schon recht erwachsen aus«, sagte Mrs. Lamb.

Mrs. Liddell musterte ihre Tochter und ließ die Bemerkung langsam in sich einsickern. Schon recht erwachsen.

Der ganz und gar gewöhnliche Anblick, wie Mr. Dodgson und Alice da auf der Schaukel saßen, verwandelte sich ihr in eine lebhaftere Szene in leuchtenderen Farben. Plötzlich verrückte sich in ihrem Kopf alles. Unter der Baumwollhülle ihres Kleides mit dem kindlichen runden Kragen waren Alices leicht schwellende Brüste verborgen, freilich nicht ganz. Wenn man mit jemandem zusammenlebt, dann nimmt man die kleinen Veränderungen gar nicht wahr, doch nun wurde ihr bewußt, daß Alice begonnen hatte, ihre Schultern einzuziehen, als wolle sie die Spannung am Stoff ihres Kleides verstecken Ihre Schultern und ihr Hals sahen nicht mehr so knabenhaft aus, sondern weicher. Hin und her, hin und her, so pendelte es vor dem Brennpunkt ihrer Augen, dieses Etwas, das ihr Verstand zu begreifen suchte: der scharfe Umriß Dodgsons und ihrer blaßblauen Tochter vor dem Hintergrund von Licht und Dunkel, das sich in der

Hecke raffiniert vermischte. Sein Arm, wie er hinten um die Schaukel herumlag. Ihr Kopf, wie er an seinem Arm ruhte. Er, wie er sich zu ihr herunterbeugte und ihr etwas ins Ohr flüsterte.

»Mein Mann ist dieser Tage scheint's mit nichts anderem als Politik beschäftigt«, sagte sie und versuchte sich loszureißen.

»Ja«, sagte Mrs. Jasper. »Die neueste Kontroverse ist ja wohl um den Eingang zur Kathedrale entbrannt, nicht wahr? Ich muß sagen, ich kann diese ganzen Allianzen und Konfrontationen gar nicht nachvollziehen.«

»Es gibt ihnen das Gefühl, wichtig zu sein«, sagte Mrs. Lamb. »Wie im Parlament, wenn sie sich eigens versammeln, um über ein paar Fußbreit Holzvertäfelung zu streiten.«

Eine Wolke schob sich vor der Sonne vorüber. Mrs. Liddell strich die Serviette auf ihrem Schoß glatt.

Irgend etwas mußte unternommen werden, dachte sie. Irgend etwas hätte schon unternommen werden müssen.

Das Hausmädchen brachte den Orangenbiskuitkuchen. Mrs. Jasper nahm sich ein großes Stück, das sie mit den Fingern auf dem Tortenheber in der Balance hielt, und tat dann den anderen auf.

Mrs. Liddell fühlte, wie sich der schaumige Kuchen in ihrem Mund auflöste, und mußte plötzlich an die Mutter in *Die Frau des Bankiers* denken: *Ihre nächste Ruhestatt war das Grab*.

»Ach, ich habe ganz vergessen, davon zu erzählen«,

sagte Mrs. Jasper. »Mein Mann hat mir fürs Frühjahr eine Reise nach Italien versprochen.«

»Wie prächtig«, sagte Mrs. Lamb.

Mrs. Liddell wurde durch ein Bild in ihrem Kopf abgelenkt: die Hand ihres Mannes auf ihrer, in einem Straßencafé auf dem Markusplatz, und die Tauben flogen von der Kuppel der Kirche auf.

Alice und Dodgson hoben die Köpfe, und die Szene vor ihren Augen entglitt ihr. Vor dem Hintergrund des klaren Himmels sah sie: Alice, wie sie mit den Beinen strampelte. Dodgson, wie er sich zurücklehnte. Trompetenförmige orangene Blüten, die sich über den Türeingang ergossen. Efeu, der im Wind zitterte. Ein alter Freund der Familie, der an einem sonnigen Tag mit einem ihrer Kinder spielte. Sie legte sich die Hände um die Schwellung ihres Bauches. Die Wärme des Tages flutete durch sie hindurch. Das beruhigende Aroma des Tees stieg vom Frühstückstisch auf.

»Und dann«, sagte Dodgson, »war da noch das Weiße Kaninchen, das auf seine Taschenuhr sah und sagte: Ich komme zu spät, ich komme zu spät –«

»Aber«, unterbrach ihn Alice. »Wie können sie denn unter der Erde atmen?«

»Das ist wirklich interessant«, erklärte er. »In dem Tunnel gibt es eine dünne Schicht Himmel. Es ist eine komplette Welt, genau wie unsere, nur eben unter einer Erdschicht versunken. Ergibt das so einen Sinn?«

»Ja, klar.«

Sie dachte einen Augenblick nach. »Was ist mit dem Dodo? Ist der echt, oder haben Sie ihn auch erfunden?«

»Er war echt. Aber jetzt ist er es nicht mehr.«

»Wie meinen Sie das?«

»Der letzte Dodo ist vor hundert Jahren gestorben.«

»Konnte er fliegen?«

»Ich fürchte, der Dodo war einer der wenigen Vögel auf Erden, dem diese besondere Gabe nicht gegeben war.«

Am anderen Ende des Gartens konnte Dodgson Mrs. Liddell und ihre Freundinnen um einen Tisch mit weißem Tischtuch sitzen sehen.

Plötzlich sagte Alice: »Werden Sie heiraten?«

Für einen Augenblick erstarrte Dodgson. Er erinnerte sich dran, daß Kinder ihren Worten ebenso schnell entwachsen wie ihren Kleidern.

»Paß auf, ich hab ein Rätsel für dich«, sagte er. »Der Anfang der Ewigkeit, die Mitte vom Hier und vom Jetzt, der Anfang von jeglichem End' und das Ende vom Raume zuletzt?«

Er gab der Schaukel mit seinen Beinen Schwung. Er erkannte sogar in ihren Zügen dieses Vertrauen: das Vertrauen darauf, daß alles, was geschah, gut ausgehen würde; das Gefühl, daß alles in guten Händen lag, weil es immer so war. Kinder leben in Geschichten mit beständigem Happy-End, und deswegen sind sie so glatt und schimmernd. Ihnen kommt nie in den Sinn, sie könnten sich vielleicht nie verlieben oder sie würden unglücklich werden, wenn sie sich verlieben, oder sie könnten sich an der Seite eines anderen Menschen gründlicher allein fühlen als ganz für sich, oder sie könnten den Rest ihres Lebens ganz für sich bleiben, denn das war nicht die Geschichte, die ihnen erzählt wurde.

Ihr flogen die Haare in den Mund. Sie strich sie zur Seite und drehte ihm ihren Kopf zu.

»Der Buchstabe E?«

»Natürlich. Wie schlau du bist, daß du das so schnell herausgekriegt hast.«

Unvermittelt sprang sie von der Schaukel und lief ins Haus.

Der Gedanke versengte ihn durch und durch. Er könnte Alice heiraten. Er könnte noch am selben Abend ins Dekanat hinübergehen und um eine Unterredung mit Mr. Liddell nachsuchen und ihm im vollen Ernst den Vorschlag unterbreiten, er werde sich mit Alice verloben, sobald sie mündig werde, was nur noch etwas mehr als ein Jahr hin war, an ihrem zwölften Geburtstag. Sie würden dann noch einige weitere Jahre abwarten, was durchaus nicht ohne Vorbild wäre. Wohl wahr, er war nicht einer von diesen Adeligen mit langen Wimpern, die nicht bis drei zählen konnten und auf die Mrs. Liddell ihr Auge geworfen hatte, aber trotzdem. Er hatte Vermögen, und er wohnte ganz in der Nähe.

Er ging zögerlich heim, blieb an dem Teich in der Mitte des Tom Quad stehen. Braune Blätter kreiselten auf der Oberfläche herum. Und er hatte so ein seltsames Gefühl, als grübele er über das Los eines entfernten Cousins nach, den er ziemlich gut kenne und sehr mochte.

An jenem Abend erwärmte er seine Räumlichkeiten wie mit einem Feuer, indem er es sich kurz ausmalte: Alice, wie sie im Bett lag. Alice, wie sie Brote einpackte, um sie am Fluß zu essen. Alice, die in einem weißen Nachthemd durch seine Räume lief, Alice, die auf dem scharlachroten Sofa lag und ihre bloßen Füße auf die Mahagonilehne bettete, Alice, die neben ihm aufwachte... An ihrer Seite würde er anders schlafen. Er wußte, das würde er.

Doch ganz gleich, wie sehr er seinen Kopf auch anstrengte, er konnte sich Alice nicht älter vorstellen. Das war wie eine Aufnahme, die mißlang. Ein weißer Stern breitete sich von der Mitte zu den Seiten aus und zerstörte das Bild. Er konnte ihr Gesicht nicht sehen. Sie hörte nicht auf, zu rennen, zu flitzen, davonzustürmen, sein scheues Tier aus den Wäldern. Er konnte sie sich nur ausmalen, wie sie jetzt war. Mit zehneinhalb.

Dodgson hetzte aus dem Haus, um sich die aktuelle Nummer des *Cornhill Magazine* zu besorgen, so daß er die neueste Folge von *Das kleine Haus in Allington* lesen konnte. Es war ihm geradezu peinlich, wie versessen er darauf war. Doch jeder einzelne Abschnitt packte und faszinierte ihn nur noch mehr, wenngleich nie etwas geschah. Lily Dale hielt in irrationaler Treue an Crosbie fest, der sie betrogen hatte, das Verlöbnis gebrochen hatte, mit einer Dame von höherem Stand davongelaufen war; und sie hielt sich den hübschen Johnny Eames weiterhin vom Leibe, obwohl sie ihm in Wahrheit doch recht zugetan war.

Die Geschichte war eine einzige lange Meditation über das Perverse, die sich über Monate hinzog; jede neue Folge war wie eine weitere Perle auf der Kette. Würde sie es sich anders überlegen? Warum wollte sie es sich nicht anders überlegen? Dodgson fand es befremdlich, daß er sich so fesseln ließ von dieser Geschichte, die keine Geschichte war. Von dieser Übung in Frustration, wie bei einem Kind, das Tonleitern übt. Die Atmosphäre des Romans war wie ein Sumpf, die Luft schwül und triefend und voller Fliegen; der nämliche Mangel an Bewegung, an Perspektive; mehr ein Gefühl, festzustecken, als das, zu lesen.

Warum also schlug er die Zeitschrift mit einer solchen Vorfreude auf? Lily Dale hielt störrisch an einer Liebe fest, die niemand begreifen konnte, die wie eine Sackgasse nur an einen kahlen Küstenstreifen führte, zu einigen armseligen Büscheln Gras in den Dünen – mit anderen Worten: nicht zu einer Stadt, in der andere Menschen lebten –, sie konnte kein normales Leben führen, konnte kein Haus bauen, wenn sie an dieser Liebe festhielt.

Und außerdem verfügte bei Trollope natürlich keine einzige Figur über die gedankliche Klarheit und die Herzensreinheit, die man mit den Helden und Heldinnen großer Literatur assoziierte. Selbst der ideale Freier Johnny Eames, der vor den Augen des Lesers als der Mann herumtänzelte, den Lily am Ende heiraten sollte, dieser herzensgute und loyale John hatte sich in seinem Mietshause mit einer anderen Frau eingelassen. Die Unschuldigen waren nicht unschuldig. Die Guten waren schwach. Alle Figuren bei Trollope hatten eine komplizierte Vergangenheit und widerstreitende Bindungen und emotionale Eigentümlichkeiten. Seine Figuren verweigerten dem Roman sein eigentliches Werk: sie glüklich zu machen. Das war das Geheimnis von Trollope, und es unterschied ihn so sehr von Austen, Thackeray, Dickens und jedem anderen Schriftsteller, den Dodgson bisher kannte. Warum diese dunkle Sicht des menschlichen Wesens so tröstend wirken konnte, war ihm unbegreiflich. Aber irgendwie durchdrang ihn *Das kleine Haus* bis ans Innerste und schenkte ihm Frieden.

Die Geschichte war so lang und ermüdend, daß sie ihren passionierten Lesern einen Spiegel vorhielt: Warum sehnten sie sich so sehnlich danach, daß Lily Dale Johnny Eames heiratete? War es denn nicht möglich, daß sie allein viel besser dastand? Gab es womöglich knifflige und vielschichtige Gefühlslagen, die sich nicht in die üblichen Treuegelübde fassen ließen? Das Buch zwang die Grundannahmen der Mrs. Liddells dieser Welt, zu zerplatzen und sich als das zu offenbaren, was sie waren: die schlichten, oberflächlichen, gedankenlosen Fänge des heiligen Ehestands.

Der Mann war schon älter, hatte einen rötlichen Bakkenbart und funkelnde blaue Augen. Er war auffällig gekleidet, trug einen Mantel mit braunem Samtkragen und ein leuchtend blaues Halstuch. Der legendäre Kunstkritiker und Geschmacksstifter. Der Mann, der Dodgson vor langer Zeit davon überzeugt hatte, er habe kein Talent zum Zeichnen. Dodgson wollte gerade das Tor zum Dekanat aufmachen, als er ihn erblickte. Aber was um alles in der Welt veranlaßte John Ruskin, mit Alice Krocket zu spielen? Er bückte sich, um mit dem Schläger den Ball zu schlagen. Sein Hut ruhte auf der Gartenbank, neben einem losen Blätterstapel, der mit einem Stein beschwert war. Wie seltsam, daß der bedeutende Gelehrte sich dazu herablassen mochte zu spielen. Hatte Ruskin sich nicht in flammender Rede gegen alle Arten sportlicher Betätigung gewandt – das eitle Ballschlagen und das Wasserpatschen mit Rudern?

Dodgson eilte die Treppe zur Bibliothek hinauf. Offiziell war er der Unterbibliothekar, und deswegen besaß er den Schlüssel zu all den kleinen Räumen. Er lehnte den Kopf an das Fenster, das den besten Ausblick in den Dekansgarten gewährte. Die Pausen und Unterbrechungen des Spiels verrieten ihm, daß sie sich unterhielten. Dodgson wußte, daß Ruskin oberflächlich mit dem Dekan befreundet war, sie hatten zusammen in Christ Church studiert, aber er hatte nicht gewußt, daß die Freundschaft tief genug reichte, um auch die Familie in ihren Halbschatten mit einzubeziehen.

Die Art und Weise, wie Alice dastand, wie sie mit der Haltung ihres ganzen Körpers zu dem kunstkritischen Giganten aufsah, erboste Dodgson. Den Rücken durchgedrückt, die Hände auf den Hüften. Natürlich glaubte Dodgson daran, daß kleine Mädchen Muster an Unschuld waren, Schleppwolken des höheren Ruhms, wie sich das die Romantiker vorstellen – mit anderen Worten: daß sie geradewegs von Gott kamen. Er stimmte mit Dr. William Acton überein, dem angesehenen medizinischen Experten in Fleischesdingen, der geschrieben hatte: »Bei gesunden und wohlerzogenen Kindern ist es stets so, daß ihnen keinerlei geschlechtliche Vorstellungen oder Gefühle in den Sinn kommen, nicht einmal in Form von Spekulationen.« Aber diese Weise, in der Alice dastand. Das war die Weise, wie sie vor *ihm* zu stehen pflegte.

Doch was sagte Ruskin da zu ihr? Sollte es möglich sein, daß er ihr von der Unterdrückung der Arbeiterklasse vorschwadronierte? Genau das hatte er getan, als Dodgson ihn das letzte Mal reden gehört hatte. Ruskin war bei den Liddells zu Gast, die außergewöhnlich blauen Augen glänzten, vom Sherry illuminiert, und ein dichter Ring von Bewunderern umstand ihn. Dodgson wurde von Eifersucht gepackt. Hatte es Ruskin womöglich darauf abgesehen, um ihre Hand anzuhalten – der berühmte und weithin gedruckte Kunstkritiker und die sehr junge Tochter des Dekans? Er beobachtete Alice, wie sie den rosa Schläger über ihre Schultern hob. Die übertriebene, übergebührliche Haltung vor dem Schlag.

Dodgson kannte die Eigenheiten von Ruskins romantischer Veranlagung in groben Zügen. Jeder kannte sie. Und selbst von hier oben, aus dieser Entfernung erkannte er deutlich den Eifer in Ruskins Betragen, erkannte an seiner Körperhaltung, daß Ruskin nicht nur das gespielte Interesse zur Schau stellte, mit dem die meisten Erwachsenen Kindern begegneten. Sein großer Leib beugte sich zu der zierlichen Gestalt hinab, die darauf zugleich verzückt und eingeschüchtert reagierte. Dodgson hatte, als er aus dem offenen Fenster sah, das enervierende Gefühl, er schaue aus einem Boot in den Fluß und erblicke darin ein Spiegelbild seiner selbst – zersprungen, verzerrt, entstellt, aber eben doch er selbst.

Zwanzig Jahre zuvor hatte John Ruskin ein anderes Kind geliebt, Miss Euphemia Gray. Ruskin kannte Effie schon seit Jahren, sie war die Tochter eines Freundes der Familie. Er sah sie bei einem Festessen in dem großen Baksteinhaus ihrer Eltern am Herne Hill Nummer 26, als sie zwölf war. Sie war ein dunkelhaariger, grauäugiger Strich in der Landschaft mit einem frühreifen Hang zu Flirtereien. Und er gehörte zu der Sorte von Männern, die Beziehungen in Religionen verwandelten. Darum war er in sie vernarrt wie in einen Engel, ein Stück himmlischer Schönheit, das auf die Erde gefallen war. Er verwandte all seine erlernte Kunst als Kritiker auf ihr Gesicht, analysierte und studierte und porträtierte es. Er schrieb ihr: »Es kommt mir in solchem Maße wie ein

Traum vor – so unmöglich –, daß ich geliebt werden sollte.« Und schließlich, nachdem das Mädchen neunzehn wurde, heirateten sie.

Ihre Hochzeitsnacht in einem zugigen Hotelzimmer in Schottland war freilich kein Erfolg. Der brillante Sozialkritiker, Analytiker von Kunstwerken und Scharfrichter in Geschmacksfragen reagierte wie verwandelt auf den Anblick seiner neuerworbenen Braut. Er hatte sich weithin über die Tugenden ausgelassen, »zu zeichnen, was wirklich da ist«, doch in diesem Fall wurde er von dem, was wirklich da war, abgestoßen. Nach den Aussagen beider Seiten hat er sie weder in jener Nacht noch späterhin »zu seinem Weibe gemacht«. Und sechs Jahre später, nachdem Effie sich in einen seiner Protegés verliebt hatte, wurde die Heirat annulliert. In seiner juristischen Widerrufungsschrift behauptete Ruskin von einer Frau, die von mehreren Ärzten als völlig normal erklärt und von anderen Männern als unwiderstehlich empfunden wurde: »Obgleich ihr Gesicht schön war, war ihre Person nicht dazu geschaffen, Leidenschaften zu erregen. Im Gegenteil gab es da an ihrer Person gewisse Begleitumstände, die solche ganz und gar blockierten.«

Nach dem Scheitern seiner Ehe verliebte sich Ruskin in eine Zehnjährige namens Rose La Touche. Er fühlte sich von ihren blauen Augen und ihrer milchigen Haut angezogen. Worin sich Gottes vollkommene Reinheit spiegele, die transparente Seele; nichts gebe es darin zu verbergen, vor nichts etwelche Türen zu verschließen, nichts spiele sich nachts unter rauhen Wolldecken ab. Er fühlte sich gereinigt, wenn er ihr nahe war. Und wenn er versehentlich die Formung ihrer Wade zu sehen bekam, wenn sie in der Norfolk Street vor dem Hause ihrer Eltern in eine Kutsche stieg, dann war sie wie ein Engel, wie eine Elfe, wie eine Puppe. Sie war wie der Abstand zwischen ihm und der Kunst, die er seinem Urteil unterzog, ein so sublimer Abstand, so voller Verlangen und Gedanklichkeit, diese Art Liebe aus sechs Fuß Entfernung. Und dann außerdem ihr schmaler Rücken, ihre knabenhaften Schultern, ihre Schlankheit. Bei ihr fühlte er sich sicher. Die Kurvenlosigkeit ihrer Silhouette, ihre Zierlichkeit – all das war ihm ein Schutz, und dieser Gedanke erregte ihn. Ein sicherer Ort, an den er sich kauern konnte, eine reine Weiße, an die er sich schmiegen konnte. Nur an diesem sicheren Ort war es dunklen Gedanken gestattet, zur Entfaltung zu kommen.

Und was war mit Alice? Ruskin hat die Verwirrung festgehalten, die er bei einer anderen Gelegenheit einmal in ihrer Gegenwart verspürte: »Es war, als wäre man in einem Traum.« Und »Traum« schien eine Art Codewort zu sein. Sowohl Ruskin als auch Dodgson benutzten es dauernd zur Bezeichnung der Zeit, die sie mit Alice verbrachten. Es war eine elegante Möglichkeit zu sagen: der herkömmlichen Inbesitznahme nicht zugänglich. Unreal, weil ich nicht will, daß es real ist. Schön und ohnmächtig auf dieselbe Weise, wie Träume ohnmächtig sind.

Nach ihrer Krocketpartie zog sich Ruskin zurück, um einen Brandy mit ihrem Vater zu trinken. Und Alice saß im Boudoir ihrer Mutter in der Falle. »Kommt mal mit, meine Lieblinge«, hatte Mrs. Liddell ihr und ihren Schwestern gesagt. »Ich kann mich einfach nicht entscheiden, was ich zum Essen beim Bischof anziehen soll.« Alice saß auf dem aufgepolsterten Schemel, und Lorina hinter ihr drehte sich vor dem Spiegel die Haare ein und schürzte die Lippen. Edith fummelte mit dem Reifrock herum, als das Hausmädchen drei weitere mögliche Gewänder herausholte. »Was meinst du, vielleicht das Cremefarbene?« fragte ihre Mutter. »Ich denke, das Cremefarbene müßte gehen.«

Als Alice jünger war, liebte sie es, ihrer Mutter beim Anziehen vor einem Fest zuzusehen, vor dem Spiegel zu sitzen, in den tropfenförmige Trauben und Blätter eingraviert waren. Sie liebte das Waschbecken mit seinem orientalischen Drachenmuster, die silbernen Bürsten ihrer Mutter, die Parfümfläschchen mit den silbernen Verschlüssen, das Schmuckkästchen mit dem Perlmutt darauf. Das Walbeinkorsett und der Reifrock standen mit ihrem kompliziertem System aus Haken und Ösen und Schnallen bereit, als handelte es sich um Teile ihrer Mutter. Die Gestalt, in die sie sich bringen würde. Alice liebte es, dem Hausmädchen dabei zuzusehen, wie sie der Mutter die Perlenkette über das Schlüsselbein drapierte, ihr die Knöpfe ihres Kleides bis untenhin schloß. Ihre Schönheit, in Teile zerlegt und wieder zusammengesetzt. Die

Rundungen vergrößert. Das schimmernde Haar hochgesteckt. Der Hals glitzernd. Der Wohlgeruch, der verströmte. Und schließlich ihre ganze vollständige Pracht, glockenförmig und rauschend.

Doch inzwischen kam es Alice anders vor. Sie sah die getragenen elastischen Strumpfbänder mit den Metallklemmen am Boden liegen. Sie starrte auf die rosige Linie, wo das Korsett ihrer Mutter in die voluminöse Brust schnitt, die Faltung im gesprenkelten Oberkörper. Runde Schultern. Schlaffe Arme. Gerötete Haut vom Bad. Sie sah ihre Mutter im Oval des Spiegels kopiert und vergrößert, umrahmt von intrikaten Trauben, überquellendes rosiges Fleisch, Teiche der Weichheit, und das alles umflutete Alice, erfüllte sie mit Abscheu.

Edith stand im Reifrock und hüpfte auf und ab, angetan mit dem schwarzen Samthut ihrer Mutter mit der Straußenfeder und mit ihrer Jadehalskette. Lorina beugte sich zum Spiegel vor, bettelte ihre Mutter an, sie solle ihr erlauben, das Haar in einen tiefen Chignon geknotet zu tragen. »Bitte, Mama, ich bin doch schon alt genug.« Mrs. Liddell legte sich das Strumpfband um den wackelnden Oberschenkel. Unvermittelt herrschte da ein gewaltiger Drang, erwachsen zu werden, ein innerer Druck, möglichst rasch damit voranzukommen, ein Fluß der Ungeduld, von dem die Mädchen sich mitreißen ließen, doch Alice hatte daran keinen Anteil.

In den letzten Wochen hatten die unbedeutendsten Kleinigkeiten an ihrer Mutter angefangen, sie abzustoßen, der Geruch ihrer Haut, das Geräusch ihres Kauens, die blassen Härchen auf ihrem Arm. Die schwer lastenden, sinnlichen Erinnerungen an die Existenz ihrer Mutter auf Erden, die millionenfachen kleinen Konfrontationen mit ihrer körperlichen Gegenwart, die sich tagtäglich ergaben. Ebenso abstoßend war die Zärtlichkeit in ihrer eigenen Brust, waren die winzigen Pölsterchen um ihre kleinen Warzen. Sie schämte sich der Spannung des Stoffs an ihrer Brust, auch wenn das noch kaum wahrnehmbar war. Sie mochte die Glätte und Flachheit, wie sie vorher gewesen war. Sie haßte das Geblähte und Aufgeblasene, das sich nicht beherrschen ließ. Sie haßte es, wie ihr Hals in Dodgsons Geschichte zwischen den Baumkronen aufschoß; haßte es, wie der Körper einem nimmt, was man hat.

Dodgson und Alice stehen dicht bei der Mauer der alten Bibliothek, den Himmel um sich ausgebreitet, als seien sie im Begriff, davonzufliegen. Alice fällt ihr Haar in den Nacken, und es ist zu unordentlich für eine Fotografie. Wie wär's, wenn wir es einfach hochstreichen? sagt Dodgson, doch seine Hände zittern, und der Atem kommt ihm nur stockend. Er fühlt sich plötzlich übermannt von dem Geruch ihrer Haut. Er spürt die Hitze des Halses unter seinen Fingerspitzen, sieht von hinten die hübsche Rundung der Wange. Er hat seine Hände in ihren Haaren, doch sie ist knapp elf und er ist einunddreißig, und obwohl sie in den Geschichten, die er erzählt, ins Wasser eintauchen können und durch einen Kaninchenbau unter die Erde fahren können und in jeder Hinsicht auf den Kopf gestellt werden können, läßt sich diese eine Tatsache doch durch nichts in der Welt ändern.

Augenblicke wie dieser werden zusehends häufiger: eine Flut von Gefühlen, Strudel und Strömungen und unregierbare Wogen, und dann ein Innehalten, ein Ende. Stets steht er im Begriff, sie zu berühren, sie zu befühlen; stets steht er auf der Kippe, am Rande von Alice, stets ist er im Begriff, sie anzufassen. Sie ist ihm so nah, sie sitzt ihm auf dem Schoß, ihr Gewicht auf seinen Beinen, ihr Haar wischt ihm übers Gesicht, kastanienbraun und weich, und ihre Stimme ist gleich daneben, ein unablässig strömendes Schwatzen: *Wo sind meine Marmeladentörtchen? Sie haben sie mir versprochen. Sind Sie fertig? Mir schlafen die Beine ein.*

Ist es besser, so, wie es ist? Direkt neben dem eigenen Gesicht die dämmerige olivenfarbene Haut zu spüren und sie nicht zu berühren; diesen Schwebezustand allen Verlangens zu verspüren, das sich nie entlädt, sich nie auflöst; immer und ewig in einem Zustand der Erwartung zu verharren, die Emotionen klarer und reiner und feiner werden zu lassen durch den Schmerz, durch die langen Stunden, in denen er diese Emotionen nur beobachtet und nicht auslebt?

Wie befremdlich und mysteriös und enervierend es ist, ganz unverhofft über das eigene Vermögen zu stolpern, sich einem anderen Menschen so voll und ganz zu öffnen. Zu wissen, daß man immer so fühlen wird und daß die Zeit unmöglich etwas daran ändern kann. Das alles zu betrachten, wie man ein Naturwunder betrachtet, die Niagarafälle etwa, das ewige Gefühl, das in einem aufsteigt, mit betäubender Gewalt dahinströmt, im Sonnenlicht glitzert, und wenn es auch keinerlei praktischem Nutzen dient.

Er kehrte zu den Fingerspitzen zurück, die ihr über den Hals wischten. Für immer und ewig in diesem Zustand des Beinahe-Habens befangen zu sein. In Bewegung zu bleiben, sich auf sie zuzubewegen, und sie sich auf ihn, obwohl sie einander doch niemals erreichen werden. Sie gleichen dem berühmten Paradoxon von Zenon: Wenn man den Abstand zwischen sich selbst und einem Gegenstand durch zwei teilt und dann an den ermittelten Punkt vorrückt und dann den neuen Abstand durch zwei teilt und wiederum an jenen Punkt vorrückt, dann wird man den Gegenstand doch nie wirklich erreichen. Und genau so steht es um die beiden. Selbst wenn Dodgson und Alice nur wenige Zoll voneinander entfernt sind, bleibt doch ein Abstand zwischen ihnen, unendlich, wunderschön, getränkt in ihren Duft.

Elf

Die Feierlichkeiten aus Anlaß der königlichen Hochzeit kamen schon Tage vorher durch ganz Oxford gekrochen. Dodgson konnte keinen einzigen Innenhof überschreiten, ohne Arbeitsmänner zu erblicken, die Papierlaternen und Pfauenfedern in Bäume hängten oder irgendwo Nägel für Transparente und Fahnen einschlugen. Selbst im Dekanat hatten Alice und ihre Schwestern im Garten drei kleine Bäume gepflanzt, die alle drei nach dem Prinzen von Wales »Edward« getauft worden waren. Edwards gab es in der Tat überall in der Stadt, Edwards in Vogelkäfigen und Krügen, Schnecken namens Edward, Steine namens Edward und Frösche namens Edward.

Die Hochzeit sollte am 10. März stattfinden, und überall im Lande waren parallele Feiern geplant, so als könnten Braut und Bräutigam überall zur gleichen Zeit durch den Mittelgang schreiten.

Als der betreffende Morgen endlich angebrochen war, borgte sich Alice eins der cremefarbenen Kärtchen ihrer Mutter aus und sandte Dodgson die erste Einladung, die sie jemals geschrieben hatte. *Bitte begleiten Sie mich heute Abend zu den Feierlichkeiten. 10. März 1863.* Er sandte ihr eine schriftliche Antwortkarte, daß er die Einladung annehme.

Gegen halb sieben tönten Böllerschüsse durch die Universität. Dodgson spürte sie in der Brust wie den Beginn eines Krieges. Er und Alice machten sich durch die Kälte auf den Weg, vorbei an einem riesigen Freudenfeuer im Innenhof Tom Quad. Sie standen in der Menge und beobachteten das Feuerwerk, das den Himmel durchzuckte. Dodgson hatte vorher noch beim Empfang im Gemeinschaftssaal ein halbes Glas Champagner heruntergekippt und fühlte sich unsicher auf den Füßen und belebt im Geiste. Die Kapelle gab einen Hochzeitsmarsch zum besten. In großen Trauben schwebten perlmuttfarbene Luftballone in die Nacht davon. Alice ließ ihre Hand in die seine gleiten.

Ein leichter Brandgeruch hing in der Luft. Er verspürte, was für ein neues Erlebnis es war, sie zu einem solchen öffentlichen Anlaß auszuführen.

»Muß eigentlich jeder heiraten?« fragte Alice.

»Nicht jeder.«

»Warum denn manche nicht?«

»Manche Leute ziehen es vor, allein zu leben.«

»Mama sagt, es ist falsch, nicht zu heiraten.«

»Zumindest ist es ungewöhnlich.«

Es beunruhigte ihn, wie klar und deutlich ihre Gefühle sich unter dem Glanz und der Helligkeit des Feuerwerks auf ihrem Gesicht abzeichneten, wie offen sie den Blikken des oberflächlichsten Beobachters sichtbar und zugänglich sein mußten. Er wollte sie schützen, wollte sie in seine Jacke einpacken und an einen Ort bringen, der sicherer und weniger öffentlich war.

Prinzessin Alexandra von Dänemark und Prinz Edward von Wales sprachen genau in diesem Moment viele Meilen entfernt ihr Ehegelübde, erzählte er ihr. Der Prinz steckte ihr einen Ring auf den Finger. Er spürte das Gewoge der Menge, spürte die Aufregung, die sich ihrer bemächtigte, als seien sie allesamt bereit, dem Prinzen und der Prinzessin beizustehen, mit ihnen die Worte zu hauchen: *Mit diesem Ring nehme ich dich zu meiner Frau.*

»Wie groß ist denn der Diamant?« fragte Alice.

»Ungefähr so groß wie drei von deinen Fingernägeln.«

Alice streckte ihre Hand aus, um sie zu untersuchen.

Es war wie die Flußfahrt mit ihr, alles wurde doppelt erlebt, erst das zitternde Spiegelbild auf der Oberfläche des Flusses, dann das, was oberhalb davon geschah. Er beobachtete das Geschehen, und er beobachtete die Spiegelung des Geschehens an Alice. Der fließende Strom Alice.

Aus der Menge heraus regnete es Reiskörner über sie. Dodgson zog seine Taschenuhr heraus und sah, daß es halb elf war. Ein bißchen Reis klebte Alice im Haar. Sie sahen zu, wie die Ballone von den Zweigen fielen. Der überlebensgroße Bund, auf seine Weise ebenso wirklichkeitsfremd wie Alice und er, das elfjährige Mädchen und der einunddreißigjährige Mathematikdozent, am Themsefluß.

Auf dem Rückweg zum Dekanat kamen sie an einigen brennenden Fackeln vorbei, die an hölzernen Streben hingen und die Worte bildeten: *Mögen sie glücklich sein*. Er und Alice blieben einen Moment lang davor stehen, ihr Haar schimmerte gülden im Schein der Flammen. Er holte sich aus der Innentasche seines Mantels ein Stück Papier heraus und zeichnete genau das auf, was sie vor sich sahen, und dann darunter einige zusätzliche brennende Fackeln, die besagten: *Gewiß nicht*.

Das Blatt gab er Alice.

Einige Tage danach beugte sich Dodgson mit dem allseits beliebten und angesehenen William Trevelyan über ein Geometriebuch auf seinem Tisch.

»Ich kann's nicht recht erkennen.« Trevelyan lächelte, koboldhaft, adrett.

»Sehen Sie sich's einmal von der Seite an«, sagte Dodgson, drehte das Buch herum und schob es über den Tisch.

Trevelyan starrte auf die sich kreuzenden Geraden. Dodgson erkannte das Desinteresse in seinen Gesichtszügen. Dieser junge Mann mußte die Lösung gar nicht finden, denn ihm wurde die Lösung stets vorgesagt, und selbst wenn sie es nicht werden würde, wäre sein Bankkonto doch immer noch wohlgefüllt, und auch die Einladungen würden immer noch am laufenden Band bei ihm hereingeschneit kommen.

Dodgson schrieb widerstrebend den Beweis hin.

»In Mathe war ich nie eine große Leuchte«, sagte Trevelyan freundlich.

Dodgson erkannte Trevelyan, oder genauer gesagt den Jungen, den er in seinen Gesichtszügen sehen konnte. Keiner von den Quälgeistern, die Dodgson zusammenschlugen, ihm die Bücher stahlen oder seine Sachen auf den Kopf stellten, sondern einer von den feineren Bengeln, die ihre Hände in Unschuld wuschen und die anderen aufhetzten. Einen Trevelyan gab es immer.

Der Trevelyan in seiner Schule hatte das gleiche schmale Gesicht, die gleichen dunkelblauen Augen. Er besaß ein dünnes Messer mit einem perlmutternen Griff, das er in der Hosentasche trug. Seine Kleider waren teuer. Er selbst war zartgliedrig, doch er schaffte es, eine Art sehnige Stärke zu markieren. Er prügelte sich nie, schien nie irgend etwas mit der Gewalt zu tun zu haben, die um ihn herum ausbrach. Er war immer ein klein wenig bestürzt, engelsgleich, hielt sich abseits.

Ein Dutzend elfjähriger Jungen hatte sich auf der Lichtung im Wald hinter der Schule um ihn versammelt. Trevelyan sagte: *Wenn du die Kröte runterschluckst, hören wir auf, Dodo zu dir zu sagen*. Dodgsons erster Impuls war, sich geschmeichelt vorzukommen, allein weil Trevelyan sich herabließ, mit ihm zu sprechen. Sein Tonfall war freundschaftlich, *mach mit mir gemeinsame Sache*, schien er zu sagen, und Dodgson schaute ihm in die dunkelblauen Augen, in sein hübsches, schmales Gesicht, und er spürte, daß er nachgab. Sie standen vor einem milchigen grünen Tümpel, auf dessen Oberfläche Insekten tanzten.

Alle sahen sie Dodgson an, drängelten sich heran, wollten einen Blick auf die Kröte werfen. Er schlug sich die Fliegen vor den Augen weg. Er senkte den Blick auf die Kröte, deren Strategie darin bestand, so reglos sitzen zu bleiben, daß niemand sie sah, und an ihrem Hals wulstete sich ein Äderchen hervor. Sie war ein bißchen größer als ein Daumennagel, und man konnte unter der grünen durchscheinenden Haut die inneren Organe, die Blutgefäße und die Adern erkennen. Es war keine gewöhnliche Kröte. Es war eine winzige, verquere, durchsichtige Kröte, und genau aus dem Grund mußte Trevelyan auf seine Idee verfallen sein: Das Tierchen schien mit seinem ausgesprochen abstoßenden Äußeren geradezu nach einem ungewöhnlichen Los zu schreien.

Dodgson stand da vor dem Teich, um den Hals den grünen Schal, den seine Mutter für ihn gestrickt hatte. Die Kröte erfaßte ihn mit ihren Hochglanzaugen, ihre sprenkeligen Beine klammerten sich an den Stein. Sie schien tief einzuatmen, als wisse sie, dies könnten die letzten Luftzüge sein, die sie von diesem Märztag atmete. Und dann entsann sich Dodgson des brennenden Gefühls, das er in der Brust gehabt hatte, als er durch die erdfarbenen Torbögen eingetreten war, den *Lateinführer für Jungen* fest an seinen Körper gepreßt. Er erinnerte sich an die langen einsamen Mahlzeiten. Einige von den Jungen schienen eigentlich ganz nett, wenn sie allein waren. Trevelyan zum Beispiel. Oder der rothaarige Brillenträger Patrick, der neben ihm saß und der, wie er zufällig wußte, ein Buch mit Wordsworth-Gedichten unter seiner Matratze versteckt hatte und der nun halbwegs unbeteiligt ganz hinten in der ihn umringenden Menge stand. Sie würden nie wieder etwas über sein Stottern sagen. Er hörte die Wärme in Trevelyans Stimme. Er dachte sich, vielleicht könnten sie ja Freunde werden.

Darum bückte er – der so pingelig war, daß er nach Hause schrieb, wenn seine Sommerhandschuhe ausfransten, der so zimperlich war, daß er erst kürzlich seine Mutter gebeten hatte, eine Spinne totzumachen, die über seinem Bett hing – sich nach der Kröte. Er nahm sie bei den schlüpfrigen Beinchen, während sie mit den Ärmchen zu zappeln begann, und warf sie sich in den Mund, spürte, wie die winzigen Füßchen ihm die Kehle hinunterliefen, wie sie ihn dabei kribbelten.

Er hatte ein Gefühl, als müsse er sich übergeben, als werde er diese Beinchen für den Rest seiner Tage seine Kehle hinabkrabbeln fühlen. Die Magensäfte arbeiteten jetzt daran, spülten um die Kröte herum, die da bei lebendigem Leibe und voller Entsetzen im Dunkeln lag und sich an die innere Verkleidung seines Magens krallte. So jedenfalls stellte er es sich vor. Er hob den Blick, war nun selbst ein wenig grün, und erwartungsvoll dazu.

Der Himmel war reinstes Azur. Der Sonnenglanz wurde von den schwarzen Felsen zurückgeworfen. Die Menge johlte. Er konnte die Roheit aus dem Lachen heraushören. Trevelyan saß ein Stück entfernt auf einem Felsen, von ihm stieg etwas Grausames und Schönes auf, das zu bewundern Dodgson nicht recht unterdrücken konnte.

Nachdem Trevelyan gegangen war, beschloß Dodgson, er wolle sich den Kopf mit seiner neuesten Übung für Hunt freimachen, einer Szene aus dem *Sommernachtstraum*. Das war Hunts Wahl. Dodgson hätte lieber etwas mit ein wenig mehr Muskeln darin gewählt, vielleicht *Richard III*. Aber er mußte zugeben, daß die Übung Früchte trug. Sein Stottern verlor sich im Dickicht der Worte, in ihrer Schönheit. Und dann kam er an die Zeile: *Ein Rasen dien als Kissen für uns zwei: Ein Herz, ein Bett, zwei Busen, eine Treu*. Er hielt inne. Er legte das Buch auf den Mahagonitisch. Er dachte an die Mädchen, die es in einigen Jahren lesen würden. Alices Lippen, wie sie sich um diese Worte legten. Alice, die herauszukriegen versuchte, was sie bedeuteten. Das Mädchen, das im Gesträuch lag, das Kleid im Schlafe ganz zerknittert. Der Junge, der neben ihr lag, den Kopf auf einem Stein, die Hand ihr achtlos um die Taille geworfen. Einander umschlingend wie Rosen. Das war nicht die Art Erziehung, die ein Mädchen erhalten sollte. Man bedenke doch nur das sinnliche Rauschen der Wörter, das Spiel ihrer Laute im Ohr. Dieses sind die Art Wörter, die hängenbleiben könnten und nachhallen, die sich im Kopfe einnisten könnten und sich in Gedanken einwickeln wie in seidene Bettlaken. Wie konnte man dieses Stück guten Gewissens jungen Mädchen vorsetzen? Wie wäre es, wenn er eine noch beherzter edierte und bereinigte Fassung von Shakespeares Werk zum Gebrauche für Mädchen schreiben würde? Als Kind hatte Dodgson Bowdlers Shakespeare-Fassung von 1818 gelesen, die in der Bibliothek in Croft eine ganze Regalfläche einnahm und mit vollem Titel so lautete:

Der Familien-Shakespeare in zehn Bänden, in welchem nichts den ursprünglichen Texten hinzugefügt worden, jedoch diejenigen Worte und Ausdrücke getilgt worden sind, welche sich im Kreise der Familie nicht mit Anstand lesen lassen.

Und genau so etwas wollte er schreiben. Einen bowdlerisierten Bowdler, eine noch stärker bereinigte Fassung. Er beschloß, auf der Stelle damit anzufangen, kürzte die anstößigen Zeilen mit beherztem violettem Strich heraus und blätterte rasch das ganze Stück durch.

»Bringen Sie mich heim«, sagte Alice gebieterisch. Diesen neuen Tonfall, mädchenhaft und theatralisch zugleich, hatte sie von irgendwem gelernt, doch von wem nur?

»Alice, bitte.«

Er hörte das Flehentliche in seiner Stimme. Es war das erste Mal seit zweieinhalb Wochen, daß er sie ohne ihre Schwestern zu sehen bekam. Er spürte, wie sein ganzer

Nachmittag, wie der tücherne Hintergrund, den er so sorgsam mit Nadeln an der Wand festgesteckt hatte, heruntersackte. Und alles wegen der Marmeladentörtchen.

Er schaute zu Miss Prickett hinüber, die auf dem Diwan saß und ein Taschentuch bestickte.

»Sie hat beim Frühstück schon recht herzhaft gegessen«, sagte Miss Prickett liebenswürdig. Sie konnte nichts dafür.

»Wie wäre es, wenn ich die Törtchen später vorbeibrächte?« fragte er.

»Später«, wimmerte Alice. »Das hilft mir jetzt auch nichts.«

Das Spielzeug, fiel ihm plötzlich ein, er würde das Spielzeug herausholen.

Einige Wochen zuvor hatte er in einem von Kundschaft wimmelnden Spielzeugladen in London die schimmerige schwarze mechanische Fledermaus gekauft, um die Modelle seiner Aufnahmen damit abzulenken. Er fischte sie aus einer Tasche unter seinem Pult heraus.

Er hielt die Fledermaus auf der flachen Hand und zog mit der anderen den kleinen Schlüssel an ihrem Rücken auf. Sie breitete die silberbestäubten Flügel aus und segelte mit einem metallischen Quieken durchs Zimmer. Alice streckte die Arme aus, um danach zu greifen, und kreischte glücklich.

Als sie zu Boden fiel, bestand Alice darauf, sie diesmal selbst aufzuziehen. Diesmal kreiste sie über ihnen und flatterte dann geradewegs zum Fenster hinaus.

Sie rannten ans Fenster und schauten der Fledermaus nach, die genau auf ein Teetablett zusteuerte, das ein erschreckter Diener über den Hof trug. Der Diener brachte sich geschickt aus der Flugbahn. Sie sahen einander an und begannen zu kichern. Alice krümmte sich vor Lachen. Der Diener sah zu ihnen hoch. Dodgson verneigte sich höflich.

Und dann sang er für sie: *Funkel, funkel, Fledermaus! Wonach fliegst du heut' wohl aus? Segelst hoch über der Welt wie'n Teetablett am Himmelszelt.*

Der Diener setzte das Tablett im Gras ab, fischte die Fledermaus aus einer Hecke heraus und brachte sie ihnen an die Tür hoch.

Dieses Zwischenspiel heiterte Alices Stimmung so weit auf, daß er die Kamera auf sie richten durfte. Wiewohl sie ihm nicht direkt ins Gesicht schauen mochte, die Kamera nicht anschauen mochte und statt dessen zur Seite blinzelte, während sie da an der Wand saß. Glücklicherweise hatte er ohnehin Profilaufnahmen machen wollen.

»Aber vergessen Sie meine Törtchen nicht!« rief das grausame kleine Biest ihm über die Schulter zu, während sie mit Miss Prickett aus der Tür ging.

Erschreckend, was Dodgson alles duldete und über sich ergehen ließ, was für Gefälligkeiten er Alice für jede ihrer Grillen angedeihen ließ. Es kam ihm gar nicht in den Sinn, daß Alice sich schlecht benahm oder daß es vielleicht besser wäre, nicht bei jedem ihrer Wünsche gleich so schrecklich willfährig zu sein. Doch er fühlte sich ausgelaugt. Er legte sich auf den Diwan und klappte die Flügel der Fledermaus auf und ab.

So viele von den Bewohnern des Wunderlands waren übellaunig und leicht zu verdrießen. Beispielsweise die Herzogin, die Alice anfährt und zu ihr sagt: »Du weißt nicht viel«; oder das Einhorn, von dem sie als Monster aus der Fabel bezeichnet wird. Die eigentümliche Logik des Wunderlandes zwingt Alice, eine ganze Reihe von phantastischen Geschöpfen, die stets schlechter Laune sind und mit ihr schelten, zu beschwichtigen und zu beschwatzen und zu umschmeicheln. Dodgsons Geschöpfe waren so reizbar, weil Dodgson selbst in seinem Leben so unreizbar sein mußte. Er hatte eine Welt erfunden, in dem jedes einzelne Tier abweisend und empfindlich und gereizt ist, und hatte damit seine ureigenste Geplagtheit in eine verkapselte Form überführt und in Tiergestalten ausgedrückt.

Zwölf

Die Rückseite des Tudor House am Cheyne Walk war mit dichtem Rankenwerk überzogen, das auch an den Fenstern vorüberkroch. Der Tag war düsterer, als es ihm lieb war, und der Wind wirbelte kreiselnd trockenes Laub auf der nackten Erde umher. Doch neben der Treppe waren immer noch Büsche mit gelben Rosen, und die Zweige der Trauerkirsche könnten wohl interessante Schatteneffekte ergeben. Dodgson traf Vorbereitungen, um Dante Gabriel Rossetti und seine Familie zu fotografieren. Er hatte seine Ausrüstung, sorgsam in Papier verpackt, mit der Bahn hergeschickt und dann vom Bahnhof aus eine Droschke genommen. Er hatte sich im pflaumenfarbigen Salon der Rossettis eine Ecke als Dunkelkammer und Studio eingerichtet. Er verspürte die spezielle Nervosität, die die Häuser anderer Leute stets in ihm auslösten. Und jetzt kniete er auf der Erde und goß das Nitratbad ein. Er hatte sich anerboten, Aufnahmen von der ganzen Familie zu machen, vom Künstler-Dichter, seiner Mutter, seinem Bruder William und seinen Schwestern Maria und Christina. Doch Christina war es vor allem, die Dodgson gerne kennenzulernen wünschte, es war Christina, die Autorin von *Goblin Market*, die ihn mit all seinen Tabletts und Fläschchen ganz von Oxford hergelockt hatte.

Dodgson ließ den Hintergrund auf sich wirken: den steinernen Himmel, das dünne, brütende Herbstlicht, den Schachtisch, den wackeligen Korbstuhl, die Treppe. Aber wer weiß, vielleicht mochte sie bei dieser speziellen Gruppe wohl funktionieren, die Ödnis dieser Szenerie.

Genau in dem Moment kam Rossetti herausgeschritten, um ihn zu begrüßen. Ihm auf den Fersen kam eine ältere Frau in Spitzenhaube heraus.

Rossetti hatte ein so gewinnendes Gesicht, voller, als Dodgson es in Erinnerung hatte, daß er nun doch langsam froh war, hier zu sein.

Die beiden Männer reichten einander die Hand.

»Mama, darf ich dir wohl einen der vortrefflichsten Porträtfotografen im ganzen Lande vorstellen, Hochwürden William Dodgson«, sagte Rossetti.

»Charles«, sagte Dodgson.

»Bitte um Vergebung«, sagte Rossetti, »ich fühle mich Ihnen schon brüderlich verbunden.«

Dodgson musterte seinen Gastgeber. Als er sich so ans Geländer lehnte in seiner braunen Karohose, die kleinen glänzenden Stiefel überkreuz, sah er stämmig und kräftig aus. Sein Bauch spannte sich unter der schwarzen Weste, doch seine Übergewichtigkeit machte ihn sogar noch ansprechender, er sah aus, als sei er ganz mit sich zufrieden, wie ein kleiner Buddha. Er hatte einen schwarzen Bart, der Haaransatz wich zurück, und unter den schwarzen Augen waren Ringe, die so dunkel waren wie blaue Flekken. Dodgson rahmte Rossetti im Sucher seiner Kamera ein. In seinen Zügen konnte man seine italienischen Vorfahren erkennen. Die warmblütige Großsprecherei. Die Intensität. Den Wein. Die Prahlsucht. Er verstand wohl, daß Frauen für Rossetti zu leiden bereit waren, daß sie an seine Fähigkeit glauben konnten, zu reformieren. Die Kamera fing es ein, bevor Dodgson selbst es tat: eine hilflose Süße in seinen Schwerenöteraugen. Seinen zerknautschten Hut.

»Wie ich höre, sind Sie inzwischen auch schriftstellerisch tätig«, sagte Rossetti.

Dodgson zog die Beine seines Stativs aus.

»N-n-nein. Absolut nicht. Ich –«

Mrs. Rossetti saß vorbildlich still und starrte in die nächste Ferne, als stehe sie für ein Gemälde Modell.

»Nichts, dessen man sich schämen müßte, mein Alter«, sagte Rossetti. »Wir alle machen uns gelegentlich dieser speziellen Sünde schuldig.«

Genau in diesem Augenblick kam Christina Rossetti die Steintreppe heruntergeschwebt. Ihre Augen waren riesig und von einem fahlen Grau und glänzend, überspannt von schweren hängenden Lidern. Sie hatte eine hohe runde Stirn, glattes kastanienbraunes Haar, das in der Mitte gescheitelt und straff nach hinten in einen Knoten gezogen war, und sie trug ein weites seidenes Kleid mit Reifrock und modischen Pagodenärmeln. Ihre ätherische Präsenz, das ging Dodgson sofort auf, hatte nichts damit zu tun, wie sie aussah. Sie dachte auf so handgreifliche Weise an jemand anderen, war so versunken in private Meditationen, daß es einem schwerfiel, sich auf ihre äußere Erscheinung zu konzentrieren; sie war keineswegs zerbrechlich oder von einer anderen Welt, war vielmehr sogar eine Spur übergewichtig. Wie ihres Bruders kraftvolle Züge, das schwarze Haar, die schwarzen Augen, geradezu schmollend nach Aufmerksamkeit verlangten, so schienen ihre eigenen blassen Züge in Helligkeit zu zerfließen. Dodgson sah nur zu deutlich, wie leicht Rossetti seine Schwester in den Schatten stellen konnte, daß sein Charme gleichsam über sie hinwegtrampelte wie eine ganze Armee.

Christina war großgewachsen, doch durch ihre gebeugten Schultern sah sie verwundbar aus.

»Meine Schwester Christina«, sagte Rossetti mit einem Nicken in Richtung Treppe.

»Ist mir ein Vergnügen«, sagte Dodgson und kam hinter seiner Kamera hervor.

Nach einer langen Pause, in der er das Gefühl hatte, sie ginge im Kopf alle Dinge durch, die sie lieber tun würde, als daß sie seine Gegenwart zur Kenntnis nahm, sagte sie unbestimmt: »Wie geht's.«

Dodgson hätte ihr Betragen womöglich recht irritierend gefunden, wäre er nicht der Überzeugung gewesen, *Goblin Market* sei eine der vorzüglichsten Dichtungen, die ihm jemals untergekommen waren. Ihr langes Gedicht erzählte die seltsame Geschichte zweier Schwestern, die in der Nacht von zwei Kobolden in Versuchung geführt wurden, die wohlschmeckende Früchte verkauften. *Drück mich, küß mich, trink mich aus. Frisch vom Kobold dir gepreßt, Koboldsaft und -mark so fest. Iß mich, trink mich, lieb mich.*

Eine von den Schwestern ißt die Früchte und wird krank, stirbt beinahe. Sie entwickelt eine mysteriöse Sucht nach den Früchten der Kobolde. Die andere Schwester zieht hinaus und stellt sich den Kobolden, die sie angreifen und versuchen, auch sie zum Essen der Früchte zu zwingen. Am Ende schmieren die Kobolde sie ganz mit Saft und Fruchtfleisch ein. Sie kehrt heim und läßt sich von ihrer Schwester küssen und abschlecken, damit der verbotene Saft getilgt und ihr Leben gerettet wird.

Das Gedicht war so grundverschieden von dem abgeschmackten Reimgeklingel, mit dem Kinder normalerweise malträtiert wurden, daß viele Leute Schwierigkeiten hatten, es zu verstehen. Doch Dodgson fand es alles so vertraut, als habe er das Gedicht selbst geschrieben. Eine Kindergeschichte über Schwestern und Kobolde. Eine Erwachsenengeschichte über den Ringkampf des Sinnlichen. Unterdrückter und nicht unterdrückter Heißhunger. Liebe unter Geschwistern, die keimte und reifte und sauer ward wie gewisse Früchte. Er war die ganze Nacht aufgeblieben, nachdem er es gelesen hatte, und in seinem Zimmer auf und ab geschritten, eifersüchtig und entflammt und erbost und bestürzt. Das Gedicht war wild und unkontrolliert wie ein Traum. Eine Geschichte ohne Struktur und Logik, wutgetränkte Bruchstücke, die von allen Seiten auf einen einstürzten.

Dodgson beobachtete durch den Sucher die Rossettis, die im Garten verstreut saßen, als wären sie vom Wind verweht worden. In den allermeisten Fällen mußte er Familien in Position bringen, mußte ihnen sagen, sie sollten nicht auf einem Haufen stehen und auf so vorhersagbare Weise in die Kamera starren. Doch die Rossettis schienen nach allen Seiten aus dem Rahmen fallen zu wollen; sie trieben wie natürlich voneinander weg.

Er brannte darauf, Christina zu fotografieren. Sie war so eine befremdliche Mischung aus Eleganz und Ungelenkheit, eine erstaunlich schöne Frau, die für ihre eigene Schönheit nichts anderes übrig hatte als ein Desinteresse, das schon an milden Abscheu grenzte. Er beobachtete sie, wie sie an der Brosche herumfingerte, die sie am Hals trug. Sie hatte etwas Kindliches und Boshaftes an sich, doch vielleicht war das auch nur der Gesang der Kobolde, der ihm im Kopf herumging: *Zitronen, Datteln, Trauben mit Wonne, Birnen voll Sonne, Beschienen reich, Pflaumen auf Zweigen, Pflück sie und lutsch sie, Granatäpfel, Feigen.* Die Melodie, die man des Nachts hört; diese bestimmte andere Melodie.

Er zog Mrs. Rossetti den Stuhl, der neben dem Schachtischchen stand, herüber und bat Christina, wenn es ihr nichts ausmache, möge sie sich bitte auf die Treppe setzen.

Sie willigte ein, doch dann wollte sie nicht in die Kamera schauen. Jedesmal wenn er dachte, jetzt hätte er sie, wanderten ihre großen beschirmten Augen im letzten Augenblick davon. Für ihren Bruder war sie schon Jesus und die Jungfrau Maria und vielerlei mehr gewesen. Sie mußte Stunden inmitten der Farbgerüche des Studios damit zugebracht haben, ihm für seine Gemälde Modell zu sitzen. Aber sie wollte keine fünfundvierzig Sekunden in seine Kamera schauen.

Die beiden Schwestern in ihrem Gedicht verschränken sich zu einer einzigen: diejenige, die ißt, und diejenige, die nicht ißt. Sie klammern sich aneinander wie zwei Seeleute nach dem Schiffbruch.

Die blasse Sonne schien durch die weit herabhängenden Zweige der Kirsche.

»Christina, er kann dich nicht lebensecht aufnehmen, wenn du dich ständig abwendest«, sagte Rossetti.

Sie sah Dodgson hilflos an.

Die Worte des Gedichts kreiselten ihm durch den Kopf: *Die Kobolde sie baten, Beflehten und gar traten, Kratzten, kniffen grün und wund, Knufften, hieben, Nekkten, trieben, Lizzie aber blieb verstummt.*

Wie seltsam, daß sie einen Traum – es mußte ein Traum gewesen sein – einfach so nach außen stülpte, offen festhielt, so daß jeder hineinsehen konnte.

Alle seine Porträts von ihr würden Profilaufnahmen werden, glänzende Halbmonde.

»Ich fürchte, ich kann's nicht«, sagte sie hinterher zu Dodgson. »Es tut mir ganz schrecklich leid. Es liegt nicht an Ihnen. Fast allem auf der Welt kann ich nicht richtig ins Auge schauen.«

Er erkannte etwas wieder.

»I-i-ich frage mich, ob Sie v-v-vielleicht einmal meine Geschichte für K-k-kinder anschauen mögen, wenn ich damit fertig bin?«

Rossetti knallte die Tür zu, als er hineinging.

»Gewiß doch«, sagte Christina. »Es wäre mir eine Ehre.«

Während Dodgson seine Ausrüstung zusammenpackte, saßen Rossetti und ein Freund, Arthur Munby, der gerade erst eingetroffen war, im Salon am Fenster und tranken Whisky-Soda. Munby war ein ausnehmend hübscher Mann mit glänzenden schwarzen Haaren und einem großen Bart. Er war Staatsbeamter, Dichter und Lebemann. Außerdem heiratete er eine Putzfrau.

Die Spitzenvorhänge wurden beiseite gezogen. Rossettis Unterwasserfrauen starrten von den Wänden herab.

Dodgson saß auf dem Fußboden, schlug jede einzelne Flasche, jedes Tablett und jeden Trichter sorgfältig in Papier ein und legte sie in eine Kiste.

»Übrigens: brillant formuliertes Stück da im *Fraser's*«, sagte Rossetti.

Munby lächelte schüchtern.

»Noch einen«, sagte Rossetti und hielt dem Hausmädchen, einem schlichten Mädel mit stämmigen Armen, sein Glas hoch.

»Lucy sieht gut aus«, sagte Munby, als sie aus dem Raum war.

»Denk ich wohl«, sagte Rossetti. »Machen Sie noch immer Wind wegen der Rechte der arbeitenden Frauen?«

»Doch, ja.«

»Was mich betrifft, ich hab schon genug Mühe mit den Frauen unserer eigenen Klasse.«

»Wohl wahr.«

»Alles nur Gerede, bei Ihnen auch, oder?«

»Vermutlich.« Munby zuckte die Schultern.

»Dodgson«, sagte Rossetti, »Munby hat eine recht beeindruckende Sammlung von Fotografien von arbeitenden Frauen, Putzfrauen und Scheuermädchen, schmuddelig und mit bloßen Armen und dergleichen mehr. Er sucht sie sich auf der Straße und läßt sie porträtieren.«

Munby errötete.

»Ich würde sie mir liebend gerne einmal ansehen«, sagte Dodgson höflich, während er sorgsam seine Linse einpackte. In Wahrheit freilich beunruhigte ihn der Gedanke an diese bizarre Sammlung, die in Stoff eingeschlagen weit hinten in irgendeinem dunklen Kleiderschrank verwahrt lag.

»*Chaqu'un à son goût*, vermute ich«, sagte Rossetti.

Dodgson verbrachte die nächsten Tage damit, Abzüge herzustellen. Er bezeichnete jede einzelne der Rossetti-Aufnahmen und breitete sie vor sich auf dem Schreibtisch aus. Sie hatte schon einiges für sich, die Sepia, in die

Fotografien getaucht waren, das markante Braun mit einem feinen Stich Grün darin, das in einen kräftigen Cremeton spielte. Dieses war der Farbton, der die Welt drum herum in Trost und Trauer tränkte, sie verlangsamte und in Melancholie hüllte. Eine fortgesetzte, stilisierte Staubschicht. Am bemerkenswertesten war der Effekt, den die Sepia in Christinas Augen erzeugte. Sie kamen in diesem Farbton klarer heraus als im normalen Licht, ihr Ausdruck war feinsinniger und nachdrücklicher und stärker und in gewissem Sinne geordneter und deutbarer geworden. Für Augen war Sepia das vollkommene Medium.

Er verpackte die Rossetti-Aufnahmen, schlug sie in Papier ein, um sie in den Cheyne Walk zu schicken, und kehrte dann in seine Dunkelkammer zu den Alice-Aufnahmen zurück. Ganz besonders hatte es ihm das Negativ mit Alice als Chinesin angetan, auf dem sie eine reich mit Drachenmustern bestickte rote Satintunika und auf dem Kopf einen dreiecksartigen Strohhut trug. Ihr spitzes, nicht weiches kleines Gesicht wirkte so alterslos. Andere Kinder hatten mehr Fett im Gesicht – genau das war es –, eine Weichheit, durch die sie verwischt und unbestimmt wirkten, die einem anzudeuten schien: aus ihnen würde erst noch etwas werden. Alice hatte nie etwas davon. Sie war schon etwas.

Als er die Platte auf das überzogene Papier preßte, fing er durch das Glas hindurch Alices Blick auf und verspürte einen schuldigen Anflug von Befriedigung. Hier hatte er Alice als Reproduktion, verkleinerte Alices in unendlicher Zahl zu seiner ganz privaten Anschauung, ganz allein mit ihm im umgebenden Halbdunkel. Er schüttelte die Abzüge aus und hängte sie auf. Einen, zwei, drei. Die sich wiederholenden Arbeitsvorgänge waren ihm Tröstung.

Alice liebte die Dunkelkammer. Sie liebte es, an seiner Seite über dem Becken zu stehen und zu beobachten, wie auf den Glasplatten langsam Bilder erschienen. Warte draußen auf mich, sagte er immer zu ihr, doch sie blieb stets zwischen den faltenwerfenden Vorhängen stehen. Alice hatte diese Art an sich, Anweisungen ihrem Buchstaben nach zu befolgen und ihrem Sinn nach zu ignorieren. Auch jetzt spürte er Alice da in den Vorhängen stehen. Zufällig wußte er von Miss Prickett, daß sie unterwegs war, um Blumen für den Musikabend zu Ehren des Kronprinzen von Dänemark zu pflücken, zu dem er nicht eingeladen worden war und dessentwegen er sich nicht verletzt zu fühlen versuchte.

Alice. Alice und noch eine Alice. Vor feuerfarbenen Rosen. Dodgson, dieser große Beschwörer, dieser Meisterschöpfer, dieser einsame Landschaftler, fertigte immer mehr Alices, und womöglich würde er nie damit aufhören können. Er wußte, daß ihre Eltern seine Fotografien nicht mehr wünschten und daß Alice selber schon Abzüge von ihnen allen zwischen die Seiten ihres Andenkenbuches gepreßt hatte. Nur er allein schien diese unstillbare Neugier zu verspüren, dieses unstillbare, fast wissenschaftliche Bedürfnis danach, mit seiner Technik zu experimentieren. Was würde dabei herauskommen, wenn ich es nur einen kleinen Moment länger drin ließe? Was, wenn ich es eine Spur mehr verblassen lassen würde? Nur er allein schien von dem Wunsch beseelt, Alice in jeder möglichen Abstufung des Lichts zu sehen. An diesem Punkte war Dodgson klar, weitere Fotografien wären überflüssig, reine Verschwendung, keine Kunst mehr, weil es einfach zu viele waren. Es waren Klischees, ganz so wie die vielen Sonnenuntergänge in Öl, die überall im Lande auf den Dachböden herumlagen. Und dennoch war er nie ganz zufrieden, wenn er die warme Eiweißmixtur seine Hände umspülen spürte und der schlüpfrige Abzug von Alice in rotem Satin aus dem wohlriechenden Bad erstand.

Unwillkürlich berührte er ihr Gesicht, radierte ihre Gesichtszüge mit dem Finger aus. Er hielt den Abzug in die Höhe. Das war recht erschreckend, ihr vertrautes Haar hing über ein unvertrautes Gesicht herab, die Züge waren zerlaufen. Er langte nach den übrigen Abzügen und zerstörte sie alle, verwischte und verschmierte jeden einzelnen. Sie warteten unschuldig auf dem Tablett, trieben darauf herum wie Kinder im Bade. Ein gläserner Meßbecher mit Säure kippte ihm über den Arm. Zuerst war es kalt, dann brannte es. Sofort goß er sich einen Krugvoll Wasser drüber, doch das Brennen war noch da, und als er aus der Dunkelkammer herauskam, war sein Arm dunkelrot und pochte vor Schmerz. Er fragte sich, ob eine Narbe zurückbleiben würde.

Dreizehn

Der Kopfschmerz fing hinter dem linken Auge an, ein stechender kreiselnder Schmerz, der das Innere seines Schädels erschütterte. Er fühlte Übelkeit in sich aufsteigen. Und dann hatte er helle Lichtblitze vor den Augen, gelbe Lichtstreifen mit grünen Rändern, die in der Luft hingen und dann verschwanden. Er spürte den Druck auf den Knochen. Sein Gehirn bat flehentlich um Dunkelheit. Als es sich schließlich legte, stand er auf und ging an den Schreibtisch. Er hatte es monatelang vor sich hergeschoben, und Alice hatte immer wieder aufs neue danach gefragt.

Das leere Blatt Papier lag vor ihm. Die Geschichte schien ihm völlig unerreichbar – nicht, daß er sie vergessen hätte, doch etwas trennte ihn von ihr. Etwas lag dazwischen, wie bei der Bootstour im Nebel zwischen ihm und dem Ufer. Durch das silbrige Wabern hindurch konnte er kaum die Umrisse erkennen. Er dachte an Alice, wie sie auf der Erde lag, die Hände hinter dem Kopf, das Gesicht ganz klebrig von der Hitze. Die Socke und Schuhe weiter weg am Fluß. Er griff nach der Feder und fing an. *Alice begann sich recht zu langweilen, wie sie neben ihrer Schwester am Ufer saß und nichts zu tun hatte.*

Der Tag verblaßte. Der Himmel war tintenfarben. Und er saß immer noch am Schreibtisch, kritzelte vor sich hin, durch seinen Körper flutete eine tiefempfundene Ruhe, so als habe der Kopfschmerz, der seine Muskeln angespannt hatte, sie massiert und ihnen alle Anspannung genommen.

Er kritzelte nebenher Zeichnungen von Alice an den Rand der Blätter. Aber seine zweidimensionale Alice mit ihrem wirren Haar und den Puffärmeln stimmte nicht. Er zerriß Seite um Seite. Da war ein Ausdruck des Erwischtseins in ihren riesigen Augen, den er nicht beabsichtigt hatte. Er fing wieder von vorne an, der quadratische Halsausschnitt ihres Kleides, Amors Bogenrund, das Haar länger, lockig, und dann die Augen, schwarz und expressiv, doch wieder hatte sie Angst. Er hielt die Zeichnung vor sich in die Höhe, so daß er sie besser betrachten konnte. Aber sie war unfertig: Linien, die zu einem Gesicht ausholten wie Hände, die im Dunkeln nach etwas greifen.

Er drehte die Zeichnung nach allen Seiten herum und versuchte, das Problem gedanklich zu durchdringen. Er hatte versucht, eine Art feierliche Überraschung darzustellen. Doch in der Geschichte wuchs und schrumpfte sie mit entsetzlichem Tempo. Der Hals war ihr zwischen die Bäume hinaufgewachsen. *Sie versuchte, ihren Kopf zu ihren Händen hinab zu beugen, und war entzückt festzustel-*

len, daß sich ihr Hals leicht hin und her bewegen ließ, in alle Richtungen, wie eine Schlange. Vielleicht war Angst doch durchaus angemessen.

Er warf einen Blick aufs Manuskript. Seite dreiundsechzig. Sein Zimmer lag im Dunkeln, abgesehen von dem Lichtkegel der Lampe, der die Seiten auf dem Schreibtisch beschien. Er hatte das Gefühl, er befinde sich auf einer erleuchteten Insel mitten in dem dunklen, fließenden Meer seiner Bibliothek. Er navigierte seinen Körper zur Feuerstelle, goß sich aus der Karaffe auf dem Kaminvorsprung ein Glas Sherry ein und setzte sich wieder hin, um fertig zu werden. Schließlich schlief er am Schreibtisch ein; die Lampe brannte noch, sein Kopf lag gebettet auf den Eingangskapiteln von *Alices Abenteuer unter der Erde*.

Dodgson träumte, daß Alice in einem Himmelbett lag. Ein Kätzchen sang zuerst leise und dann immer lauter: *Den Kopf ihr ab! Den Kopf ihr ab!* Es fing zu zischen und zu spucken an und zeigte die Zähne. *Den Kopf ihr ab! Den Kopf ihr ab!* Das Crescendo des Rhythmus wurde unerträglich. Er kam in den Raum gesaust und drehte Alice mit einer einzigen Bewegung den Kopf ab, der zu seiner Überraschung wie ein Korken herausflog. Dann begriff er, was er getan hatte. Blut ergoß sich aus ihrem Hals, tränkte das Laken, die Bettdecke, den Teppich. Er nahm ihren nachtgewandeten Leib in den Arm, wiegte ihn, besudelte sich selbst mit Blut dabei. Als das Bett zu schaukeln begann, sammelte sich das Blut zu einem Teich, und sie trieben darauf wie in einem Boot. Plötzlich wachte er auf, das Herz klopfte, als wolle es ihm aus der Brust fahren, die Laken waren schweißnaß. Er saß reglos auf der Kante seines Bettes. Er blickt in den blassen grauen Himmel. Und dann zog er sich einen Morgenmantel über, ging zum Schreibtisch hinüber und fing an, seinen Versuch zur Ersetzung des zwölften euklidischen Lehrsatzes zu skizzieren, wobei seine Gedanken zu den Buchstaben auf dem Papier Zuflucht suchten. Sich zu sammeln suchten. Sich auf die Zahlen konzentrierten.

In der Einleitung zu einer mathematischen Abhandlung, *Curiosa Mathematica, Teil 2, Kopfkissenprobleme, in schlaflosen Nächten ersonnen*, schrieb Dodgson einmal etwas von der Mathematik als Ausflucht. Er erläuterte: »Es gibt mentale Probleme, die weitaus schlimmer sind als bloßer Kummer und für welche ein die Gedanken in Beschlag nehmender Gegenstand Linderung bedeuten kann... Es gibt blasphemische Gedanken, die ungebeten in die ehrfürchtigsten Seelen geschossen kommen; es gibt unheilige Gedanken, die mit ihrer haßerfüllten Präsenz die Phantasie peinigen, die so gern rein bleiben möchte.«

Dodgson wußte, daß es für diese haßerfüllten Phantasien kräftigere Gegenmittel gab als die Mathematik. Von einem Manne namens Finn, der gegenüber im gleichen Gang wie er in Christ Church wohnte, war ihm einst Opium angeboten worden. Dodgson fand immer, Finn sehe mit seinen an die Stirn geklatschten blondlichen Haaren, seinen schweren Lidern, die niemals ganz geöffnet schienen, und seinem kurzen, stoppeligen Bart wie ein Seeotter aus, der gerade ein Nickerchen beendet hatte. Eine Gruppe von Studenten hatte in seinem Zimmer mit der Droge experimentiert. Kissen auf dem Fußboden. Aufbleiben bis zur Morgendämmerung. Den nächsten Tag verschlafen. Der literarische Kult, aus den eigenen Sinnen auszubrechen. Dodgson fühlte sich von dem Gedanken angezogen, sich unter Drogen zu setzen, aus sich auszufahren, den Beschränkungen der eigenen Existenz zu entkommen, sich zu verlieren, und sei es auch nur vorübergehend. Er wußte noch, wie Finn es beschrieben hatte. Was man sich über Opium erzählt, stimmt gar nicht, hatte Finn gesagt. Man fängt davon nicht zu träumen an. Vielmehr wird man davongetragen.

Ungefähr zur gleichen Zeit hatte Dodgsons Freund Southey ihm von dem Drogisten in der High Street etwas Laudanum gegen seine Kopfschmerzen mitgebracht. Das große braune Fläschchen trug ein handbeschriebenes sechseckiges Etikett mit leicht verlaufener Aufschrift: Opiumtinktur. Doch Dodgson konnte sich nie überwinden, es zu probieren, ganz gleich, wie schlimm seine Kopfschmerzen waren. Er hatte Angst vor dem, der er womöglich werden konnte.

Darum hatte er selber nie Opium probiert. Doch eines der seltsameren Geschöpfe seiner Kindergeschichte war ein opiumlutschendes Insekt, das in einer Rauchwolke hockt und nichts fühlt. *Ein großes blaues Raupentier, das obenauf saß, mit gekreuzten Armen, bedächtig eine lange Huka rauchend, und weder sie noch irgend etwas sonst auch nur im geringsten beachtete.* Das war etwas, was Dodgson sich bisweilen wünschte. Daß sie den Raum betrat, und er bemerkte es kaum und beachtete es gar nicht.

Alice posierte vor dem Kamin, den Kopf schräg nach oben gelegt, die Hände hinter ihrem Rücken. Dodgson zeichnete ein Porträt von ihr.

Edith, gekleidet in ein weißes Musselinkleid, stand ein paar Fuß entfernt und versuchte, ihren Wunsch nach außen zu projizieren – wie eine runde weiße Frucht, die darauf wartet, gepflückt zu werden.

»Ich bin müde«, sagte Alice.

»Wörter sind ganz beliebig, weißt du«, sagte Dodgson, der seinen Blick nicht vom Papier hob. »Man könnte statt müde auch x sagen. Alice steht x am Kamin.«

»Trotzdem bin ich müde.« Alice war eingeschnappt. Sie legte eine Hand auf den Backstein. Ihr blaues Kleid hatte weite Rüschenärmel.

»Sieh mal.« Er zeigte ihr die halbfertige Skizze mit dem wallenden lockigen Haar.

»Solche Haare hab ich nicht.«

Die schweren roten Vorhänge vor den hohen Fensterscheiben waren fast ganz zugezogen; ein dünner Lichtstreifen fiel über den Fußboden. Edith konnte die Zurückweisung wie etwas Lebendiges im Raume spüren.

Der berühmte Kunstkritiker John Ruskin gab Alice jetzt Zeichenunterricht. Edith wußte, wie berühmt er war, weil seine Eltern um ihn immer soviel Aufhebens machten. »Es ist ein großes Privileg, daß er dir Unterricht geben mag, mein Liebling«, hatte ihre Mutter zu Alice gesagt, als sie jammerte, sie wolle gar nicht zeichnen lernen. Neulich hatte er im Salon mit Alice alleine Tee getrunken und hatte ihr bei einer Skizze von der Kathedrale die Hand geführt, als die Liddells unerwartet von einer Festtafel heimgekehrt waren. Ruskin hatte Alice, die es Edith weitererzählte, folgendes gesagt: Als ihre Eltern zur Tür hereingekommen waren, sei das gewesen, als hätte der Wind plötzlich die Sterne ausgepustet.

Edith konnte nie begreifen, warum Alice in allem so vorgezogen wurde. Edith war ein gutes Mädchen, doch die Schlechtigkeit von Alice schien alle Leuten ringsum immer viel mehr zu faszinieren, selbst wenn sie sagten, sie mißbilligten das. Bevor Mr. Dodgson eintraf beispielsweise, war Alice im Nachthemd durch das Besuchszimmer gerannt und hatte gerufen: »Ich *bin* Heathcliff! Ich *bin* Heathcliff!«

»Alice, hör sofort damit auf«, sagte Mrs. Liddell, doch Edith konnte die Bewunderung in ihrer Stimme hören. *Sturmhöhe* war eines der Lieblingsbücher ihrer Mutter. Einmal hatte sie sie alle zu sich ins Bett geholt und ihnen die Handlung erzählt.

Aber genau das war es, was einen so verrückt machte – daß für Alice Regeln nicht galten, oder daß sie sich ihren geringsten Launen beugen und unterwerfen mußten. Jedes Detail in den Gewohnheiten der Familie schien die Einzigartigkeit Alices in die Welt hinauszuschreien: Sie mußten sogar dreimal in der Woche Eier essen, bloß weil es das einzige Frühstück war, von dem auch Alice ein paar Happen probieren mochte.

Das einzige Geräusch im Raum war das Kratzen der Feder auf dem Papier.

»Ich beweg mich gleich«, sagte Alice, ohne sich zu bewegen. Dodgson hörte zu zeichnen auf und steckte sich die Unterlage unter den Arm.

»Dann bringen wir's ein andermal zu Ende.«

Alice jagte aus dem Zimmer, und Edith in ihrem weißen Kleid blieb alleine stehen. Zwischen Alice und Mr. Dodgson existierte eine Art Glanz, und es schmerzte, von diesem Glanz ausgeschlossen zu sein.

Als sie Alice, die die Treppe hinunter verschwand, nachschaute, erinnerte sich Edith, wie sie früher immer gekämpft hatten, wie sie sich gegenseitig an den Haaren gezogen hatten, bis die Kopfhaut ganz rot war, und wie sie das entsetzt hatte; und sie erinnerte sich an ihre Erleichterung, wenn das Kindermädchen ins Zimmer kam, denn sie wußte, diese Art zu kämpfen war keine rein kindliche, es war tierische Raserei, losgelassen und ohne Grenzen; auf ihren Armen waren kleine scharlachfarbene Bögen von den Fingernägeln, und tief in ihrem Herzen wußte sie, wenn man sie allein ließe, dann würden sie einander in Fetzen reißen.

Diese Roheit war immer noch da. Obwohl sie gerade erst am vorherigen Abend zusammen Klavier gespielt hatten, jede Note laut angeschlagen, getrieben von dem Wunsch, die Noten der anderen zu übertönen.

Warum konnten es nicht *Ediths Abenteuer unter der Erde* sein?

Dodgson wickelte seine Kreiden in Tuch ein, steckte sie sich in die Tasche und griff sich sein Skizzenbuch.

Edith nahm ihn bei der Hand und geleitete ihn zur Tür.

Sie wußte, Mr. Dodgson fand sie nicht interessant. Er fand sie nicht wert, gezeichnet zu werden. Doch dieses Wissen hatte sie nicht davon abgehalten, an diesem Morgen ihr bestes Kleid anzuziehen und die Treppe hinabzulaufen, um ihn an der Tür zu begrüßen. Inzwischen war ihr bereits klar, daß sie jedesmal unglücklich werden mußte, wenn sie ihn zu beeindrucken versuchte, vor allem, weil es ihr nicht gelang. Sie fühlte sich ganz entsetzlich allein, so als würde irgend etwas auf schreckliche Weise mit ihr nicht stimmen, so als müsse sie bis ans Ende ihres Leben eine Miss Liddell bleiben wie ihr Tanten Amelia und Charlotte, die faltig und fett wurden und zu ihrem Trost nichts anderes hatten als Pudding und romantische Lektüre und die Bibel. Vielleicht würde sie religiös werden, weil der Liebe Gott der einzige war, der sie haben wollte, wie sie ihre Mutter einmal über Tante Amelia hatte sagen hören. Wenn sie Dodgson doch bloß in Frieden lassen könnte – vielleicht würde es ihr dann besser gehen. Doch das konnte sie nicht. Die Situation verschaffte ihr zuviel Befriedigung. Wie das Pulen an den Fingernägeln, bis es blutete.

Am vorherigen Abend hatten Lorina und Alice in Inas Zimmer Ballsaal gespielt, und Edith hatten sie ausgesperrt. Sie saß im Flur auf dem Boden, die Knie unter dem Nachthemd ganz verdreht. Sie konnte hören, wie sie kicherten und gegen die Wände purzelten, während sie einander in den Armen lagen und durch das Zimmer schwebten. Sie haßte allein den Gedanken daran, ausgesperrt zu werden, doch sie war es gewohnt. Sie wurde von allem möglichen ausgesperrt. Darf ich mit Papa reiten gehen? fragte sie ihre Mutter. Du bist noch nicht alt genug, sagte ihre Mutter. Aber irgend etwas würde wieder sein, wenn sie alt genug war, es würden keine Ponys dasein, oder ihr Papa würde keine Zeit haben, und so ging es immer.

Ihre Situation erinnerte sie an die Geschichte vom Hades und der Unterwelt, die ihr Vater immer erzählte: sie hatte ein Gefühl, als habe man sich für sie eine ganz besondere Strafe ausgedacht, die darin bestand, daß die ganze Welt von ihren älteren Schwestern vor ihr aufgetürmt wurde, und immer wenn sie danach griff, war alles verschwunden.

»Warum um alles in der Welt willst du sie denn nicht veröffentlichen?« fragte Macdonald.

Er ging raschen Schritts neben Dodgson her. Das Licht war seltsam. Der Himmel war dunkelgrau, doch die Gebäude glommen in hellem Rosa. Sie befanden sich auf dem Rückweg von der High Street.

»Schwer zu erklären«, sagte Dodgson.

Ursprünglich hatte er die Alice-Geschichte als private Korrespondenz begriffen. Doch je mehr Leuten er sie zeigte, desto tröstlicher war ihm zumute. Er war erleichtert, als sie mit großem Amüsement darauf reagierten. Und so begann der Gedanke an eine Veröffentlichung ihn zu verlocken. Wie Licht unter einer geschlossenen Tür.

»Was hältst du vom Titel?« fragte Dodgson. Er konnte einfach nicht aufhören, an den Formulierungen herumzuändern, faßte das Manuskript immer wieder an, als sei es eine verschorfte Wunde.

»Vollkommen passend, es sei denn, du hättest noch einen anderen im Hinterkopf.«

Dodgson dachte daran, die Geschichte um Alice vielleicht doch nicht *Alices Abenteuer unter der Erde*, sondern *Alices Abenteuer im Wunderland* zu nennen. Unter der Erde klang düsterer, da dachte man zu leicht an Särge und Unholde. Er zog Wunderland vor, weil dadurch die leichtfüßigeren Aspekte des Schauplatzes betont wurden.

»Es kommt mir so öffentlich vor.«

»Ja, man könnte glatt sagen, darum geht's ja gerade.«

»Nun, gewiß doch.«

»Ich muß schon sagen, ich verstehe deine Zögerlichkeit nicht«, sagte Macdonald. »Nicht bei einer solchen Geschichte.«

Macdonald selbst arbeitete gerade an einem Kinderbuch namens *Das Märchen von der Lichtprinzessin*, das von einer Prinzessin ohne Schwerkraft handelte, die durch die Lüfte trieb. *Der Tag war so schwül, daß das kleine Mädchen von nichts weniger Ätherischem umhüllt war als dem Schlafe selbst*. Schließlich begegnet sie einem Prinzen und erlernt das Fallen. Macdonald hatte soeben einen Brief von John Ruskin erhalten, der einwand, das Manuskript sei zu amourös, und insistierte, die Szene, in der Prinz und Prinzessin im Mondlicht schwimmen, könne jungen Lesern ernsthaften Schaden zufügen.

Die beiden Männer setzten ihren Spaziergang schweigend fort. Der Himmel verdüsterte sich. Doch die Gebäude sahen immer noch rosig aus, das spätnachmittägliche Licht sammelte sich in rosa-goldenen Quadraten auf den Fenstern.

»Vielleicht ist sie ein bißchen würdelos«, sagte Dodgson schließlich.

Die Vorstellung, die Geschichte unter seinem Namen zu veröffentlichen, kam ihm gefährlich vor. Wie ein Mann, der mitten in einem Sturm am Meeresufer an einen Felsen gefesselt ist.

»Würde?« Macdonald hob die Brauen.

In der Ferne hörten sie es donnern. Sie bogen um die Ecke der Kathedrale und erblickten Mrs. Liddell, die mit dem neuen Baby im Arm auf sie zukam, während Miss Prickett den Kinderwagen schob.

Aus seinen ganzen Zweifeln schüttelte Dodgson doch das Wissen heraus, daß seine Geschichte gut war.

Doch wie stand es um Macdonalds *Lichtprinzessin*? Er fand sie ganz reizend und so leichtfüßig, wie der Titel vermuten ließ, doch da war noch etwas anderes. Etwas Hohltönendes im Lachen der Prinzessin. Sie kann lachen, aber sie kann nicht fühlen. Nicht einmal, als ihr Vater sie verprügelt. Nicht einmal, als der Prinz langsam im See versinkt und beinahe ertrinkt. Weil sie keine Schwerkraft hat, keine Traurigkeit kennt. Dodgson kam sie ein bißchen furchteinflößend vor. Ihr hysterisches leeres Lachen. Wie sie an die Decke schwebt. Bis sie sich verliebt.

Mrs. Liddell hielt das Baby so, als sei es ihr zu schwer. Unter dem weißen Spitzenhäubchen kam das Gesicht des kleinen Mädchens rosarot zum Vorschein, die Nase emporgereckt. Fast wie ein Schweinchen, dachte Dodgson unwillkürlich.

Sie lupften die Hüte.

»Meine Herren«, sagte sie und ging an ihnen vorüber.

»Wie wär's denn dann mit einem Pseudonym?« sagte Macdonald.

Dodgson dachte nach. Der ungestümste Teil von ihm, überall in Umlauf. Seine Geschichten, gelesen von Kindern in ihren Betten, seine Figuren dem stetigen Atem schlafender Mädchen ausgesetzt.

Dodgson sann nach einem Namen, der zu dem Geist der Unternehmung paßte.

»Was würdest du von Charles Dares halten?«

»Zu zeitungshaft«, sagte Macdonald. »Charles Dares prangert die Korruption im Oberhaus an.«

Sie gelangten zu Dodgsons Räumen.

»Ich habe noch einige Aufnahmen der Mädchen für dich«, sagte Dodgson. »Das hätte ich fast vergessen.«

Er überreichte Macdonald die Fotografien seiner Töchter, zwei von Irene und eine von Lily. Er hatte die Aufnahmen drei Wochen zuvor in ihrem Hause in Hampstead gemacht.

Wieder allein in seinen Räumen, saß Dodgson mit einem Glas Sherry da und grübelte über den Namen nach. Er wollte auf alchemistische Art und Weise ein Pseudonym kreieren, wollte die Elemente seines richtigen Namens zerlegen und den Namen auf diese Weise in etwas anderes verwandeln. Charles Lutwidge Dodgson. Der erste neue Name, auf den er auf diese Weise kam, war Edgar Cuthwellis.

Dicke Bücher türmten sich auf dem Tisch vor ihm, auf seinem Schoß und zu seinen Füßen auf dem Boden. Er hatte sich ein kleines Eckchen neben dem hohen sonnigen Fenster ausgesucht. Er hatte keine Studenten, die vorbeikommen könnten, und an einem so schönen Nachmittag war die Bibliothek leer. Dodgson hatte beschlossen, er wolle das Problem seiner Alpträume wissenschaftlich angehen. Seine Träume waren zunehmend schlimmer geworden. Er wußte, daß er an sie ebensowenig Schadensersatzforderungen stellen konnte wie an Fremde, die ihn auf der Straße anrempelten. Und dennoch machten sie ihm angst. Inzwischen konnte er sich nicht mehr immer komplett an sie erinnern, doch sie hinterließen Spuren, die Stunden brauchten, um zu verschwinden. Das Geräusch von Stoff, der zerrissen wird. Das in Gold getauchte Aufblitzen von Schulterblättern. Etwas, was dunkle Ränder auf den Gedanken hinterließ.

Wer bist du? fragt das Raupentier in der Geschichte, an der er schrieb. Alice antwortet: *Ich weiß es kaum, zur Zeit, Sir – jedenfalls weiß ich, wer ich war, als ich heute morgen aufstand, aber ich glaube, ich muß seitdem mehrmals verwandelt worden sein.* Geschöpfe jeglicher Art fragen Alice ständig, wer sie ist, und unablässig weicht sie den Fragen aus. Und genau das verspürte Dodgson, als er da in der Bibliothek saß: die pausenlos nagende Frage, das Ausbleiben einer Antwort.

Nachdem er eine ganze Reihe von Büchern überflogen hatte, darunter auch D. Watson Bradshaws *Die Anatomie der Dyspepsie*, kam er darauf, daß eine schlechte Verdauung eine der hauptsächlichen Ursachen von Alpträumen ist. Eine schlecht zubereitete Lammkeule kann zu mörderischen Träumen führen, und überreichlicher Genuß von Muscheln kann alle möglichen nervösen Beschwerden auslösen.

Dodgsons Rücken war ganz steif vom langen Sitzen, und er streckte die Arme über den Kopf aus. Draußen vor dem Fenster war eine Gruppe von jungen Studenten dabei, auf schräggekippten Lehnstühlen über den Hof zu jagen und sich auf dem Grase aufeinanderwerfen zu lassen. Diese Praxis wurde allgemein als »Kippelturnier« bezeichnet, und in jenem Frühjahr war eine richtiggehende Kippelmanie ausgebrochen. Soweit er das sagen konnte, bestand das Ziel dieser komplizierten Wettkämpfe darin, mit aller Wucht in der Mitte zusammenzuknallen. Dodgson wandte den Blick ab. Er fand es stets enervierend, dem zuzusehen. Ihm gefiel der Anblick mangelnder Balance, das sichtbare Bild eines bevorstehenden Falles ganz und gar nicht.

4. Juni 1863

Drei Tassen Wasser
1/2 Birne
1/4 Scheibe Toast
eine Tasse Tee

Das Fasten beginnt, seinen Zweck zu erreichen – das Verlangen zu verringern – die Fettschicht abzubauen – die Rundungen an Bauch und Hüfte – das viele Fleisch um meine Taille.
Mein Magen rumort & arbeitet an nichtvorhandenem Essen – Es fühlt sich an, als würden sich Knoten verkno-

ten und wieder lösen – Könnte man sich doch nur ganz vom Fleisch befreien – die Zellen und Elemente zerstoßen – den instabilen Körper aufbrechen & gänzlich jemand anderes werden.

Ich versuche, mich auf Alices Geschichte zu konzentrieren – Perverserweise wenden sich meine Gedanken dem Essen zu, freilich voller Abscheu – tropfende Butter auf Brot, gelblich, schmierig – Kekse mit zuckeriger Creme darin, ganz abscheulich stopfend – Rindsbraten in blutigem Saft – jeder Krümel Essen, den in den Mund zu nehmen ich mir ausmale, erscheint plötzlich wie unter dem Mikroskop – wenn man sie in ihre elementaren Teile zerlegt, sind alle Dinge abstoßend. Und weiterhin blähen sich die Seiten selbst natürlich vor Hunger auf – iß mich, trink mich – Alices Trank schmeckt nach Rindsbraten, Kirschtörtchen, Eiercreme, Ananas, gebratenem Truthahn, Sahnekaramell und heißem Buttertoast.

Wenn ich einschlafe, krümmt sich mir der Magen vor lauter Hunger. Der Schmerz erzeugt Klarheit. Ich träume von einem Alice-förmigen Keks und esse ihn – den Kopf beiße ich als erstes ab.

Vierzehn

Hunt kam barfuß im Morgenmantel an die Tür. Er hatte geschlafen, als er das vorsichtige Klopfen des Dieners hörte. Es war halb acht. Die Luft war noch kühl und seidig.

In der Tür stand Dodgson, eingerahmt von den Pfosten.

Noch nie hatte er um diese Zeit Besuch bekommen.

Dodgson knautschte seinen Hut in den Händen. Er sah erregter aus, als Hunt ihn je gesehen hatte. Die Knochen hinter den Schläfen zeichneten sich über Gebühr ab. Der Kragen hing ihm lose am Hals. In den zwei Wochen, seit Hunt ihn zuletzt gesehen hatte, hatte er an Gewicht verloren. Er sah nicht gut aus.

»Möchten Sie nicht eintreten?«

Dodgson schüttelte den Kopf.

»Ist alles in Ordnung?«

Hunt sah, daß Dodgson etwas zu sagen versuchte, er schürzte die Lippen, die Kehle mühte sich mit Phantomworten ab.

Er drückte Hunt eine lederne Mappe in die Hände.

»Was ist das?« sagte Hunt.

Dodgson sah ihn hilflos an.

Auf dem Rasen bellte ein Hund.

»Atmen Sie«, sagte Hunt.

Dodgson atmete mehrmals tief ein, dann begann er zu sprechen. »D-d-das sind einige Fotografien, die ich Ihnen mitgebracht habe.«

Hunt wußte nicht, was er von alldem halten sollte.

»Auf Wiedersehen«, sagte Dodgson, und er drehte sich um und ging durch das Tor hinaus.

Als Dodgson gegangen war, setzte sich Hunt an seinen Schreibtisch. Er entschnürte die Mappe und entnahm ihr die Fotografien. Das war Dekan Liddells Tochter, oder? Wie hieß sie noch gleich, Lorina, Alice? Eine war dabei, auf dem sie auf einem Fell schlief. Auf einem anderen stand sie an einer Mauer, den Kopf zur Seite gekehrt. Porträts eines kleinen Mädchens. Er blätterte die gesamten Fotografien durch. Aber sonst war nichts darin.

Er konzentrierte sich angestrengt auf die Fotografien – eindrückliche Beispiele dieser Kunstform, doch was sollten sie ihm sagen? Warum war Dodgson so bestürzt? Die Gesichter waren ernst und schön. Sie waren wie Worte, perfekt geformte, glänzende Worte, doch lesen konnte er sie nicht recht.

Draußen vor dem Hause jagten die Hunde einander kreisend. Der eine biß dem anderen nach der Flanke. Ein tiefes, polterndes Knurren. Er hätte den Morgen mit dem Edieren eines Artikels über die Klassifikation von Knochen für die *Anthropological Review* zubringen sollen. Schädelformen. Gründlich, doch uninspiriert. Und jetzt saß er hier vor diesen Fotografien. Nummern 1008 bis 1017.

Er konnte den Fotografien die Zuneigung ablesen. Er konnte ihnen die Zeit und die Mühen und die Verehrung ablesen, die darin eingegangen waren. Kein Zweifel, das Kind bedeutete ihm etwas. Er ließ Hunt an ihr teilhaben, so wie man jemanden an einem Geheimnis teilhaben läßt. Aber warum? Vielleicht war das einfach der Ausdruck des Stotterns auf einer neuen Ebene. Eine weitere unklare Äußerung. Hunt fühlte sich an die Grenzen seines Berufs erinnert, an die Grenzen seiner selbst womöglich.

Er wandte seine Aufmerksamkeit wieder dem dritten Absatz des Artikels zu: es ging um Stirnhöhen.

13. Juni 1863

Ich spazierte in die Portsdown Road, & die Stadt hing mir dick & klumpig in den Lungen – die schwarze Tür sah dauerhaft & abweisend aus – ein altertümlicher heidnischer Bau, so wie Stonehenge.

Und dann diese Müdigkeit – diese überwältigende Erschöpfung – gibt es keine andere Möglichkeit, es auszudrücken? –, die mich übermannt, wenn ich mich mit jemandem treffen muß, den ich kaum kenne. Allein der Gedanke daran, eine Tasse Tee mit John Tenniel zu trinken, war so einschüchternd, daß ich schon im voraus ganz ausgezehrt war.

Habe ich hinreichend umrissen, wie ungünstig es von Anfang an um die Dinge stand?

Tenniel ist ein großer rothaariger Mann mit riesigem Schnauzbart, selbstgewiß & klotzig. Er hat bei einem Fechtunfall mit seinem Vater ein Auge verloren, weswegen er die unübliche Angewohnheit hat, sein markantes Gesicht leicht ins Profil zu drehen, wenn er spricht – seine Haltung ist eher die eines Offiziers des Heeres als diejenige eines Kinderbuchillustrators, muß ich schon sagen – und seine Gegenwart tut auf mich die befremdliche Wirkung, daß ich noch mehr ich selbst werde, eine Parodie auf mich selbst: ich flatterte herum wie ein Schmetterling, ließ den Mantel fallen & stotterte ihm mein dürres Hallo wie eine Entschuldigung entgegen.

Er geleitete mich in sein waldgrünes, bücherloses Arbeitszimmer, wo auf dem Kaminsims ein silberner Ritterhelm angebracht war und daneben ein leicht matt gewordenes Schwert hing. Ich besah mir ängstlich die gerahmten Tenniels an der Wand, als seien das Wegweiser: ein Straßenbengel, der geradewegs einem Dickens-Roman entsprang, zwei Frauen in arabischen Schleiern, die sich auf einem Diwan zurücklehnten, und eine dunkelhaarige Frau, die von einem Engel in den Himmel emporgetragen wurde.

Erst da fiel mir wieder ein, daß ich gehört hatte, Tenniels Frau Julia sei ihm kurz nach der Heirat an Auszehrung gestorben.

Bitte setzen Sie sich, sagte er.

Eine Tasse Tee, eine paar Worte über die tieffliegenden Wolken, das übliche.

Auf seinem eichenen Schreibtisch hatte er eine noch nicht beendigte Zeichnung für Punch, mehrere farbige Tintenfläschchen, elfenbeinerne Federn, eine geräuschvolle Uhr unter gläserner Kuppel und drei Zeitungen. Von Alice nichts zu sehen.

Lassen Sie uns gleich zum Geschäftlichen kommen, nicht wahr? sagte er.

Das Geschäftliche. Der Ausdruck erschütterte mich bis in die Eingeweide. Er hätte ebensogut Handel sagen können. Marktplatz. Geld. Es scheint mir alles gleichermaßen unpassend und verletzend.

Er holte sein Portfolio aus einer Schublade und schob es mir über den Schreibtisch herüber. Mir bebten beinahe die Hände, als ich es öffnete. Warum hatte ich mich je zur Veröffentlichung bereitgefunden? Warum hatte ich mich dazu bereit gefunden, meine Geschichte von jemand anderem interpretieren zu lassen? Warum hatte ich mich vor diesem Manne entblößt, den ich kaum kannte? Meine Finger fummelten an den Bändseln des Portfolios herum.

Und dann stellte sich eine gewaltige Verwirrung ein – ich erlebte sie beim Akt des Öffnens – als packte ich ein Geschenk aus – die Gedanken sehen sich für einen Augenblick mit dem konfrontiert, was sie sich wünschen. Zum ersten Mal war ich mir bewußt, daß ich mir einen Zwilling wünschte – jemanden, der bis in die tiefsten

Tiefen schwimmt & das pechschwarze Terrain in Augenschein nimmt – der es mit mir zusammen befühlen kann. Ein befremdliches Bild, wie ich zugeben muß – unverhofft erstand es mir in Gestalt einer Tenniel-Zeichnung – schwarze borstige Striche, dichtes Haar & dichte Brauen – Tenniel & ich, wie wir Hand in Hand an einem Ort vor den Worten wandeln. Wenn wir irgendwie gemeinsam an das andere Ufer der Geschichte gelangen könnten – uns vom Glorienschein ihrer ursprünglichen Absichten erleuchten lassen – nicht von dem, was sie geworden war, sondern von dem, was sie hätte werden sollen – Kleckse & Krakel & Schemen leuchtender Farbe – mittendrin, während sie erst Gestalt annahmen –

Ich kann das Leder riechen, während ich es öffne & die Papierschicht von den Zeichnungen herunternehme. Hat er mich verstanden? Mit einer bestürzenden Mischung aus Erleichterung & Enttäuschung sehe ich, daß er es nicht hat – Seine Alice ist nicht meine Alice – Sie ist blond, schal, adrett, von jenem Typus, der heutzutage so geschätzt wird. Er hat die Geschichte in etwas Süßes & Launiges überführt und beinah alle Spuren der Düsternis daraus getilgt – freilich haben die Augen etwas in sich, die Wimpern zu dick & schwer, die Stirn zu hoch. Die Zeichnungen sind sehr gekonnt – ganz gewiß gekonnter als meine eigenen unbeholfenen Skizzen – sein Wunderland ist nicht so wild & bedrohlich, seine Alice ausgewaschen & hübsch & absolut nicht so wie mein schwarzäugiges funkelndes eindringliches kleines Geschöpf. Er wird

Alice nie sehen. Er hat meine Träume in eine pastellene Phantasie verwandelt, die von harmlosen Kreaturen & blonden Mädchen bewohnt ist. Perfekt.

Als er den Besuch bei Tenniel hinter sich hatte, warf Dodgson sein Gepäck auf die Ablage und ließ sich auf seinen schwarzen Ledersitz fallen. Er zog den Vorhang auf, so daß er hinaussehen konnte in den Bahnhof. Er beobachtete die Menschen, die über den Bahnsteig hetzten, gefolgt von Gepäckträgern, die riesige Koffer auf ihren Köpfen trugen. Er hatte vergessen, sich die Zeitung zu kaufen. Gegenüber auf dem Bahnsteig begann der 5:15 nach Hastings sich aus dem Bahnhof zu schieben. Er stellte sich Tenniels Zeichnungen in seinem Buch vor. *Alices Abenteuer unter der Erde.* Die Geschichte glitt ihm unaufhaltsam aus den Händen. Eine ältere Dame im karierten Kleid, die eine große Hutschachtel bei sich trug, stolperte unsicher in den Sitz gegenüber dem seinigen. Ihr hinterdrein kam ein großes blondes Mädchen, die er auf ihre Tochter taxierte. Keine von beiden sah ihn direkt an, eine Tatsache, die Dodgson sehr zu schätzen wußte.

Die plötzliche Bewegung des Zuges schreckte Dodgson auf. Er konnte die schmutzigsten Stadteile Londons an seinem Fenster vorüberziehen sehen. Schornsteine, die dicken Ruß ausstießen. Petticoats, die auf Wäscheleinen flatterten, die zwischen den Fenstern eines Gebäudes gespannt waren. Die Bewegung eines Vorhangs, die unwillkürliche Neugier, was für Leute dahinter wohnen mochten. Der plötzliche Blitz aus Intimität und Ortsversetzung. Das blonde Mädchen zog ein Buch aus ihrer Tasche heraus. Der Zug ruckelte und schaukelte und setzte Bruchstücke aus der Vergangenheit frei.

In dem Sommer, nachdem er achtzehn wurde, unterwies sein Vater ihn auf sehr formelle Weise im Thema des anderen Geschlechts. Er war in jenem Jahr vier Zoll gewachsen und fühlte sich in seinem Körper wie ein Hausgast, der die gewährte Gastfreundschaft überspannt. Der neue Doktor, der eine halbe Meile von dem großen dreigeschossigen georgianischen Pastorat entfernt wohnte, hatte zwei Töchter ungefähr in seinem Alter. In den Briefen seiner Schwestern hatte er ausführlichst von ihnen gehört. Und sein Vater hatte sie zu einem Zeitpunkt zum Tee eingeladen, als seine Mutter und die Schwestern auf Besuch bei seiner Tante waren.

Er wußte noch, wie die Mädchen mit ihrem Vater ins Pastorat gerauscht gekommen waren, er erinnerte sich an ihre apfelgrünen Kleider, die rosaroten Kaschmirschals, die herzförmigen Gesichter, die zerwühlten blonden Löckchen, die mandelähnlichen blauen Augen. Er sah die Spuren, die ihre Ankunft auf dem Gesicht seines Vaters hinterließ, die Bewunderung.

Der Archidiakon mochte Frauen. Und sie erwiderten seine Sympathien. Dodgson bemerkte in der Stimme seines Vaters etwas Dichtes, wenn er mit Frauen sprach, etwas, was ihm in der Kehle hing. Er konnte es jetzt noch hören. *Wie ich höre, spielen Sie ganz bezaubernd.* Ihre großen blauen Augen sahen keck zu ihm auf. *Aber nein, wir bringen doch kaum ein paar wenige Noten zustande.* Diese Wortwechsel verstörten Dodgson stets. Er spürte, daß sein Vater ihn einlud, ebenfalls etwas zu den Mädchen zu sagen. Mit seiner Präsenz den Raum zu erfüllen wie die Wärme eines Feuers.

»Zucker?«

»Ja bitte.«

Sie lauschten dem Geräusch des Tees, der eingeschenkt wurde.

Die größere der beiden hatte ständig die eine Hand in ihren Haaren, zupfte und drehte an den Löckchen. Sie warf ihrer Schwester einen kurzen Blick zu, die in ein Kichern ausbrach. Alles fanden diese Schwestern lustig, so als versah die bloße Tatsache der romantischen Verfügbarkeit die banalsten Vorkommnisse mit greller Komik.

Ihre Väter sprachen über die jüngste Demütigung des örtlichen Parlamentsabgeordneten, doch zwischen den Mädchen schien ein Verständnis zu herrschen, das sie wie ein leuchtendes geflochtenes Band umfing. Unterschwellig schienen sie eine andere Art von Unterhaltung zu führen, die mit den Dingen um sie herum in keinerlei erkennbarem Zusammenhang stand.

Er hörte seines Vaters Stimme. *Es ist durchaus möglich, daß er geglaubt hat, er komme damit durch. Das Kabinett steht hinter ihm.* Seine Stimme war so etwas wie ein mittelalterlicher Wandteppich: der dichte Hintergrund aus verschlungenen Blättern und schwarzen Tümpeln, vor dem ein Einhorn stand.

Womit sollte der Nachmittag wohl enden? Mit Heimlichtuereien? Einem Einvernehmen? Einem Schauer der Gefühle? Womöglich einfach einer Vorliebe.

Als sich die größere der beiden vorbeugte, um sich mehr Milch in den Tee zu gießen, bemerkte er die kleinen Knöpfe, die hinten am Kleid den ganzen Rücken hinabliefen. Der Anblick erinnerte ihn an den Tag, als sein Vater ihn in die Königliche Akademie mitgenommen hatte, an die Gefühle, die er beim Betrachten von Turners »Schiffsbegräbnis des Malers Wilkie« gehabt hatte. Das Gefühl, vor einem Gemälde zu stehen, dessen großer Ruf einem schon ausführlich erklärt worden war, dessen Bild sich einem als Vorstellung in den Kopf eingegraben hatte, lange bevor man es mit eigenen Augen zu sehen bekam, dessen Schönheit gerühmt und gepriesen worden ist, und es dann schließlich anzusehen und gar nichts zu verspüren. Dort in dem zugigen Museum zu stehen und sich darüber klar zu werden, daß es einen kalt läßt.

Die Mädchen brachen auf, mit fliegenden Bändern. Sein Vater verschwand in sein Studierzimmer. Der Turner löste sich zu rauchfarbenen Wolkenwischen auf, grau und gewöhnlich wie ein öder Herbsttag, bar allem, was den Betrachter hätte packen können. Sein Vater stand erwartungsvoll und erfüllt von dem Gemälde davor. Dodgson begriff damals noch nicht, daß man seine eigenen Turners irgendwo verschlossen hat, seine eigenen Inspirationen, die je nach den ganz eigenen Geschmäkkern auf einzige Weise gerahmt und gemalt sind. Dennoch fand er es bisweilen schwer erträglich, nicht an dem warmen Einverständnis, an der lebhaften Begeisterung für die Schönheit einer ganz bestimmten bepinselten Leinwand teilhaben zu können. Dort bei seinem Vater sein zu können, hinter der geschlossenen Tür des Studierzimmers.

Dodgson erhob sich, zwängte sich an dem Fahrkartenkontrolleur vorbei, ging zum Ende des Gangs und stand auf dem Übergang zwischen zwei Waggons. Rauchwolken trieben vorbei. Er spürte, wie der Wind durch sein Haar jagte, schmeckte ihn in seinem Mund.

Die blonden Schwestern und Joseph Turner waren nicht die einzigen Leidenschaften seines Vaters gewesen, die er nicht hatte teilen können. Eine Tatsache, die er die ganzen langen Jahre über verborgen hatte, war die, daß er sich seines Glaubens an Gott nicht mehr sicher war. Wenn er an Gott glaubte, dann nicht auf die Weise, wie man es von ihm verlangte. Gott war wie das Zuhause der Kindheit, das der Vater einem unter dem Hintern weg verkauft hat; ein Ort, den man in seinen Träumen bewohnt, wo man aber seit Jahren nicht mehr gewesen ist. Als er in Oxford war und sich entscheiden mußte, ob er die Berufung seines Glaubens annahm, und alle seine Universitätslehrer ihm versicherten, wie sehr er für seine Berufung geeignet sei, und alle äußeren Anzeichen in diese Richtung wiesen und keinerlei Verlöbnis in Sicht war, nicht einmal in den tiefsten Schichten seiner Vorstellungskraft, da hatte er nichts gefühlt. Jenseits all der Mathematik, all der Theoreme konnte er sich der Gegenwart eines gütigen Prinzips durchaus nicht sicher sein. Warum, wenn nicht aus reiner Launenhaftigkeit oder böser Grausamkeit, hätte Gott ein solches erniedrigtes Paradoxon wie ihn erschaffen sollen; ein moralisches Bewußtsein, das von Versuchung erschüttert wurde; einen Archidiakonsproß, der ein Erzsünder war?

Während der großen Debatte des Jahres 1860 über die Evolution im neuen Universitätsmuseum hatte Dodgson gespürt, daß er innerlich zur Seite der Affen überlief. »Und in welcher Linie, Sir, meinen Sie, daß Sie von den Affen abstammen, über Ihre Großmutter oder Ihren Großvater?« hatte der Bischof Soapy Sam Wilberforce von Thomas Huxley, dem knochigen jungen Wissenschaftler, der als Anwalt für die Sache Darwins ausgewählt worden war, wissen wollen. Das Auditorium wurde von Gelächter geschüttelt. Die Religionsstudenten und ihre Lehrer waren erleichtert, daß ihre Partei Punkte machte. Doch in Wahrheit fiel es ihm leichter zu glauben, daß er Affen im Blut hatte, als daß er da Engel hätte. Er spürte das Tier in sich verborgen, die wilde körperliche Gier, das stumme Verlangen. Eine ältere Dame fiel während des abschließenden Wortwechsels vor Aufregung in Ohnmacht und wurde von zwei Studenten hinausgetragen. Auch Dodgson fühlte sich schwindelig im Kopf, so als würden die letzten Spuren seines Skeptizismus mit der Dame hinausbefördert. Wiewohl er es nie jemandem gestehen würde, am allerwenigsten seinem Vater. Aber er dachte es. Darwin könnte recht haben.

Weder Dodgsons Glaube noch sein Skeptizismus waren so sehr von Dauer, wie er das bisweilen zu verspüren glaubte. Er lebte mit beidem, geteilt, höchst unbefriedigend, doch leidenschaftlich. Er glaubte sozusagen an die Sonne, die sich durch Wolkenfetzen ergoß, und an die Kapitel 4–7 (»Natürliche Auslese« bis »Instinkt«) der *Entstehung der Arten*, an die Bibel abzüglich der Wunder. Sein Glaube war in beiden Fällen beschränkt, selektiv. Obwohl sie widersprüchlich waren und einander auszuschließen schienen, lebten beide Auffassungen in ihm, der vertraute blankgescheuerte ledergebundene Gott seiner Kindheit und der aufregende Darwin seiner Zwanzigerjahre; wie Frau und Geliebte bei Männern eines anderen Schlages.

Angesichts einer solchen gedanklichen Verwirrung konnte er schwerlich die vollen kirchlichen Weihen empfangen, wozu sein Vater ihn drängte. Darum wurde er Mathematikdozent. Eine Existenz, die in seinen Augen hauptsächlich daraus bestand, an seinem Schreibtisch zu sitzen und sich bleiern und stumpf zu fühlen. Er wartete auf Inspiration aus dem Geiste der Zahlen, die sich penibel über die Seite ergossen. Statt dessen schleppte er sich in seinem Trott dahin. Ungeachtet vorübergehender Ausbrüche des Drangs zu Höherem wußte er doch, daß er nur ein mediokrer Mathematiker war. Er hatte stets hart gearbeitet, die Anforderungen erfüllt. Doch er würde nie auf einer Stufe mit Euklid und Pascal stehen. Er würde keinen Beitrag zu seiner Disziplin leisten, keinen ernsthaften Beitrag, hieß das. Er würde ein bißchen auf den Seitenrändern der Logik herumkritzeln. Er würde drei oder vier störrischen Jungen beibringen, wie man eine Beweisaufgabe löste. Wenn er Glück hatte.

Früher hatte er eine glänzende akademische Karriere als eine Möglichkeit angesehen, wieder Zugang zum Wohlwollen seines Vaters zu erhalten, doch diese Rechnung ging nicht auf. Nicht vollständig. Er wußte, daß sein Vater von ihm enttäuscht war. Der Archidiakon hatte sich vorgestellt, im Alter von einer großen Enkelschar umgeben zu sein, hatte sich vorgestellt, daß sein ältester Sohn, der von ihm das mathematische Talent geerbt hatte, sich in reicher Zahl fortpflanzte, nicht daß er bloß Zahlen zu Papier brachte. Von den Enkelkindern eines Nachbarn erzählte er ihm mit einer Art überschwenglicher Begeisterung, die sich selbst im Zaum hielt, wie ein Brief, der diskret in einem Umschlag steckt, ein versteckter Tadel. Er wollte Enkel haben, Charles im Kleinformat und in großer Zahl, eine Wiederholung seines Sohnes, freilich ohne das Stottern. Die erschreckende Unfruchtbarkeit seiner Kinder schien ihm ein seltsamer Streich, den die Natur ihm nach seiner eigenen biologischen Ergiebigkeit spielte. Elf Kinder. Gesicherte Nachkommenschaft. Unsterblichkeit. Seine Tugenden und

Talente, an eine Generation neuer Dodgsons weitergereicht. Dodgson hätte ihm anstelle einer nicht enden wollenden Märchenerzählung doch zumindest drei mathematische Traktate und unzählige Rätsel bieten können – das größte der letztgenannten womöglich er selbst.

Dodgson ging durch den klappernden Waggon zu seinem Platz zurück. Er drückte seine Stirn ans Fenster. Hecken und Backsteinhäuser huschten vorüber, weite Grünflächen wurden reduziert auf einen Sekundenbruchteil. Raum, der sich in der Zeit zusammenzog. Ganze Lebenswege, kondensiert und hinter ihnen zurückgelassen. Die Frau gegenüber mit der Feder am Hut war unter ihrer wollenen Überwurfdecke eingeschlafen, der Mund stand ihr ein wenig auf. Das Gesicht ihrer Tochter wurde von ihrem Buch verdeckt.

Was, wenn er aus dem Fenster des fahrenden Zuges blicken würde, und nichts veränderte sich. Vor dem Fenster die ganze Zeit ein kleines Backsteinhäuschen mit einer an einen Baum gebundenen Kuh davor. Nichts, was vorbeihuschte, nichts, was weggezogen wurde, alles unablässig da, ganz gleich, wie schnell der Zug fuhr, alles starr am gleichen Ort. Ein immergleiches Bild im Rahmen des Fensters, während man sich bewegt.

Er war acht. Seine Schwester Elizabeth war zehn. Spät eines Nachmittags machte er die Tür zu ihrem Zimmer auf, drehte und ruckelte so lange am Knauf herum, bis sie aufsprang, weil er sich das Puppentheater zurückholen wollte, das er nach der morgendlichen Probe dort zurückgelassen hatte, und sie stand plötzlich nackt vor ihm. Zog sich für den Besuch um. Ihm wurde auf der Stelle klar, daß er es hätte wissen müssen. Er knallte die Tür zu. Die überhaupt nur zu drei Vierteln aufgewesen war. Er hatte einen Streifen pfirsichroter Haut vor sich in die Höhe und durch den Raum ragen sehen. Und dann hatte er die Brennweite seiner Augen neu eingestellt und die Körperpartien seiner Schwester gesehen. Hals, Schulterblätter, Rücken, Hintern, Schenkel.

Ein paar Minuten später kam seine ganz normale Schwester in einem auberginefarbenen Kleid, das feuchte Haar fein säuberlich in einen Knoten gekämmt, die Treppe heruntergestapft, um die Gäste zu begrüßen. Ihre runden braunen Augen begegneten den seinen, entleert von allen außergewöhnlichen Vorfällen. Diese Leere hing zwischen ihnen wie Feuchtigkeit, wie eine Schwüle in sommerlicher Luft, diese zufällige Begebenheit, dieses Etwas, das gewiß nicht seine Schuld sein konnte. Und dennoch wurde ihm von der Schuld schlecht, wurde es ihm unmöglich, die kandierten Aprikosen zu essen, die ihnen das Hausmädchen später am Abend ins Kinderzimmer hochbrachte. Diese ganz neue Vorstellung, die nicht einfach nur eine Vorstellung seiner Schwester ohne Kleider war. Obwohl es nur Sekunden währte, war doch genug Zeit für sie, ihn anzuschauen, und für ihn, die Verwirrung und Hilflosigkeit in ihren Augen zu bemerken. Dieser Blick hing noch in ihrem Verhältnis als Erwachsene; er existierte fort unter der extremen Zuvorkommenheit, mit der er sie behandelte. Elizabeth. Immer wieder einmal erstand das Bild vor ihm, ihre kindliche Gestalt, so sehr durchtränkt und umrissen von der Furcht, die er verspürte, so sehr überschattet und verwischt von der Tür, die sich wieder schloß, so sehr eingefärbt und zum Strahlen gebracht durch die Panik. Er war erschreckt von der Grazie, die er nie zuvor in seiner Schwester gesehen hatte und nie wieder in ihr sehen würde. Ihm war kein unverschleierter Blick vergönnt gewesen. In einer solchen Situation kann man nicht richtig sehen. Die Augen haben nicht die nötige Zeit, um sich an den Anblick zu gewöhnen und ihn in sich aufzunehmen. Er wurde seiner Erinnerung als Stempel aufgedrükkt; eine Fotografie, bevor es Fotografien gab. Und dies in einem solchen Ausmaß, daß er späterhin einer Mutter kleiner Mädchen, die gern und oft spärlich bekleidet herumliefen, schrieb: »Um ihres kleinen Bruders willen möchte ich doch meinen, vielleicht ziehen Sie es besser vor, solchen Angewohnheiten nach diesem Sommer ein Ende zu setzen. Eines Knaben Kopf saugt rasch frühreife Vorstellungen in sich auf, welche ihm in späteren Jahren Ursache manchen Unglücks werden können...«

In der Ferne konnte er erkennen, wie die wohlvertrauten Türme in einen Perlmutthimmel aufragten.

Fünfzehn

Hunt speiste ganz allein zu Abend, auf dem angeschlagenen Teller vor sich kaltes Hammelfleisch, verziert mit Salatrosetten, dazu eine Flasche roten Bordeaux, und las den Entwurf von *Alices Abenteuer unter der Erde*. Dodgson hatte ihm das Manuskript am selben Nachmittag, bevor er ging, auf den Schreibtisch geknallt. Eine Kindergeschichte, hatte er gesagt.

Die Widmung war in großen, sorgsamen Lettern mit verschnörkeltem Blattwerk drum herum gehalten: *Zum Gedenken an einen Sommertag*. Wie komisch, es so auszudrücken, dachte Hunt. Zum Gedenken an. Als wären der Tag, der Sommer, die beteiligten Menschen gestorben.

Hunt hatte Dodgson gesagt, wie sehr er die Fotografien von Alice Liddell bewunderte. Dodgson schien sich darüber zu freuen. Und weiter hatten sie darüber nicht geredet.

Hunt blätterte um, während er aß. Er spürte den Reiz der latenten Gewalt, die die Geschichte durchzog. Die Spielkartengärtner streichen die weißen Rosen rot an. Sie haben Angst vor der launischen Autorität der Königin. Den Kopf ihm ab. Die Königin kommt herbei, begleitet von Soldaten mit Piken und Höflingen, die Karos tragen. Alles aus einem Blatt Spielkarten.

Im einen Augenblick spielt Alice Krocket, als Schläger dient ein Straußenvogel, der sich ständig den Hals verdreht, um zu ihr aufzuschauen, und im nächsten sieht sie einem Greifen zu, der eine Hummerquadrille tanzt. Hunt dachte, wie seltsam die Geschichte doch in vielerlei Hinsicht war, wie erstaunlich, daß der in religiösen Dingen kompromißlose Dodgson sich über Moralismen mokierte. Daß der ordnungssüchtige Dodgson mit solch beißendem Spott über Regeln als solche herzog. Daß jemand, der so ordentlich war wie Dodgson, das Thema der logischen Progression so respektlos angehen konnte. Daß jemand, der in jeder Hinsicht so korrekt und vorbildlich war, ein Buch schreiben konnte, in dem die rationale Welt vollkommen zusammenbrach. Wo also mochten die Triebfedern dieser Geschichte zu suchen sein?

In Dodgson gab es noch eine zweite, komplett andere Person: einen wüsten, geschwätzigen, liebevollen, auf schreiende Weise derangierten Mann, dessen Beziehung zur greifbaren Welt nur sehr rudimentär entwickelt war. Hunt hatte schon etwas von dieser untergründigen zweiten Persönlichkeit geahnt, hatte sie gelegentlich schemenhaft aufblitzen sehen. Aber mit den Seiten, die er las, hatte er nun den Personalausweis vor sich liegen, der die Existenz dieser anderen Person belegte. Und trotzdem paßte die Widersprüchlichkeit doch irgendwie ins

Bild. Die Regeln der geordneten Welt inspirierten und sicherten und durchfluteten Dodgson wie der Wind, der eine Windmühle antreibt, und versorgten ihn mit Energie. Gerade die Ernsthaftigkeit, mit der er allen Regeln begegnete, versetzten ihn in die Lage, diese Regeln zu kommentieren und sich auf so wirkungsvolle Weise gegen ihre Ordnung aufzulehnen.

Hunt bemerkte auf einer Seite an der Ecke einen kleinen Fettfleck. Er rieb ihn mit dem Jackenärmel weg, bis er kaum noch sichtbar war.

Was Hunt interessierte, das war der Fluß des Ganzen, der Redefluß: abrupte Übergänge, auf die gar nicht weiter eingegangen wurde, Themenwechsel, die unglaublich glatt über die Bühne gingen. Vor sich sah er den Stotterer, der ein schwieriges Wort einfach übersprang; der auf kreative Weise mit der Sprache umging, indem er über Zeilen, die sich ihm widersetzten und ihm Probleme bereiteten, einfach hinwegging. Die Geschichte schritt so schnell voran, und dennoch bewegte sie den Leser auf ganz eigene Weise. Grazil und phantastisch und nahtlos und brillant, schlangenhaft und raffiniert, freilich ganz und gar nicht so, wie sich die Dinge im wirklichen Leben für Dodgson gestalteten.

Hunt nippte am Wein. Er gelangte an die Gerichtsszene. Darin sammelt sich die Geschichte wie Regenwasser in einer Grube. Irgendwer hat die Marmeladentörtchen gestohlen. Die Atmosphäre ist feierlich und bedrohlich zugleich. Die Königin wünscht die Strafverhängung vor der Beweisaufnahme. Und Alice widerspricht ihr aufs reizendste: *Unfug und Nonsens! Man kann doch die Strafe nicht vor dem Prozeß aussprechen.* Alles wird umgekehrt. Ihr seid doch bloß ein Satz Spielkarten, sagt Alice, und alle fallen sie über sie her, und sie schreit auf, und es ist bloß ein Traum, und Blätter fallen ihr sachte auf den Kopf. Hunt war überrascht, den eigenen Schweiß zu riechen. Der Schrecken war so fein und realistisch. Wie die winzigen Blätter auf der Zeichnung.

Alice. Hunt hatte das Gefühl, langsam kenne er sie, langsam könne er Dodgson seine Zuneigung nachfühlen. So viel Zeit mit der Unterhaltung eines einzigen Kindes, das nicht einmal das eigene war, zu verbringen, das war ganz gewiß nicht normal. Und auch den Fotografien war eine gewisse Verehrung abzulesen. Dodgson hatte sich eine Freundschaft mit dem Mädchen zusammengesponnen. Sie mußte eine Art Muse sein. Hatte diese Geschichte inspiriert und provoziert und aus ihm herausgekitzelt. Doch damit war Hunt noch nicht zufrieden. Da mußte noch etwas sein. Aber er wußte nicht, was das war. Dieses Gefühl machte ihn ganz tatterig. Als fiele er von einer Klippe, als purzele er von einer der Seiten in Dodgsons Geschichte. Man blätterte sie um und merkte, daß man plötzlich ganz woanders war, an einem Strand mit einem Schildkrötensupperich, der ungestüm über den weißen Sand tapst.

Das war ganz außerordentlich, dachte Hunt und blätterte zurück zu der Zeichnung, wo Alice ihren Kopf auf einem langen, langen stielartigen Hals sitzen hat. Er mußte an Dodgsons frühmorgendlichen Besuch denken, an sein übergeschnapptes Schweigen. Man kann doch die Strafe nicht vor dem Prozeß verhängen.

Das Hausmädchen deckte den Tisch ab. Das fast geleerte Weinglas ließ sie stehen. Hunt saß schweigend am Tisch.

18. Juni 1863

Bitte, Gott, gib mir ein neues Herz.

»Dr. Hunt.« Mrs. Liddell erwischte ihn bei den geschmierten Broten. »Wie reizend, Sie wieder einmal zu treffen.«

Er verbeugte sich höflich. Mit den in losen Wellen nach hinten gekämmten Haaren, dem Funkeln der Diamanten an den Ohren und den dunkelbraunen, goldgesprenkelten Augen sah sie auf eine zigeunerhafte Weise schön aus. Ihre Gegenwart erinnerte ihn daran, wie selten er heutzutage mit dem weiblichen Geschlecht in Berührung kam.

»Ich habe mir sagen lassen, Sie arbeiten mit Stotterern«, sagte sie. »Und da habe ich mich gefragt, ob Sie wohl unseren Mr. Dodgson kennen.«

»Ich bin mit ihm bekannt.«

»Er ist ein guter Freund der Familie«, sagte sie.

»So?«

»Oder vielleicht sollte ich sagen unserer Kinder. Er ist der geschickteste Geschichtenerzähler, der mir je untergekommen ist. Er hat uns absolut hingerissen.«

Dr. Hunt schluckte einen Bissen von seinem Buttersandwich runter. Die Feier hatte ihm gefallen, bis dieses Gespräch mit der Frau des Dekans angefangen hatte. Sie hatte gar nichts Schlechtes über Dodgson gesagt, doch irgend etwas an ihrem Tonfall verdroß ihn.

Auf dem Beistelltischchen neben den Wachsgardenien unter ihrer Glasglocke sah er eines von Dodgsons Alice-Porträts. Ihn anstarren.

»Er hat außerordentlich viel Zeit mit unserer mittleren Tochter Alice zugebracht, um sie zu fotografieren«, fuhr Mrs. Liddell fort. »Und überhaupt all unsere Mädchen.«

Wohin er auch sah, überall entdeckte er kleine Ovale und Rechtecke, in denen Alice zu sehen war.

»Seine Fotografien scheinen recht gut zu sein.«

»Ja, wie Sie sehen, sind wir richtiggehend überschwemmt damit.«

Sie lehnte sich so dicht an ihn heran, daß er den Geißblattgeruch aus ihrem Parfüm herausriechen konnte.

»Die Gesellschaft von Kindern scheint ihm stets lieber zu sein als die von seinesgleichen.« Sie lächelte. »Zum Glück für die Betreffenden, möchte ich annehmen.«

»Wer vermag die Abgründe des künstlerischen Temperaments zu ergründen, meine Verehrteste?« Und mit diesen Worten entschuldigte er sich und ließ sich wieder in die Menge hineintreiben: in Richtung Brandy-Soda.

Mrs. Liddell starrte ihm nach und fühlte sich mißverstanden. Zu Unrecht freilich. Er hatte sie nur zu gut verstanden.

20. Juni 1863

Ich baute das Stativ langsam auf, fühlte mich plötzlich alt & schwach & tatterig. Das Licht auf dem roten Sofa mit seinen verschlungenen japanischen Blumen. Alice lehnt sich zurück, kaut an ihren Haaren. Sie bückt sich & zieht einen ihrer Stiefel aus.

Es gibt Gelegenheiten, da kann man gar nicht sehen – die sich entfaltende Szene nimmt im inneren Auge nicht Gestalt an – eine dicke Staubschicht bedeckt die Linse –

Die Augenblicke sind irgendwie verknüpft. Wie, vermag ich nicht zu sagen.

Wie beim alten Tiresias bemühen sich meine übrigen Sinne, an die Stelle des Augenlichts zu treten: Die Zugluft im Zimmer – Das weiche Rosenholz der Kamera in der Hand – Der Geschmack des Tees – Der Geruch nach Kollodium in der Luft – Ein blinder Mann, der durch die vertraute Umgebung stolpert.

Ich wende mich ab. Draußen fällt das Sonnenlicht durch Bäume, ein Rautenmuster aus Schatten & Licht zittert über den Rasen. Ich spüre ihre sich bewegenden Glieder, spüre, wie sie das letzte Teil ihrer Unterbekleidung abstreift, obwohl ich halb am anderen Ende des Zimmers stehe und nach einer anderen Richtung sehe.

Plötzlich geht mir auf absurde Weise dieser Übungssatz von Dr. Hunt durch den Kopf – Tu dem bestürzend bösen Buben kund, gar köstlich ist der Trauben Trank.

Und dann drehe ich mich wieder um & schaue – durch die Kamera – Auge durch Linse – Das zerdrückte Glas ist es, das sie sieht – ihr Bild in seinen kristallenen Tiefen wiegt. Das Zimmer erzittert mir in den Händen & sackt dann an seinen angestammten Ort. Die Kamera kann sehen, was ich nicht sehen kann – setzt mein Bild um & erlöst mich –

Und dann sehe ich sie, die perlmutterne perfekt sich streckende Alice, himmelsgleich und … Nein, dieses eine Mal will ich in Worte fassen, was ich wirklich sehe: zarte olivenfarbene Haut, einen purpurnen, grün eingefaßten blauen Fleck an ihrem Schenkel, zwei winzige Schwellungen, einen leicht vorspringenden Bauch, einen roten Rand, wo sich ihr die Unterwäsche am Bauch abgedrückt hat, sich abzeichnende Rippen, schwarze Augen, die trotzig in die Kamera schauen. Wie Gott sie erschaffen hat. Mirabile dictu.

Sechzehn

Alice rannte durch den Garten, die Tränen strömten ihr über das Gesicht. Ihre Mutter hob den Blick von ihren Dahlien; hielt sie an den Oberarmen fest und wollte wissen, was denn so Schlimmes los sei. Aber Alice erstickte vor lauter Tränen und konnte ihr nicht antworten – und hätte sie die Antwort gewußt.

Der Schmerz war so schlimm, als wenn einem ein Knochen brach. Der Schmerz war so, als ob einem der komplette Körperbau zerbrach und dann anders wieder zusammengeflickt wurde. Es waren die Tränen der Transformation. So wie dieses »iß mich, trink mich«, diese Methode des Wachsens in Dodgsons Geschichte, wo Alice von irgend etwas abbeißt und ganz riesig wird; so bizarr und so unvermittelt und so unkontrollierbar war das. Alice weiß kaum noch, wer sie ist. *An einem Tag so viele verschiedene Größen zu haben, ist sehr verwirrend*, sagt sie zum Raupentier. *Wenn Sie sich in eine Puppe verwandeln müssen… und danach dann in einen Schmetterling, dürfte Ihnen doch wohl ein ganz klein wenig komisch zumute werden*. Und genau das war der Schmerz; derjenige, der man ist, wird in die Gestalt dessen gepreßt, der man sein wird. Das eine Wesen wird auseinandergenommen, um als anderes wieder zusammengesetzt zu werden. Die Gewalt dieser Transformation brachte sie zum Heulen.

Alice riß sich von ihrer Mutter los und rannte die Treppe hinauf auf ihr Zimmer und knallte die Tür zu. Sie schluchzte so heftig, daß sie kaum noch genug Luft bekam.

Sie hatte in dem ovalen Spiegel in Dodgsons Zimmer ihr nacktes Ich gesehen. Ein Seitenausschnitt ihrer Nacktheit sprang sie an und erschreckte sie: Alice zog sich für einen Mann aus.

Das Zimmer kippt. Sie steht in einem Teich aus Baumwolle. Steigt aus ihrem Kleid. Der Augenblick sprüht vor Farben: das tiefe Karmesin des Sofas, die zerschmelzende Sahnefärbung des Himmels, das leuchtende Türkis des Teppichs. Ihre Beine fühlen sich wie Zweige an; ihr Körper – so zierlich, so papieren – wie ein Blatt.

Sie hat den Impuls, ihm auf den Schoß zu kriechen, in Sicherheit, wieder auf seinen Knien, den Kopf an seine Brust gedrückt. *Oh, wartet doch, bat da die Schar, die gern geplaudert hätt': Ein paar von uns sind außer Atem, und alle sind wir fett!*

Die Luft ist kühl an ihrer Haut. In der Ecke, fein säuberlich neben dem Sofa aufgestellt, sieht sie die kleinen rehbraunen Stiefelchen mit Knöpfen an der Seite, die ihre Mutter ihr aus London mitgebracht hatte. Der Arm liegt ihr quer über der Brust, dann fällt er herab. Seine Augen auf ihr. Augen auf der Haut. Der feuchte Blick, den sie bereits kennt. Sie wird geschält. Ihre Mutter hat ihr diese Stiefel letzte Woche mitgebracht, kleinere Replikate ihrer eigenen. Die Stiefel machen sie traurig. Jetzt umfängt sie die Kälte. Die Hände auf den Schenkeln. Ihr Bauch fühlt sich komisch an. Das ganze Zimmer strömt in sie hinein, Holzfußboden, Kamin, weiße Decke. Die Angst, diese klärende elektrische Angst, vor der Kamera. Der Blick in den fremden vertrauten Augen, plötzlich hat er etwas Erschreckendes an sich; wie Kobolde, die Mangos, Pfirsiche, Pflaumen, Melonen kauen. Sie erstarrt, steckt fest wie der Kern in einer Frucht.

Sie fühlt die Nässe auf ihren Wangen. Die den Augenblick auflöst, ihn in etwas verwandelt, was sie begreifen kann.

Jenseits all dessen spürte sie eine beglückende Schönheit erstehen. Ein neues Wesen, das voll ausgeformt ins Sein eintrat, wie Athena, die dem Kopf des Zeus entspringt. Ihre Haut wie Satin. Das Licht, das sich in ihren Haaren fängt. Eine Krone von Blumen. Die Schönheit, von der sie noch gar nicht gewußt hatte, daß sie da war. Und sie durchfließend die Beglückung seines Blickes; nicht die Faszination, die sie auf ihn ausübte, sondern die Faszination, die sie auf sich selbst ausübte.

Sie stand jetzt anders da, war sich bewußt, daß er sie betrachtete. Die Tränen lösten etwas in ihr, das sie noch nie gespürt hatte. Überfließende Gefühle, die sie nicht in Worte fassen konnte. Sie hatte absolut keine Kontrolle über ihre Tränen, ebensowenig wie über die Szene, die sich in Dodgsons Zimmer entfaltete. Sie stand vor ihm, spürte die Aufregung in ihrem Körper aufsteigen, den Hochgenuß, bewundert zu werden, die Angst, und dann – dann war da noch etwas. Sie wartete, ohne genau zu wissen, worauf, und sie verspürte es – dieses Warten – in jedem ihrer Muskeln. Die Angespanntheit, die in ihr lauerte, das Neue daran, so nackt und gänsehäutig vor ihm zu stehen, die Füße im groben Flaum des Teppichs, die Waden an den verschossenen Satinstoff des Sofas gedrückt, das Gefühl, jede Berührung mit der Umgebung auf andere Weise zu spüren als zuvor, der Blick seiner grauen Augen auf ihr; es war, mehr als alles andere, ein Verlangen, das sie zum Weinen brachte.

Später am selben Abend stand Edith mit einem silbernen Tablett in der Tür, auf dem Milch und geschmierte Brote waren. Sie hatte Miss Prickett überredet, sie mit dem Tablett hinaufzuschicken, weil sie näher an alles herankommen wollte, weil sie ins Allerheiligste dieses wilden und prächtigen Kummers eintreten wollte.

Doch jetzt blieb sie zögernd auf der Schwelle stehen. Ihre Mutter hatte zuvor schon versucht, mit Alice zu reden, doch Alice hatte den Kopf an die Wand gedreht und sich geweigert zu sprechen. *Was ist geschehen? Nichts. Was ist geschehen? Nichts.*

Edith, die vom Flur aus zuhörte, fand diesen Kehrreim ganz unglaublich. Alice, die versuchte, sich gegen die ihr geschenkte Aufmerksamkeit zu wehren? Alice, die sich nicht im Licht einer Geschichte sonnte, die man Stück für Stück aus ihr herausholte? Alice, die kein Wort sagte?

»Was ist denn passiert?« fragte Edith mit sanfter Stimme, während sie auf das Bett zuging.

»Nichts«, sagte Alice. Den Kopf zur Seite gedreht auf dem Kissen. Die Lider geschwollen. Froschaugen, dachte Edith.

Sie setzte das Tablett auf dem Nachttisch ab und ließ sich vorsichtig auf der Bettkante nieder.

Alice hob den Kopf und langte nach dem Glas Milch. Als ihr der Ärmel des Nachthemds hochrutschte, sah ihr Handgelenk ganz dünn aus. Ihr Haar war statisch aufgeladen und klebte ihr seitlich im Gesicht.

Edith wußte, daß Alice seit dem Frühstück nichts gegessen hatte und hungrig sein mußte, aber auch, daß sie sich nicht dazu herablassen würde, sich in Gegenwart ihrer Schwester etwas in den Mund zu schieben.

»Bist du krank?« fragte Edith. Alice tat ihr leid, oder vielmehr es tat ihr leid, daß ihr Alice nicht leid tat.

»Nein.«

»Sag mir, was passiert ist. Ich verspreche, ich werd's nicht weitersagen.«

»Edie, bitte«, sagte Alice. »Laß mich in Ruhe.«

»Alice, ich –«

»Nichts ist passiert«, sagte Alice.

Unvermittelt fiel ihr wieder ein, wie sie und Alice im Garten immer Hochzeit gespielt hatten, als sie noch jünger waren. Daß Alice es immer geschafft hatte, daß sie die

Braut war und mit Rosen im Haar den Gang entlangschritt, während Edith stets den Bräutigam spielen mußte. Sie sagten ihre Ehegelöbnisse auf, preßten die Lippen zusammen, so fest sie nur konnten, und brachen dann schließlich in ein hysterisches Gelächter aus. Die Art Gelächter, bei der man kaum noch atmen kann.

»Edie, bitte.«

Edith schlich aus dem Zimmer und schloß die Tür. Einmal hatten sie und Alice sich bei dem Hochzeitsspiel mit den Zungen berührt. Beide erschreckten sie sich über die Abscheulichkeit des Gefühls und zuckten heftig zurück. Sie hatte keine Ahnung, was in sie gefahren war, so etwas zu tun. Das war das letzte Mal gewesen, wo sie ihre Trennung so nachhaltig empfunden hatte.

Die Steine der Universität verschwanden im Grün. Alles sah überwachsen aus, verwildert, die Azaleen, die Hekken, die Rosenbüsche, das überraschende Fleckchen gelber Wildblumen, die hinter dem Tor sprossen, der Efeu und der Wein, die die Mauern hinaufkrochen. Die Hitze verstärkte den Eindruck des Zerfalls nur noch, der an diesem Ort herrschte, das Gefühl, daß die weichen Gebäude zerfielen und in diesen üppigen Wildwuchs eingingen, daß die Erde sie sich zurückholte.

Als Dodgson an die Tür klopfte, wurde er von Miss Prickett eingelassen, die ihm erzählte, Alice ginge es nicht gut.

Er konnte nicht zulassen, daß dieses Mißverständnis, als das er es begriff, zwischen ihm und Alice sproß und gedieh. Er wollte ihr Abzüge der Fotografien überreichen, drei Nacktbilder, einmal sitzend auf dem Sofa, einmal liegend auf einem Fell am Fußboden, einmal stehend. Er hatte vor, als Hintergrund für die eine Aufnahme eine Muschel zu malen, eine Nymphe, die aus dem Meer kam, und das Bild dann darauf zu übertragen. Doch er hatte seit dem vorherigen Abend noch nicht die Zeit dazu gehabt.

Er stieg die Treppe hinauf und oben die Brüstung entlang zu ihrem Zimmer. Er versuchte, ihr Gesicht heraufzubeschwören, doch zum ersten Mal gelang ihm das nicht. Ihre Nacktheit in seinem Studio war ihm so vorgekommen, als werde sie niemals enden, die Minuten langsam und sirupartig, die Zeit als solche eingedickt und klebrig, so daß sie von ihr festgehalten wurden. Sonnenlicht, nußfarbene Haut, Sofa. Dann unvermittelt brach sie diese Stimmung auf; sie weinte.

Als Alice in seinem Zimmer am Fußboden saß und sich die Strümpfe anzog, indes ihr lautlos die Tränen übers Gesicht liefen, da hatte er nicht gewußt, was er sagen sollte. Ihr Weinen hatte ihm alle Orientierung geraubt, so als befinde er sich in einem seiner Träume und sei nicht aufgerufen zu handeln, sondern einfach nur dabeizustehen und zu warten, daß es aufhörte. Deshalb ließ er sie weglaufen. Hinterher versuchte er sich zu rechtfertigen. Was hätte er schon sagen können?

Lange stand er mitten in seinem Zimmer herum, ohne sich zu rühren, draußen vor seinem Fenster raschelte der Wind durch die großen herzförmigen Blätter der Weinranken. Er wollte ihr nicht nachlaufen, er wollte dem Augenblick nachlaufen, den sie mit sich fortgenommen hatte.

Er verspürte eine ganz außergewöhnliche Spannung beim Entwickeln der Fotografien. Er hatte zugesehen, wie die Ecken der Platte in den Chemikalien verschwanden. Was würde darauf zu sehen sein? Es war beinahe zuviel, als daß es auf der Glasplatte hätte erscheinen können, der Augenblick war mit zu vielem angefüllt, doch dann war sie plötzlich da. Immer noch ein Kind. Ein betörendes, schönes Kind. Ein Kind an der Schwelle, aber nichtsdestoweniger ein Kind. Nachdem sie fort war, hatte er sich die Hände gewaschen und abgetrocknet, die Chemikalien wieder verschlossen, die Flaschen und den Meßbecher und den Trichter in den Schrank zurückgetan. Er hatte sich eingeredet, es sei nur eine Kabbelei von der Art, die er glätten könne, ein leichtes Kräuseln der Wasseroberfläche.

Er war davon überzeugt, wenn sie die Fotografien sah, würde sie es verstehen. Es ging nicht anders, sie würde von den Fotografien ergriffen sein.

Die Aufnahmen waren etwas, was sie wollte. Da war er sich ganz sicher. Er war da. Er hatte es im Raume gespürt. Er hatte es nicht mißverstanden. Das war Teil der Schönheit, die er miterlebt hatte. Eine Art freiwillige Entfaltung.

Als er die Fotografien betrachtete, spürte er zum ersten Mal, daß er sich in der Gegenwart von etwas Heiligem befand. Vor ihm in der Schwebe sah er, wie Gegensätze auf unmögliche Weise ineinanderfielen, sah er die logischen Widersprüche, die ihn an der Kunst so sehr gefesselt hatten, solange er zurückdenken konnte: sie war nackt und war doch nicht nackt; es war verboten und war doch nicht verboten; er hatte sie und hatte sie doch nicht. Er hatte den Ort gefunden, der vor den Träumen kam und nach dem Leben. Und für ihn war das alles Teil der Vollkommenheit: eine halbentwickelte Phantasie. Er wollte weiter nichts, als dazustehen und sie zu betrachten. Diesen Zustand hatte er noch nie kennengelernt: nichts weiter zu wollen. Er war in Bann geschlagen.

Und jetzt stand er an der Tür ihres Zimmers. Sie war in ein dünnes weißes Nachthemd gekleidet, stützte sich auf ihre Kissen auf, war blaß und schimmernd und sah schlecht aus.

»Es t-t-tut mir leid, daß du krank bist.«

Sie machte eine Miene des Abscheus.

»Wir w-w-w-werden –«

»L-l-l-lassen Sie mich in Frieden«, sagte sie gemein.

»Alice.« Er fuhr mit der Hand über ihre weiße, knotige Zierdecke. »Es tut mir leid.«

Ihr ungerades Haar klebte ihr im Gesicht.

»Nein«, sagte Alice. »Nicht.«

Sein Stottern verriet ihn. Es tat ihm nicht leid.

Er war sich nicht sicher, ob sie überhaupt wollte, daß es ihm leid tat.

Sie zwang ihn, sie anzulügen; sie trennte sie voneinander; sie trennte sie von dem, was sie beide wußten.

Dodgson war sich darüber bewußt, daß sein Verstand nur langsam von der Stelle kam. Er kam sich so vor, als würde er kaum verstehen, was um ihn herum passierte, wie einer von den allerdümmsten Studenten; er brauchte so lange dafür, seiner Gedanken habhaft zu werden.

Er wußte nicht, wie lange er da stumm auf dem Stuhl neben Alices Bett saß.

Das Knallen der Tür unten riß sie beide aus ihrer Starre. Mrs. Liddell. Dodgson drückte Alice die Aufnahmen in die Hand, legte seine Hand auf die ihre, drückte ihre Finger um die Bilder und eilte dann aus dem Zimmer und die hintere Treppe hinab in die Küche, wo er Miss Prickett ein rasches Danke zuflüsterte, während er den Hut aufsetzte und die Hintertür schloß.

Alice zog sich die Zierdecke um die Schultern wie ein Cape und horchte auf die Geräusche der Schritte, die sich über den Flur entfernten. Sie lag mit dem Kissen zwischen den Knien da. Ihr abgetragenes Nachthemd weich am Hals. Sie dachte nicht: Ich will ihn nie wiedersehen.

Ch. Ch.

Sonntagabend

Verehrte Mrs. Liddell,

haben Sie Dank für Ihre freundliche Einladung – ich muß Sie bitten, so gütig zu sein, mich entschuldigen zu wollen: Freilich kann ich Ihnen heute abend (es ist schon arg spät) nicht recht erklären, warum, und auch morgen nicht, da ich für den ganzen Tag nach London fahre – Danach werde ich versuchen, es Ihnen zu schreiben –

Ich verbleibe
als aufrichtig der Ihre:
C. L. Dodgson

Edith durchstöberte in gewissen Abständen die Sachen ihrer beiden Schwestern. Nie fand sie etwas von Interesse, abgesehen von Lorinas Tagebuch, das sie regelmäßig las, meist handelte es von Steinen und jungen Männern mit funkelnden Augen, doch die Suche als solche vermittelte ihr ein Gefühl der heimlichen Nähe. Am nächsten Morgen durchsuchte sie Alices Puppenhaus, ihr Andenkenalbum, aus dem dabei die getrockneten Rosenblütenblätter zu Boden rieselten, ihr elfenbeinernes Miniaturschachspiel, ihren indischen Elefanten mit den aufgenähten winzigen Spiegeln am Sattel, ihre Puppe mit dem schimmernden schwarzen Gesicht, das Kissen mit der halbfertigen Stickerei einer Katze, die sie schließlich aufgegeben hatte. Edith fuhr mit dem Arm unter dem Bett durch. Da war nichts außer Staubmäusen, Katzenhaar und zerknüllten Papierfetzen. Vom Knien auf dem Boden wurde ihr das Kleid ganz schmutzig, was sie sehr verdrossen hätte, wäre sie nicht so sehr mit anderen Gedanken beschäftigt gewesen.

Aus dem Fenster konnte sie sehen, wie Alice lustlos durch den Garten marschierte. Ihre Mutter hatte darauf bestanden, daß sie draußen einen Spaziergang machte. Sie war zweieinhalb Tage nur im Haus gewesen, und die frische Luft würde ihr guttun.

Alice verschwand unter den Zweigen der Eiche. Edith und Alice hatten immer ganze Stunden mit den Bäumen zugebracht. Sie rannten hinüber und schlangen ihre Arme um jeden einzelnen Baum – die Weide, die Eiche, den kleinen Ahorn – und taten so, als wenn ihnen jeder Baum Geheimnisse ausplauderte, ein flüsterndes Dorf aus lauter Bäumen. Wenn sie ins Haus zurückkamen, hatten sie dann Borkenstücke und Blätter im Haar.

Edith setzte ihre methodische Suche fort. Sie fand ein Taschenmesser, ein Knäuel gelber Wolle, das ihre Mutter schon gesucht hatte, und eine eingestaubte Zeichnung zweier fetter Zwillinge von Mr. Dodgsons Hand. Es war irgendwie tröstend, die Sachen von Alice alle durchzugehen. Ihr Blick fiel auf das kleine gußeiserne Puppenbett in der Ecke. War Alice nicht schon zu alt, um mit Puppen zu spielen? Als sie elf war, wollte sie keine Puppen mehr im Zimmer haben. Puppen riefen einen gänzlich falschen Eindruck hervor. Sie fühlte sich bereits zu alt für Puppen. Sie langte unter die dünne Matratze und fühlte mehrere Bögen steifes Papier. Was war das? Vor einer Woche war das noch nicht dagewesen. Sie zog es heraus.

Und dann sah sie: Alice mit überhaupt keinen Kleidern am Leib. Ein Anblick, den sie schon häufig unter weitaus weniger bestürzenden Umständen zu sehen bekommen hatte. Sie hatte noch dieselbe längliche Nase und dieselben glatten dunkelbraunen Haare, doch ihr Körper sah ungewöhnlich graziös und erwachsen aus. Sie hatte kleine Pölsterchen um die Brustwarzen. *Alice sans habillement*. Edith war stolz darauf, daß ihr in der bedrängten Situation diese französische Vokabel einfiel. Sie wünschte sich, es wäre jemand da, der es hören konnte. Sie hatte noch nie eine Nacktfotografie zu sehen gekriegt, und ehrlich gesagt wäre es ihr gar nicht in den Sinn gekommen, daß es so etwas überhaupt geben könne. Fotografien waren etwas, wofür man sich eigens zurechtmache, wofür man sich hübsch anzog, die Bändchen in Ordnung brachte und das Haar richtete. Weswegen der Anblick der Alice, die sie nun völlig bloß und ihres Geheimnisses entkleidet anstarrte, um so schockierender war.

Edith fuhr mit der Hand über die matte Oberfläche der Fotografien. Einen Moment lang hatte sie geglaubt, sie hätte sie sich ausgedacht.

Und dann durchzuckte sie der Gedanke. Die ganze Zeit über hatte sie immer geglaubt, mit ihr selbst stimme etwas nicht, und jetzt sah sie, daß mit *Alice* etwas nicht stimmte. Sie fühlte sich erlöst, fühlte sich einer Eifersucht enthoben, in der sie so lange befangen gewesen war: wenn es dies war, worauf die Freundschaft zu Mr. Dodgson hinauslief, dann war sie es nicht wert, danach zu streben. Sie wußte, nichts auf Erden und nichts im Himmel könnte sie jemals dazu verleiten, für Mr. Dodgson oder irgendwen sonst all ihre Kleider auszuziehen.

Vage dämmerte ihr, daß es Alice jetzt nicht mehr möglich sein würde, zu heiraten und ein anständiges Leben zu führen. Man würde bei Tischgesellschaften ihren Namen flüstern – »Und wissen Sie, was der armen Alice Liddell geschehen ist…«; sie würde zu den verbotenen und mit Schweigen übergangenen Gegenständen gehören, die gelegentlich an die Oberfläche höflicher Konversation durchschimmerten wie farbige Bänder im Haar eines Mädchens. Alice würde die Schwester sein, von der sie niemals sprachen. Sie würde das Dekanat verlassen. Edith war sich nicht ganz sicher, aber sie glaubte, Alice sei vielleicht gezwungen, Schauspielerin zu werden.

Edith wurde geradezu überwältigt von der Größe ihrer Entdeckung. Sie arrangierte die Fotografien auf dem Bett und ließ sie tanzen.

Sie stand auf, hob ihren Kleidersaum, steckte sich die Aufnahmen in den Petticoat, ohne sich daran zu stören, daß die Ecken ihr in den Bauch piekten, und schloß vorsichtig die Tür.

Siebzehn

Mrs. Liddell stand im dunkel vertäfelten Eßzimmer und hob den Vorhang. Der Himmel war strahlend blau mit nur wenigen Wolkenstreifen darin. Lord Newry saß auf der gußeisernen Bank, die Beine gekreuzt, den Hut im Gras, Lorina und Edith in Baumwollkleidern an seiner Seite, die Sonnenschirme an den Baum gelehnt. Lorina lachte. Wahrscheinlich würde er Lorina heiraten, wenn sie ihn auch wollte. Das war ausgesprochen befriedigend. Den Fluß der Aufmerksamkeit zu lenken, sich darüber zu erheben und ihn zu kontrollieren. Früher liebte sie es, auf einem Pferd über das Feld hinter dem Hause ihrer Eltern in Sussex zu reiten. Ein bißchen was von diesem Gefühl hatte sie auch jetzt, das Pferd unter sich, langes Gras.

Ihre Gedanken kehrten wieder ins Haus zurück, um sich dem Blumengebinde zu widmen, das der zentrale Blickfang einer Tischgesellschaft an diesem Abend sein sollte: blaue Bälle von Hortensien. Ihr Mann saß am Tisch und ging seine Post durch.

»Alice ist noch im Bett«, sagte Mrs. Liddell und

schnitt beherzt zu; eine üppige blaue Blume fiel auf den Tisch.

Zwei Tage waren verstrichen, und die Dienstboten redeten bereits über ihren Zustand, was Mrs. Liddell recht beunruhigte. Zuerst hatte sie geglaubt, Alice sei nur wieder in einer besonders theatralischen Stimmung, aber je länger es sich hinzog, ganz wie beim letzten Akt einer Shakespeare-Tragödie, wo die Figuren blutend am Boden liegen, desto mehr machte sie sich doch Sorgen. Als sie sich auf die Bettkante ihrer Tochter gesetzt hatte, hatte sie gewußt, da war mehr als nur eine vorübergehende Stimmung im Spiel.

Sie ging im Kopf die Speisenfolge durch: Hummersalat, Spargel, Kartoffeln, Blumenkohlgratin, Seezungenfilet, Lammviertel vom Rost, Hühnerbrust, Neapolitanerschnitten, Kirscheis. Hatte sie daran gedacht, der Köchin zu sagen, sie solle Kaffee kaufen?

»Wir sollten überlegen, ob wir nicht besser den Arzt rufen«, sagte der Dekan. «Wenn's so weitergeht, heißt das. Soll ich besser jetzt gleich nach ihm schicken?«

»Vielleicht wartest du besser bis morgen«, sagte Mrs. Liddell. »Ich will jetzt nicht.« Sie zögerte. »Die Feier.«

Sie fragte sich, ob das mit dem Lamm vielleicht ein Fehler war. Letztes Mal war es sehr trocken gewesen.

»Ich weiß, was passiert ist«, sagte Edith, die auf dem Fußboden unter dem Tisch mit einem Zweig die Katze neckte.

Der Dekan sah so überrascht drein, als habe das Blumengebinde persönlich eine Theorie in den Raum gestellt.

»Na, was denn?« fragte ihre Mutter, die abwesend eine Handvoll blauer Blütenblätter abpflückte. Sie hatte nicht an den Kaffee gedacht. Sie würde es der Köchin noch auftragen müssen.

Ohne ein Wort zu sagen, kam Edith unter dem Tisch hervor und legte die Aufnahmen vor ihre Mutter.

Mrs. Liddell nahm sie in die Hand.

Sie sah die Bauchfläche, ganz silbern im Licht. Fleisch von ihrem Fleische. Sie erinnerte sich, so schmale Schenkel, so dünne Arme, die Schaukel, die im Wind sauste, das blaue Kleid, das sich bauschte. Die Kleider, die dagewesen waren und es jetzt nicht waren. Ausgezogen. Wie Miss Prickett sich entfernt hatte, nachdem sie Alice für die Aufnahmen abgeliefert hatte. Wie sie sie hinten aus dem Küchenfenster gesehen hatte, beim Schwatzen mit der Köchin, obwohl sie doch zusammen mit Alice bei Dodgson hätte sein sollen. Die Haube, die ihr im Nacken hing. Dampf, der aus der Suppe aufstieg und die Luft verschwimmen ließ. Die Formulierungen, die Dodgson einmal in einem Brief benutzt hatte, recht früh in ihrer Bekanntschaft: *Würden Sie mir gütigst mitteilen, ob Ihre Mädchen einzeln einladbar sind oder nur insgesamt, so wie die Lesezirkelromane?* Die Violinengestalt ihrer Tochter an ihrer Seite. Ihre eigene Scham, für jedermann anzuschauen.

»Edith«, sagte Mrs. Liddell, »ich muß einen Moment mit deinem Vater allein reden.«

Dodgson hatte die Aufnahmen, die er von der elfjährigen Alice Jane Donkin gemacht hatte, fächerförmig vor sich ausgebreitet. Auf die Rückseite jeder einzelnen hatte er geschrieben: Die Flucht. Kennengelernt hatte er Alice Jane ursprünglich über ihren Onkel William Fishburn Donkin, der als Professor für Astronomie in der Universität lehrte. Sein jüngerer Bruder Wilfred war ganz hingerissen von ihr. Und Dodgson hatte die ganze Bildserie von der Flucht der Ausreißerin letzten Oktober beim Haus ihrer Eltern in Barmby Moor aufgenommen. Es waren die auf ausgefeilteste Weise gestellten Fotografien, die er jemals gemacht hatte. Das Mädchen hing draußen vor ihrem offenen Schlafzimmerfenster im ersten Stock und kletterte eine Strickleiter herunter. Eine der größten szenischen Herausforderungen, denen er sich je gestellt hatte. Sie klammerte sich an den Fensterflügel, einen Kapuzenumhang über ihrem langen gewellten Haar, und unter ihr bauschte sich ihr weißes Kleid. Er hatte sich die ganze Zeit Sorgen gemacht, sie könne herunterfallen. Die Leiter bewegte sich im Wind. Der Himmel bezog sich. Sie sah nach unten. Das Gesicht milchweiß. Ihr Terrier unten an der Erde kläffte und wollte nicht aufhören, das irritierte ihn und machte es ihm schwer, sich zu konzentrieren. Unter ihrem Kleid kam die Spitze ihres Petticoats zum Vorschein. Ihr schwarzer Schuh angelte nach der nächsten Schlinge in der Strickleiter. *Ich habe keine Angst,* rief sie herunter. Die Stimme überraschend laut und fest. Sie hatte keine Angst. Der schmuddelige Köter lief ihm zwischen die Beine. Die Trichtermündung ihres Petticoats war zu sehr zu sehen. Er ging etwas zurück. Seine Füße zertraten trockenes Laub. Und er machte die Aufnahme. Er hatte natürlich im Sinn gehabt, es sollte humoristisch wirken, eine Art *Abtei von Northanger* in Bildern, eine Groschenromanze. Doch die rauhe, sprenkelige Struktur des Mauerwerks vom Hause war in dem Rahmen der Fotografie zu klar, zu detailliert zu erkennen, und es war schwer, seine Phantasie im Zaum zu halten. Es war alles präsent, das Mädchen, das aus dem Fenster klettert, um sich mit ihrem Liebhaber zu treffen, die Koffer schon in der Kutsche verstaut. Die Worte der protestierenden Eltern rauschten in den Bäumen. Und auch an ihrem Gesichtsausdruck war etwas, was einen nicht losließ, eine gewisse Konzentriertheit, so als stehle sie sich wirklich aus ihrem Elternhaus davon, und ebenso nahm einen die Straffheit ihrer Muskeln gefangen, die gestreckte Haltung des nach dem nächsten Halt suchenden weißbestrumpften Knöchels, der herabhängende Schuh, ihr Verlangen zu fliehen. Anschließend waren sie alle beide ganz erschöpft. Er gab ihr Schokoladenkekse und Ingwerbier aus, und gemeinsam machten sie sich im Gras darüber her.

Mrs. Liddell fegte durch Alices Zimmer und zerriß alle Briefe, die Charles Dodgson ihrer Tochter geschrieben hatte. Sie schlug jedes Buch in Alices Bücherregal auf, um sicherzugehen, daß ihr auch wirklich kein einziger entging.

Natürlich war durchaus möglich, daß Alice gar keinen Begriff davon hatte, was sie auf den Fotografien machte, dennoch freilich war da ein Blick in ihren Augen, der mit der Kamera spielte, verhangen, herausfordernd. Ihr Mund war außen ganz leicht nach oben gebogen, was womöglich ein Blick-in-die-Kamera-Lächeln signalisieren könnte. Doch angesichts der äußeren Umstände, ihrer Nacktheit im Angesicht eines erwachsenen Mannes, schien das eher unwahrscheinlich.

Sie hielt einen Brief in die Höhe, der von hinten nach vorn geschrieben war und vor dem Spiegel entziffert werden mußte. Warum diese Geheimnistuerei? Es waren Geheimschriften, die jeder Beliebige unter der Sonne entziffern konnte, dennoch aber versahen sie den kindischen Briefwechsel mit einer intriganten Note. Mit einer unnötig intriganten Note.

Ich sende Dir 1 zweimillionstel Küßchen, las sie. 1 zweimillionstel Küßchen! Was war das für ein Mann, der einen Kuß in Zweimillionstel teilte, fragte sie sich, während sie das mit purpurner Tinte beschriebene Blatt in Fetzen riß. Er ist nicht einmal ein richtiger Mann, er ist nur 1 zweimillionstel Mann. Das ist doch das Allererbärmlichste, was mir jemals untergekommen ist, dachte sie, sich hinter Geometrie verstecken zu wollen. Und seine Gedanken sind doch arg leicht zu durchschauen für einen angeblich so brillanten Mann. Ein Kuß ist etwas Schlechtes. Ein zweimillionstel Küßchen ist einfach nur reizend. Er glaubt, man kann ihn nicht zur Rechenschaft ziehen für etwas, was er auf so raffinierte Art formuliert. Aber zumindest in ihren Augen mußte er sich für Dinge, die er auf raffinierte Art sagte, sogar noch mehr rechtfertigen.

Eine ganze Frau ist zuviel für ihn, dachte sie. Drei Achtel einer Frau sind es nicht. Unter all den jungen Männern, die sie umschwärmten, die mit ihr flirteten und ihr schmeichelten, natürlich ganz unschuldig und harmlos, spielte Dodgson eine Sonderrolle. Sie spürte seine Distanziertheit, und Schlimmeres dazu.

Sie war es gewohnt, bei einer Feier hereingeschneit zu kommen und zu spüren, wie alle männlichen Augen auf sie gerichtet waren, nicht auf die nämliche Weise natürlich wie damals, als sie noch jünger war, aber doch immerhin auf sie gerichtet. In Oxforder Kreisen war sie immer noch eine Schönheit, war sie stets sehr präsent. Dodgson leistete ihr auf eine Weise Widerstand, wie andere junge Männer das nicht taten; er ließ sich von ihr nicht unterkriegen, nicht vereinnahmen, nicht bemuttern. Als sie auf die vierzig zuging, hatten sich ihre Fähigkeiten als Verführerin mit einer Art mütterlicher Wärme verbandelt, wodurch ihr Einfluß auf Männer höchstens noch stärker wurde. Doch sie spürte nur zu gut, wie wenig er sie bewunderte.

Sie nahm einen weiteren Brief heraus. *Danke, daß Du Deinem so beschäftigten alten Freund zwei Millionen Umarmungen und Küsse gesendet hast. Aber ich könnte das Umarmen und Küssen nicht über 12 Stunden pro Tag ausdehnen, und ich möchte auch keineswegs die Sonntage auf diese Weise verbringen. Siehst du, es würde also für mich 23 Wochen harter Arbeit bedeuten. Also wirklich, mein liebes Kind, soviel Zeit kann ich nicht erübrigen.* Ihr schoß ganz kurz ein Bild ihrer selbst durch den Kopf, errötet, mit ungefähr zwölf, an der Festtafel ihrer Eltern, wie sie einem jungen Hilfspfarrer in glühenden Worten etwas von der Dichtkunst vorschwärmte, zu Himbeertorte, und dann blitzten die Augen ihrer Tochter aus der Fotografie heraus.

Mrs. Liddell öffnete alle Schubladen der Kommode von Alice, suchte nach irgendwelchen Briefchen oder Zeichnungen, die da versteckt liegen könnten.

Ein weiteres Bündel war unter den Petticoats verborgen. Sie versuchte gar nicht erst, davon etwas zu lesen; nach den verschwindend kleinen Bruchteilen eines Kusses und den Millionen von Umarmungen hatte sie zumindest für diesen Tag genug von der inneren Landschaft des feinen Mr. Dodgson. Sie riß sie ganz einfach in Streifen, dann in Quadrate, und ließ sie schließlich fallen, und als purpur- und cremefarbene Rauten sanken sie zu Boden. Das Durcheinander, das so entstand, war ihr ganz einerlei. Das Hausmädchen würde später alles wegfegen. Und dieses eine Mal war ihr auch einerlei, was das Hausmädchen denken würde.

Ihr Zorn auf Dodgson verdeckte einen anderen, tieferen Zorn, nämlich den auf Alice selbst. Anständige Mädchen posierten nicht für Nacktporträts. Ihr Zorn auf Alice versengte ihr das Mageninnere und verhinderte die ganze Nacht hindurch, daß sie schlafen konnte; dieser Zorn hockte die ganze Zeit bei ihr wie ein unablässig plappernder Papagei und wendete sich schließlich gegen sie selbst. Sie erinnerte sich an den winzigen Kopf, den sie mit ihrer Hand umschließen konnte wie eine große Apfelsine. Welche Mutter konnte zulassen, daß dem eigenen Kind so etwas zustieß?

Alice sah von ihrem Bett aus zu und machte sich nicht einmal die Mühe, ihren Kopf von den Knien zu heben. Die Luft stand im Zimmer. Es war stickig. Ihr fiel auf, daß die Blätter der richtigherum gedruckten Blumen auf ihrer Tapete mit den Blättern der Blumen, die kopf standen, verschlungen waren, so als hielten sie einander bei den Händen. Erst als ihre Mutter anfing, wütend ihre Schubläden zu durchsuchen, wußte Alice, daß sie überhaupt etwas versteckt hatte.

Achtzehn

In jener Nacht lupfte Mrs. Liddell die Laken, schlüpfte aus dem Bett und tastete mit den Füßen nach ihren Hausschuhen, ohne ihren Mann zu wecken. Sie spürte die Zugluft an ihren bloßen Beinen. An der Farbe des Himmels konnte sie ablesen, daß es schon nach Mitternacht war. Sie schlief nie sehr tief. Ein Teil ihres Bewußtseins war stets wach. In diesem Fall hatte sie eher das Gefühl einer Störung, als daß sie wirklich etwas gehört hätte, und ihr erster Gedanke war, daß es sich um das Baby im Kinderzimmer handeln könnte, doch Miss Prickett hätte die Kleine gehört, wenn sie wach geworden wäre. Ihr nächster Gedanke war, das müsse wohl eines der Mädchen sein, wahrscheinlich Alice, die da auf Zehenspitzen den Flur entlangschlich. Sie formulierte bereits in Gedanken die Zurechtweisung aus, mit der sie Miss Prickett auf ihre Pflicht aufmerksam machen würde, nachts auch nach den älteren Mädchen zu schauen und dafür zu sorgen, daß sie in ihrem Flügel des Hause blieben. Das war doch wirklich zu arg. Alice war kein Kind mehr. Es mußte damit aufhören, daß sie solcherlei Betragen duldete. Die Ordnungsregeln mußten nunmehr auch durchgesetzt werden. Sie konnte nicht zulassen, daß Alices Wille die ganze Familie dirigierte und tyrannisierte. Die Fotografie blitzte ihr kurz vor das innere Auge, ihre Haut, so weiß und privat wie das Innere einer Muschel vom Meeresstrand. Die Ordnung in ihrem Haushalt geriet aus den Fugen, zerfiel im wahrsten Sinne des Wortes Stein um Stein, und es war ihre eigene Schuld.

Sie erhob sich und entfachte eine Kerze, die sie mit der Hand beschirmte.

Dann sah sie durchs Fenster eine schlanke männliche Gestalt, die katzengleich durch den grauen Garten an die Hintertür geschlichen kam.

Sie hätte es mit der Angst gekriegt, wäre ihr der Mann nicht so unstofflich und in seinen Bewegungen so kleinlaut und schüchtern vorgekommen.

Ihre Augen gewöhnten sich an die Dunkelheit, und die Situation nahm Gestalt an.

Dodgson erstarrte, als er sie am Fenster sah. Als könne er, indem er sich jetzt gar nicht mehr bewegte, all seine Bewegungen aus den letzten zehn Minuten aufheben und sich wieder in seinem Zimmer befinden.

Alices Mutter sah in ihrem weißen Nachtgewand verändert aus, weicher. Er konnte es gar nicht fassen, wie verändert sie aussah.

Es war eine seltsame Intimität, die ihn und sie so unverhofft umfangen hatte, sie nur zum Teil bedeckt in dem weichen gelben Licht. Das dichte schwarze Haar fiel ihr in Wellen auf die Schultern herab. Ihr Gesicht sah im Schatten ganz glatt aus. Sie kam ihm wie rückgängig gemacht vor. Eine zerzauste, unfertige Fassung ihrer selbst. Einen Moment lang glaubte er, es gebe Hoffnung, daß sie Verständnis haben könnte. Er glaubte, vielleicht sei es ihm möglich, zum ersten Mal mit ihr zu reden.

Er sah sie hilflos an.

Und dann machte er kehrt und rannte durch den Dekanatsgarten davon. Im Mondlicht schossen die scharfen Silhouetten der Lilien auf. Es tat gut, zu laufen. Er wünschte sich, wegrennen zu können, und nicht nur vom Dekanat.

Natürlich wäre er niemals damit durchgekommen. Ihm wurde praktisch auf der Stelle klar, daß er Alice nicht wirklich rauben würde. Wenn er tatsächlich in ihr Zimmer gelangt wäre, so hätte er sie im Schlaf betrachtet und wäre dann gegangen. Er *wollte* sie nicht einmal rauben. Der Gedanke als solcher war schon alles, was sein konfuses Hirn zustande brachte. Eine Lösung in der Welt des Praktischen, oder vielmehr etwas, was er zunächst dafür hielt. Derlei Dinge kamen dabei heraus, wenn er es zuließ, daß seine Kreide von der Tafel wegirrte.

Einen Moment lang dachte er an das Puppentheater, das er im Pastorat gebastelt hatte, als er zehn war, und an die Szenen, die er zur Unterhaltung seiner Schwestern gespielt hatte. Durch die Dunkelheit kriechen, mitten in der Nacht entlaufen. Dem Puppentheater wohl eher angemessen als den gesetzten Türmen von Christ Church. *Die Flucht.* Er konnte sich gar nicht mehr erinnern, was er sich dabei gedacht hatte. Er hatte es nie wirklich so geplant, daß das Geld in seiner Schreibtischschublade ihm die Flucht nach Frankreich ermöglichen könnte. Frankreich war nur das abstrakte Symbol für ein Anderswo. Er hatte pflichteifrig seinen großen Koffer gepackt, die weißen Flanellhosen, den Strohhut, die Westen, die Hemden, die weißen und schwarzen Fliegen. Aber wie immer war da dieses große klaffende Loch in seinem Plan, eine Art rasender Schwärze genau in seinem Zentrum: Wenn er es sich mit Alice in einem kleinen Backsteinhäuschen, auf der einen Seite von Weinranken beschattet, die über ein Spalier kletterten, irgendwo in Frankreich auf dem Lande eingerichtet hatte, was sollten sie dann anfangen? Er wollte mit Alice fortlaufen wollen, aber er wollte es nicht. Wenn er der Sache ganz auf den Grund ging, dann wollte er es nicht. Das Traurige an alldem war, wie sehr er zur Liebe befähigt war, wie sehr die Liebe vorhanden war, vor ihm ausgebreitet, ein Haus, das vollständig ausgebaut und eingerichtet war, bloß konnte er eben nicht drin wohnen. Er drehte den Schlüssel und ruckelte damit in dem kniffligen Schloß.

Alice lag unter ihrer Decke und spielte immer wieder den Nachmittag in Dodgsons Räumen nach; das kleine Kleiderhäufchen auf dem Boden, die Stiefelchen neben dem Sofa, das blakende Sonnenlicht im Fenster. Sie war in jenem Nachmittag gefangen wie eine in Bernstein eingefrorene Fliege. Sie spürte die Wärme sich in ihren Beinen ausbreiten, spürte dabei etwas sich auftun, einen sich eröffnenden Ausblick, so als kommt man irgendwo um die Ecke und sieht plötzlich die Berge vor sich, von denen man gar nicht wußte, daß sie da sind: Prinzessin Alice von Dänemark, Alice Ruskin, Lady Alice Newry.

Neunzehn

Hunt beugte sich über sein kleines Waschbecken und spülte sich das Gesicht mit kaltem Wasser ab. Es war ein langer Tag gewesen. Dann nahm er die Fotografien von Alice, die Mrs. Liddell ihm gegeben hatte, und breitete sie vor sich auf dem Schreibtisch aus. Im Dekanat, wo Mrs. Liddell sein Gesicht auf der Suche nach kleinsten Veränderungen des Ausdrucks gemustert hatte, hatte er die Bilder nicht richtig ins Auge fassen können, darum hatte er sie zur Prüfung mit nach Haus genommen.

Jetzt sah Hunt alles; er sah die Sehnsucht und die Andeutung von Melancholie – wie hätte es ihm entgehen können? Irgendwie gelang es Dodgson, sich selbst mit auf die Fotografien zu bannen. Man konnte seinen Gedanken nicht ausweichen. Sie steckten geradewegs mit im Bild, sehnsüchtig und zornig und sepiafarben. Aus irgendeinem Grund versah die dunkelgrünliche Tönung die Bilder mit einer zusätzlichen Schicht des Verbotenen. Ließen die bloßen, klinischen Motive traumartig und anderweltlich erscheinen. Dem Zugriff des Betrachters entzogen und doch preisgegeben. Schön und wissenschaftlich, alles zugleich.

Das Mädchen sah so jung aus.

Hunt dachte, er hätte den blassen Schatten des nakkten Kindes auch schon in den früheren Porträtserien erkennen müssen. Er hätte in der Lage sein müssen, die genaue Natur von Dodgsons Interesse zu isolieren und vorauszusehen. Und dann ging ihm auf, daß es sogar noch schlimmer war. Er *hatte* all das nämlich gesehen. Er hatte erkannt, wie sehr das Mädchen Dodgson inspiriert hatte. Er hatte die Liebe aus den Fotografien, aus der Geschichte um *Alices Abenteuer*, aus dem verwirrenden Sturz durch den Kaninchenbau herausgespürt und nicht gewußt, was er damit anfangen sollte. Was *sollte* man nur damit anfangen?

Er, selbst er als der vergleichsweise aufgeschlossene Mann, der er war, fand es schwierig zu behaupten, diese Fotografien seien einfach Kunst um der Kunst willen.

Er hatte schon zuvor eine Nacktfotografie von Kindern gesehen. Er erinnerte sich daran, mehrere nackte Kinder, aufgenommen von hinten, während sie um einen großen Felsen am Meeresstrand herum spielen. Aber das war etwas ganz anderes als das hier. Die Zuckerigkeit hatte jeden Gedanken an Lüsternheit verhindert. Die Kinder waren jünger als Alice und mit keuscher Unschärfe aufgenommen. Amoretten, die im Wasser spielen. Nein, Dodgsons Porträts waren etwas vollkommen anderes.

Es waren Fotografien von jener Art, die nicht für sich allein steht. Sie vermischten sich mit der Welt drum herum. Sie deuteten etwas an; sie beschworen etwas herauf;

sie zwangen die Vorstellungskraft zu befremdlichen Blickwinkeln. Man konnte gar nicht verhindern, daß man jenseits der Bilder eine Geschichte sich entfalten spürte, daß man sich vorstellte, wie er sie dazu gebracht hatte, sich so hinzustellen, wie sie sich die Kleider mit der einen umfassenden Geste eines Kindes abgestreift hatte, wie Dodgson sie vom Boden aufgelesen und aufs Sofa geworfen hatte, oder wie er sie zusammengelegt hatte, Dodgson legte sie gewiß feinsäuberlich zusammen, wie er ihr das Haar gerichtet hatte, so daß es gerade noch ihr Schlüsselbein streifte ... Er wollte die Bilder einfrieren, doch er schaffte es nicht.

Auf den Fotografien war eine seltsame Schönheit der Kontraste, so kindlich und so wissend zugleich, so flüchtig, daß dem erwachsenen Betrachter daraus die Möglichkeit erwächst, mit sich selbst Verstecken zu spielen: wer weiß, vielleicht ist das ja gar keine Lust, vielleicht ist es einfach das unschuldige Herumgetolle eines Kindes, das aus dem Bade kommt. Die präzise Wahrheit läßt sich nicht bestimmen, weil die Wahrheit nicht vorhanden ist. Die Wahrheit liegt irgendwo dazwischen. Die Wahrheit ist das, was man sich als Wahrheit wünscht, denn das kleine Mädchen ist noch nicht alt genug, um zu wissen, was sie fühlt.

Hunt blätterte die Fotografien noch einmal durch.

Ihre Beine waren schön, ihre Schenkel so lang und schmal. Sie waren beinahe so wie Frauenbeine, dann wiederum freilich ganz und gar nicht wie Frauenbeine.

Das Spiel der kleinen Unterschiede, klein und doch auch wieder gar nicht klein, war das, was daran so verlockend war. Es lag fast schon etwas Komisches in der Struktur der Schönheit kleiner Mädchen: der Schönheit einer erwachsenen Frau schon so nah, und doch auf so fundamentale Weise davon verschieden. Wie einer von Dodgsons Kalauern. Auf einer der Aufnahmen lag sie auf einem dicken Fell auf der Erde, die Hüften der Kamera zugekehrt. Sie sah so aus, als würde sie sich dem Starren des Betrachters öffnen.

Der Schlitz sah auf dieser Aufnahme so bloß aus, so entblößt. Samten, pfirsichartig. Die Bilder hatten dieses Vermögen, einen in sich hineinzuziehen. Man konnte gar nicht verhindern, daß man von der Macht des Sinnlichen gepackt wurde. Als liege die ganze Welt komprimiert zwischen dem Teppich und dem Sofa im ersten Stock des alten Bibliotheksgebäudes von Christ Church. Diesen Bildern war etwas Tyrannisches zu eigen, das es nicht zuließ, sie auf andere Weise zu betrachten. Das war es, was Hunt am heftigsten entsetzte, und er konnte sich nur vage ausmalen, wie Mrs. Liddell zumute gewesen sein mußte.

Das Gefährliche an dieser Art Phantasie war, daß sie sich einem zwanghaft aufdrängte. Neue Bahnen und Kanäle schuf, von denen man zuvor gar nicht geahnt hatte, daß sie in einem existierten. Hunt wünschte, das Bild hätte nicht existiert. Er wünschte, er hätte dieses kleine Mädchen, das nackt vor ihm stand, das Knie gebeugt, den Fuß an die Wand gedrückt, nie zu sehen gekriegt.

Er wollte Alice retten, ihr eine Decke überwerfen und sie in jenen Tag zurückstoßen, bevor diese Aufnahmen gemacht wurden. Diesen Mann sollte man aus Oxford hinausjagen, man sollte ihm nicht gestatten, in der Nähe einer anständigen Familie zu leben.

Und dann mischte sich der Betreffende selbst in die Predigt ein, die in Hunts Kopf Gestalt annahm. Dodgson, der sanftmütige, zaghaft sprechende, stotternde Dodgson. Er dachte an sein langes, penibel gekämmtes, gelocktes Haar und die ebenso unwahrscheinliche wie gewinnende Eitelkeit, die sie verriet. Konnte Dodgson denn etwas anderes als harmlos sein?

Er war Zeuge des Kampfes geworden. Er wußte, daß Dodgson versuchte, das alles ganz für sich zu behalten, sich zurückzuhalten, bis hin zu dem Punkt, wo er tatsächlich Teile von Wörtern verschluckte. Und plötzlich kam ihm der Gedanke, daß Dodgson womöglich selbst nicht die geringste Ahnung haben mochte, was die Fotografien zu bedeuten hatten. Es war gut möglich, daß er nur an Elfen und Nymphen dachte, daß er an Gaze und Lichtschimmer dachte, daß er, wer weiß, an die Königliche Kunstakademie und an Dante Gabriel Rossettis »Bocca Baciata« dachte, ohne daran zu denken, wie sehr diese drei Bögen Papier die Zukunft des Mädchen kompromittieren konnten.

Und dennoch waren dies die beredtesten Darstellungen von Dodgsons wahrem Ich, die dem Doktor bislang vor Augen gekommen waren: der Mann, der beobachtet und erschrickt. Der Mann an der Peripherie seines eigenen Verlangens. Dieses reichhaltigen Verlangens, das die Fotografien durchflutete wie Sonnenlicht.

Was für eine Verstrickung, dachte Hunt. Die Frau des Dekans an der einen Hand, den schüchternen Mathematikdozenten an der anderen. Er saß zwischen den beiden gefangen, wahrhaft und unrettbar gefangen. Er wünschte sich, es gäbe eine Möglichkeit, Dodgson auf ehrenhafte Weise fallenzulassen.

Jeder hatte so seine Geheimnisse. Hunt dachte an sein eigenes, an die Prostituierte, die er in London gesehen hatte, wie sie den Haymarket entlangspazierte, rotes gewelltes Haar, lang und ungebändigt. Er erinnerte sich, wie er ihr über eine Treppe zu ihrem Zimmer gefolgt war, an das kurze, leidenschaftliche Zwischenspiel dort, schließlich an die Krankheit, die er durchaus an sein mißgestaltetes Kind weitergegeben haben könnte.

Normalerweise gestattete er sich nicht, dieser Erinnerung nachzugeben; tatsächlich erinnerte er sich normalerweise gar nicht mehr daran. Die schmerzhaften Symptome, der Versuch, diese schmerzhaften Symptome zu ignorieren, die Verbindung, die so gewiß war wie der Schienenstrang nach London. Sie war so reizend gewesen. Hatte ihre Armreifen geschüttelt, so daß sie klimperten. So unkompliziert. So anders als seine Frau, die sich nachts an die Wand drehte und sich ein Kissen an den Bauch drückte. Sie lispelte kaum wahrnehmbar, als sie ihn bat, sich vorher zu waschen. In einer Porzellanschüssel, die auf einem Stuhl stand.

Sie war die Antwort auf ein Gebet, von dem er gar nicht wußte, daß er es gesprochen hatte.

Und er war zurückgekehrt. Er hatte sich an die Schüssel gewöhnt, hatte sich daran gewöhnt, das Risiko der Ansteckung zu ignorieren.

Die verborgene Schicht des Lebens wird irgendwann sichtbar, normalerweise natürlich nicht auf einer Fotografie, aber irgendwie doch. Das Verlangen läßt einen nie wirklich los, kehrt immer wieder und behelligt einen auf die eine oder andere Weise mit Vorwürfen. Und wie könnte er Dodgson wohl Vorwürfe machen? Wie konnte er nur daran denken, Dodgson Vorwürfe zu machen? Er selbst, er persönlich hatte es fertiggebracht, mit einigen wenigen unkeuschen Umarmungen, einigen wenigen unbedeutenden Abenden in einer engen Wohnung im zweiten Stock einer kleinen Seitenstraße des Haymarket, etwas zu zerstören, das noch nicht einmal existierte. Hunt mußte daran denken, wie viele Schwächen es gab, wie uneffektiv die menschliche Seele beschaffen war. Er dachte an Dodgson und sein Stottern, dachte daran, daß er so wenig gegessen hatte, daß ihm der Hemdkragen lose um den Hals hing, und daß er sich die Hand verbrannt hatte, wie immer er das auch hinbekommen haben mochte. Man soll das Chaos und die Grausamkeit der Natur nicht unterschätzen, und, bei diesem Gedanken erwischte er sich schließlich, das Chaos und die Grausamkeit Gottes auch nicht.

Hunt erhob sich und zog sich den Mantel über, schob

sich die Fotografien in die Tasche und ging raschen Schritts den schmalen Gang entlang.

Dodgson hielt die Mitteilung von Mrs. Liddell in Händen. In seiner Brust verästelte sich der Schmerz. Er würde Alice nicht sehen.

Dies ist ein Gefühl, das sich nie reproduzieren lassen wird: der Verlust von. Das unerklärliche Verschwinden von. Die Ermordung von.

Er hielt das gezackte Blatt in der Hand und versank in den mitternachtsblauen Bögen und Schnörkeln. Er stürzte an den Worten vorbei, griff nach ihnen, um sich daran festzuhalten. Das einzig Greifbare, was er noch in Händen zu halten vermochte. *Nicht mehr wünschenswert, daß Sie Zeit mit unserer Familie verbringen.*

Während der vergangenen paar Tage war es ihm schwergefallen zu unterscheiden, was real war und was nicht. Die Phantastereien von der Flucht mit Alice nach Frankreich hatten sich aufgelöst und ein leicht schäbiges Gefühl hinterlassen, ähnlich einem luxuriösen Hotelzimmer, nachdem die Gäste ausgezogen sind: die Decken liegen unordentlich auf dem Bett, zerknüllte Papiere auf dem Tisch, zerknitterte Laken auf dem Boden. Er erkannte seine Phantasie als Ausgeburt schierer Verzweiflung. Wie nur die Uneindeutigkeit verlängern, wie sie bei sich behalten und mit sich forttragen, wo es hier jetzt für ihn alles ganz unmöglich geworden war.

Er wollte damit aufhören, sich so zu fühlen; er wollte

damit aufhören, überhaupt zu fühlen. Die Versehrtheit in seiner Brust. Der Verlust, unendlich und seidig und erschreckend wie der Himmel. Doch was konnte er schon tun? Er sah sich im Zimmer um. Dies war der Moment, wo ihm die bernsteinfarbene Flasche mit dem Laudanum ganz hinten im Schrank hinter seinem Rasierer einfiel. Er nahm sie heraus und roch am Stopfen. Er schaute in die Flasche.

Die Flüssigkeit war rötlich und trüb und verströmte einen strengen, medizinischen Kirschgeruch. Gehörte das so, daß darin so viele kleine Sprenkel und Klümpchen trieben? War es schlecht geworden? Konnte Opium überhaupt schlecht werden? Dodgson entschied sich beinahe schon dagegen. Pedanterie stärker als Verzweiflung? Doch dann tröpfelte er sich davon auf die Zunge, einen Tropfen nach dem anderen.

Die Ruhe tränkte ihn durch und durch. Die Anspannung zerschmolz. Sein Körper wurde weicher. Das Gefühl einer mütterlichen Hand unter dem Köpfchen eines Säuglings.

Er saß am Boden, den Rücken an die Wand gelehnt. Er hielt die Flasche mit beiden Händen in seinem Schoß.

Er war von seinem Leben getrennt. Er konnte es sich vornehmen und unter Glas tun und es betrachten wie in einem Museum. Alles würde bestens sein.

Opiumtinktur, dachte er. Tinktur. Was für ein seltsames Wort. Manchmal klingen vertraute Wörter, die man tagtäglich benutzt, einem fremd in der Kehle, nicht wiederzuerkennen. So, als würde man als Besucher in sein eigenes Leben eintreten, als Reisender in die Fußstapfen der eigenen Umstände treten. Tink-tur.

Er erhob sich und ging unsicheren Schritts ans Fenster. Der Himmel war violett. Die ersten blassen Sterne begannen zu verschwinden.

Das türkische Wort für Opium kam ihm in den Sinn: *Madjoon*. Dodgson mußte grinsen, so passend war der Ausdruck. *Mad June*, der verrückte Juni.

Die Worte, die ihm so absolut vorgekommen waren, gerieten nun ins Wanken. *Zeit mit unserer Familie verbringen*. Heißt das, er würde ihr nicht mehr das Haar berühren dürfen, heißt das, nie mehr mit ihr sprechen zu dürfen? Die Worte konnten wortwörtlich verstanden werden wie in physikalischer Zeit, freilich könnten sie auch allgemeiner verstanden werden.

Sein Kopfschmerz war weg. Das Laudanum tat absolut seine Wirkung. Süßer Nektar der Götter. Milch des Paradieses. Kirschige Ruhe. Jeder einzelne Muskel seines Körpers fühlte sich entspannt an, mehr noch als entspannt, behaglich, gebieterisch, wie ein König, der sich aus seinem Bade erhebt. *In Xanadu tat Kubla Khan …*

Er tröpfelte sich noch mehr von der Tinktur in den Mund, warf den Kopf weit zurück, so daß die Tropfen ihm nicht übers Kinn liefen. Die Friedlichkeit, die ihm vor wenigen Augenblick noch so blaß und dünn und golden vorgekommen war, ungefähr wie winterliches Licht, sprang plötzlich auf eine andere Stufe um, alles war jetzt leuchtender, die Rot- und Brauntöne wärmer und kräftiger, die Gelbtöne gleißender und metallisch. Das Zimmer war ihm plötzlich unvertraut. Die Gelassenheit jetzt nachhaltiger, fast ein wenig zudringlich. Fast aggressiv. Nicht mehr wirklich Gelassenheit, sondern Euphorie.

Genauer gesagt bemerkte er, daß sein Zimmer immer größer wurde, die Decke sich so weit in die Höhe hob, daß sie die Kathedrale fast überragte. Die Kirche Dodgsons.

Die Euphorie war anregend, doch es war auch eine Spur von Zwanghaftigkeit darin. Er fühlte sich, als würde ihm jemand die Hand über seinen Mund legen und ihn in einem Zimmer einsperren. Er kam sich vor wie ein künstliches Lächeln, hinter dem etwas anderes lauert, das versucht, sich zu befreien. Und tatsächlich fühlte es sich, als dieses Gefühl sich entwickelte und stärker wurde, gar nicht mehr recht wie Euphorie an.

Der Kiefer schmerzte ihm. Er fühlte sich geschwollen an, doch als er sich die Hand ans Gesicht legte, wollte es ihm nicht so scheinen. Er beschloß, er wolle sich vorsichtshalber hinlegen. Er bettete sich seitlich aufs Sofa, das Gesicht zur Wand.

Da war eine gewisse Schwüle, die ihn besorgte und die an ihm nagte. Er assoziierte sie mit Krankheit, mit einem Körper, der von innen her verfaulte und verfiel. Plötzlich hatte er das Gefühl, alle Farbe würde abblättern, die Wände würden sich buchstäblich schälen, alles wäre verkommen und übelriechend wie ein fauliger Zahn.

Als Säugling hatte Dodgson ein schlimmes Fieber gehabt, Kindsfieber, wie die Ärzte es nannten, und hatte das Gehör auf dem einen Ohr teilweise eingebüßt. Er konnte sich an die Krankheit nicht mehr erinnern, doch jetzt fühlte er sich davon umfangen, von der Hitze, die er nicht begriff, von der gedämpften Langsamkeit der Geräusche.

Plötzlich war er sich dessen bewußt, daß jemand im Zimmer war und ihn beobachtete.

Der Verrückte Hutmacher saß am Fußende des Sofas, die dünnen Beine gekreuzt.

»Ich fürchte, ich habe einen kleinen Fehler in Ihrer Geschichte entdeckt«, sagte er, während er sich eine Zigarre ansteckte, »Blumen können nicht sprechen. Wenn sie es doch tun, dann sind es keine Blumen.«

Zigarrenqualm wallte durch den Raum. Vor ihm kam der Hirschkopf seines Vaters aus der Wand gesprungen.

»Ihre Träume sind wahr«, sagte der Hutmacher. »Und Ihr Leben ist ...«

Er sah Dodgson ins Gesicht. »Aber gewiß wissen Sie das doch?«

Der Hutmacher stützte seinen Fuß auf der Untertasse des Teegedecks ab. Er brachte die Kanne mit seinem Fuß zum Schaukeln und schreckte damit den Siebenschläfer auf, der in der Tasse war.

»Ich will schlafen«, sagte der Siebenschläfer verdrossen, seinen kleinen Körper in der Höhlung der Tasse eingerollt.

»Tut mir schrecklich leid«, sagte der Hutmacher. Und er wirbelte die Tasse so schnell und mit aller Gewalt herum, daß der Siebenschläfer sich an der Seitenwand der Tasse den Kopf stieß.

Dodgson wandte sich von ihnen ab – er wollte allein gelassen werden – und langte nach der Flasche.

Die Tropfen glitten ihm in die Kehle hinab. Er hatte anfangs mitgezählt, doch dann war er damit aus dem Tritt geraten. Im Magen war ihm ein kleines bißchen übel, doch das störte ihn nicht weiter.

Licht kam hereingeflutet und drohte alles wegzuwaschen, alles mit blendender Fahlheit zu bedecken. Doch durch den schimmernden Rauch hindurch konnte er immer noch den Umriß des Hutes, den der Hutmacher aufhatte, erkennen.

Dodgson erhob sich mühsam. Er mußte hier weg. Wie unerträglich es war, dem Gefasel seiner eigenen Schöpfungen zuhören zu müssen.

Er drehte sich um und sah die absolut flache Herz-Königin durch den Spalt der geschlossenen Tür hereinkommen. Sie strich sich das Kleid glatt, richtete sich das Haar und deklamierte mit lauter Stimme: »Haltstopp. Nicht. Nicht zulassen. Stehen Sie gerade. Nicht hinstarren. Nicht zulassen, daß Ihr Arm den ihrigen berührt. Oder den seinigen. Unten waschen. Nicht zulassen. Den Kopf. Haltstopp. Ihr ab.«

»Und das Kapitel, das Sie gestrichen haben?« sagte der Hutmacher, der sie ignorierte. »Wie fing es noch an? *Von nichts weniger Ätherischem umhüllt als dem Schlafe selbst?* Für ein elfjähriges Kind ganz und gar nicht geeignet.« Er warf den Kopf in den Nacken und lachte lüstern. »Trotzdem hätte ich gedacht, Sie würden es drinlassen.«

Die Herz-Königin krümmte sich und sank flach auf den Boden hin. Augenblicklich hatte sie sich in ein Stück Teppich gewickelt.

»Das Kapitel liegt in der Schublade«, fuhr der Hutmacher fort und deutete auf den Schreibtisch auf dem Flur. »Alles ist in der Schublade. Wenn Sie mir nicht glauben, brauchen Sie sie nur aufzuziehen und selbst nachzusehen.«

Dodgson versuchte, sich auf dem Schreibtisch im Flur abzustützen. Ein solches Kapitel hatte er nicht geschrieben. Er zog an der Schublade, doch sie klemmte fest. Er riß daran, aber sie ließ sich nicht öffnen.

In diesem Augenblick erschien Humpti Dumpti auf dem Schreibtisch, massig und eierförmig und grotesk, dicke Fettwülste unter dem Kinn. Er hob zu sprechen an: »Als Alice zu mir sagte, ›Daß einer nichts dagegen tun kann, älter zu werden‹, und ich ihr antwortete, ›Einer vielleicht nicht, aber zwei. Bei richtiger Unterstützung hättest du mit sieben aufhören können‹, was genau hatte dieser Wortwechsel da zu bedeuten? War da an einen Mord gedacht? War daran gedacht, sie mit einem Messer am weiteren Wachsen zu hindern?« Humpti wurde noch lauter. »Ich muß schon sagen, ich fand es gar nicht komisch, und ich bin mir auch keineswegs sicher, daß Alice es komisch fand.«

Dodgson verspürte den plötzlichen Drang, den Raum zu verlassen und die Treppe hinunterzustürzen, doch er ließ sich von dem seltsamen Gefühl bezwingen, daß das unhöflich gewesen wäre. Er hatte ja Gäste.

Der Dodo kam ins Zimmer geflogen und verfehlte Dodgsons Kopf nur um Haaresbreite.

»Ich dachte, du wärest gar nicht imstande zu fliegen«, sagte Dodgson. Er versuchte, sich die hochstehenden Haare mit den bloßen Händen wieder in Fasson zu bringen.

»Da sieht man mal, was Sie alles nicht wissen«, sagte der Dodo, dessen Gefieder blau schillerte.

»Gehe ich recht in der Annahme, daß du gar nicht existierst?« fragte Dodgson höflich.

»Sie gehen in gar nichts recht«, sagte der Vogel und flog davon.

Er spürte, wie sich die Grenzen zwischen den Arten verwischten: wie Skelette ihre Gestalt wechselten. Knochen wuchsen und schrumpften. Der Affe wird zum Menschen. Der Mensch wird zum Vogel.

Humpti sagte: »Ich kann mir gar nicht vorstellen, warum sie das so lange ertragen hat, mit dem Kopf an die Decke zu stoßen, sich von einer Taube heftig ins Gesicht schlagen zu lassen, mit knapper Not der Axt zu entgehen, mit der ihr der Kopf abgeschlagen werden soll.«

»Das arme Ding«, sagte der Hutmacher.

Dodgson hielt sich die Ohren zu, doch er vernahm die Stimmen immer noch.

»Oper, Theater, Jagd, Wein, Schauspielerinnen, Prostituierte, Opiumhöhlen, Glücksspiel, Pferderennen, Darwin, Inversion, Atheismus, Völlerei, Ehebruch, lüsterne Phantastereien«, rappelte der Hutmacher verdrossen vor sich hin.

Dodgson freilich starrte ihn nur mit elendem Gesichtsausdruck an.

»Ungeschehen machen, von vorn anfangen, ich verstehe das ganz und gar, mir ist dieser Hang durchaus vertraut«, sagte der Hutmacher in konziliantерem Tonfall. »Über uns allen hängt das Schwert der beliebigen Hinrichtung, nicht wahr? Den Kopf Ihnen ab.« Er lächelte und machte mit der Hand eine Halsabschneidergeste.

Dodgson wich zurück. »Ich will nicht.«

Humpti höhnte: *»Wir sind wie Kinder noch, die sehn voll Furcht, 's ist Zeit, zu Bett zu gehn.«*

»Sie sehen verschreckt aus«, fuhr er fort. »Kehren Sie Ihr Innerstes nach außen.«

»Sie stürzen ins Grab und sterben nicht«, sagte der Hutmacher.

»Ich und Elfe, zusammengemischt ergibt das Fleisch«, sagte Humpty.

»Beinahe.«

»Niemand erkennt die autobiographische Schicht.«

»Die Bekenntnisse des Augustinus von Lewis Carroll.«

»Sünden und Seelenheil.«

Dodgson sah es – dieses Museum seiner Gefühle, das da vor ihm ausgebreitet lag.

Er stand mit Alice in seinem Zimmer.

Er wollte ihr Gesicht in seine Hände betten.

Er wollte ewig leben …

Es war das Ende der Welt. Wie auf mittelalterlichen Landkarten, wo das Land unvermittelt aufhört und das Blau des Meeres mit Drachen übersät ist.

In seinem Zimmer waren alle seine Absichten versammelt, zappelten sie und nickten sie und schnatterten sie herum. Er wollte weglaufen, aber das kam absolut nicht in Frage. Nicht einmal aufstehen kam in Frage.

Wie sollte er die Geschichte erzählen, ohne die Geschichte zu erzählen? Den Satz so arg verstottern, daß niemand verstehen konnte, was er sagte.

Das Komische an der ganzen Sache war, daß er unter der glimmenden Deckschicht der Droge mit logischer Präzision dachte, fast so, als würde sich eine Beweisführung selbst an die Tafel schreiben.

Dodgson nahm einen kräftigen Zug vom Laudanum.

Trink mich.

Sein Körper verstand, als sei es ihm in jede einzelne Zelle und jedes Teilchen eingeschrieben, daß er der Droge nun nicht mehr widerstehen konnte. Er kippte sich noch mehr aus der Flasche in den Mund.

»Aus wie eine Kerze«, sagte Humpti und lächelte süßlich.

Dodgson hörte ein Klopfen, ein so insistierendes Klopfen, so anders als die ganzen übrigen Geräusche, hölzern und hohler, daß er schließlich begriff, es war womöglich jemand an der Tür. Die Tür flog auf, und vor ihm stand Hunt.

»Ich wollte bloß …«, fing Dodgson zu erklären an.

Doch er merkte, daß ihm die Worte nicht über die Lippen kamen. Er war zu müde, freilich war müde der falsche Ausdruck, denn sein Kopf war vollkommen klar, jeder einzelne Gedanke war scharf und glänzend. Das Laudanum hatte ihm die Hose und die Brust bekleckert, hatte ihn mit einer Fuchsie besudelt, ihm einen blumenförmigen Fleck aufs Hemd gezeichnet. Hunt hockte am Boden, hielt ihn im Arm wie ein Kind. Er hatte ihm die fast leere Flasche aus den Händen genommen.

Was wäre das Schlimmste, was geschehen könnte? hatte Hunt einmal gefragt. Und diese Formulierung war ihm hängengeblieben. Was wäre das Schlimmste, was geschehen könnte? Stell dir vor, daß es geschieht, und dann stell dir vor, daß du immer noch stehst, wie ein Soldat auf dem Felde, das eine und einzige aufrechte und überlebende Etwas.

»Es wird alles wieder gut.« Er konnte Hunts Stimme hören. »Es wird alles wieder gut.«

Plötzlich fühlte Dodgson, daß alles gut war, während sein Kopf an Hunts Brust gebettet lag – fühlte er sich in seine Kindheit versetzt, als er in Röcken steckte, das Haar kastanienbraun gelockt, gemeinsam mit seinen Schwestern im Garten, die Mutter drinnen, am Spitzenvorhang, am Fenster, stickend. Umgeben von den Mädchen und dem starken süßlichen Geruch der Osterglocken, im hohen Gras, die Mädchen um ihn herum, wie sie sich auf ihn quetschten. *Charly, mein Liebling.*

Das Bild erstand wieder vor ihm. Er selbst, wie er unterging in ihren Röcken, von ihrer Überzahl überwältigt und erdrückt, ganz verloren. Sie glichen einander so sehr, seine Schwestern, schlicht, stupsnasig, dunkelhaarig. Und er lag beinahe begraben unter ihren Röcken, ein sich unbehaglich fühlender zerwühlter kleiner Junge, der versucht, genug Luft zu kriegen.

Dich gibt es gar nicht, Alice. Er hatte sich Alice erträumt. Und das war das eigentlich Seltsame, als ihm der Kopf leicht wurde, als die Luft im Zimmer dünner wurde, als er durch die Schlitze seiner Augen in den ganz merkwürdig sich bewegenden und vibrierenden Raum sah: Ihm ging auf, daß es gar keine Alice gab.

Zwanzig

Mrs. Liddell führte Hunt in einen der formelleren Räume, die sie an das Dekanat hatten anbauen lassen. Sie trug ein glänzendes schwarzblaues Kleid mit Spitzenbesatz. Ihr Haar hatte sie straff nach hinten gekämmt, so daß ihr Gesicht verwundbar und bloßgelegt schien.

Der Raum war viel zu protzig für sie drei, doch Mrs. Liddell hatte es gerade auf die offizielle Distanz, die der Raum schuf, abgesehen, auf den Vertragsunterzeichnungscharakter. Sie wollte sich mit der vagen Präsenz der Tradition umgeben, mit den stirnrunzelnden Porträts früherer Dekane.

Unterdes saß der lebendige Dekan in einem Ledersessel am hinteren Fenster und hatte den leicht abwesenden Gesichtsausdruck von jemandem aufgesetzt, der gerade von einem Buch aufgesehen hatte, einen Ausdruck, den er, wiewohl er doch eigentlich ein Gelehrter war, im normalen Leben praktisch nie zeigte.

»Ich denke, Sie werden meine Einstellung in dieser Angelegenheit nachvollziehen können«, sagte Mrs. Liddell ruhig. »Er sollte nicht in der Nachbarschaft von anständigen Leuten wohnen dürfen.«

»Das verstehe ich vollkommen«, sagte Hunt. Er saß auf einer ungemütlichen kleinen Sitzbank mit hölzernem Rahmen, bedrängt von einem riesigen Globus gleich daneben.

»Ihr Vater vermag sie kaum anzusehen«, sagte sie.

»Ich verstehe«, sagte er mit einem kurzen Seitenblick auf den Dekan.

Das Gespräch, das sie nicht führten, sorgte unter der Oberfläche für Unruhe und schwirrte in der Luft herum, die Möglichkeit, die keiner von ihnen ansprach. Daß Mr. Dodgson noch etwas anderes getan haben könnte, als Alice zu fotografieren. Die bedrückende Schwüle der Fotografien bezog ihn unfehlbar mit ein. Und hatte er sich denn nicht als Mann bar aller moralischen Grundsätze erwiesen? Was aber, wenn er, nachdem er die Kamera abgelegt hatte, ihr dabei geholfen hatte, sich wieder anzuziehen... Es war eine gar zu entsetzliche Szenerie, um sie sich auszumalen. Um dieses Bild zu entwickeln wie in einer Dunkelkammer. Aber wissen würden sie es nie. Sie würden es sich niemals gestatten, diese Möglichkeit laut auszusprechen, allein schon aus Angst vor der Frage, was sie für Alices Zukunft bedeuten würde, und natürlich, weil es einfach undenkbar war. Und doch dachten sie daran. Jeder einzelne von ihnen dachte daran, während sie da unter den großen Fensterscheiben saßen, durch die das Sonnenlicht hereinflutete, um den Orientteppich pfirsichblaß einzufärben. Sie dachten an nichts anderes.

»Und können Sie sich vorstellen«, sagte Mrs. Liddell,

»daß er sich mitten in der Nacht bei uns in den Garten schlich?«

»Vielleicht kam er her, um seinem Bedauern Ausdruck zu verleihen«, sagte Hunt. Diese Möglichkeit klang sogar in seinen eigenen Ohren absurd.

»Mitten in der Nacht?«

»Diese letzten paar Tage sind für alle Beteiligten schwer gewesen«, fuhr Hunt fort.

»Wie konnte die Kirche es zulassen, daß er so weit gekommen ist?« fragte Mrs. Liddell. »*Hochwürden* C. L. Dodgson? Natürlich, da ist noch die Frage seiner Beiträge zur mathematischen Wissenschaft. Was hat er denn hervorgebracht? Was hat er denn seiner Disziplin wirklich und wahrhaftig Neues beigetragen?«

Der Dekan verharrte in seiner Haltung der gelehrten Absenz.

Hunt sagte nichts. Was Mr. Dodgson auf dem Felde der mathematischen Wissenschaften geleistet haben mochte, schien ihm hier schwerlich von Belang. Doch Mrs. Liddell sah ihn erwartungsvoll an.

Hunt spürte, wie delikat seine Position war. Mrs. Liddell hatte ihn aufgesucht, nachdem sie die Fotografien entdeckt hatte, weil sie wußte, daß Dodgson bei ihm in Behandlung war – so, wie man vielleicht den Löwenbändiger herbeiruft, wenn der Löwe aus dem Zirkus ausgebrochen ist. Sie dachte, vielleicht kenne er sich in Dodgsons Gewohnheiten aus und könne in der Lage sein, die Situation zu erhellen. Diese Situation, die aus irgendeinem Grunde gleichzeitig vollkommen offensichtlich und vollkommen schleierhaft war. Sie wollte offenbar, daß ihr jemand sagte, was sie für Gefühle haben sollte. Und als sie dann bemerkte, wie bereitwillig und gefühlvoll er sich ihre Sorgen um Alice anhörte, da hatte sie beschlossen, ihn für sich haben zu wollen. Sie wollte sich in seine sorgenden Hände begeben. Sie wollte ihn übernehmen. Und jetzt war er zum Unterhändler von Mr. Dodgson geworden.

Obwohl er es sich nur halb eingestand, hatte Hunt doch gehofft, einen Blick auf Alice werfen zu können. Doch sie war oben in ihrem Zimmer und las *Robinson Crusoe*.

Der Dekan goß sich aus der Kristallkaraffe auf dem Tisch einen Brandy-Soda ein. Er nickte Hunt zu. Hunt lehnte ab.

»Selbstverständlich sind Ihre Gefühle vollkommen gerechtfertigt.« Hunt hielt inne. »Doch ich glaube, es ist im wohlverstandenen Interesse Ihrer Tochter wie auch der Universität insgesamt, daß diese unglückselige Angelegenheit unter Verschluß bleibt.«

Mrs. Liddell starrte ihn an. In dem dunklen Raum schienen ihre Augen ebenso riesig und schwarz wie die von Alice.

»Soweit ich das einzuschätzen vermag, handelt es sich um ein etwas bohemienhaftes Vorhaben, das aus dem Ruder gelaufen ist«, fuhr Hunt fort. »Und niemand von uns hat irgendeine Veranlassung, mehr daraus zu machen.«

Mrs. Liddell legte beide Hände um ihre Teetasse.

»Ein etwas bohemienhaftes Vorhaben?« wiederholte sie langsam. »Und wer ist dann wohl unser mathematischer Heros – Lord Byron?«

Doch sie überhörte den Handel, den er ihr anbot, keineswegs. Ihr wurde klar, wenn Dodgson aus Oxford verwiesen wurde, was sie sich sehnlichst wünschte, dann würde notgedrungenerweise Alice ebenfalls verwiesen. Dodgson hatte, wenn schon sonst nichts, zumindest eine Art untergründiger Vermählung ihrer beider Schicksale erreicht: was ihm geschah, das würde in der einen oder anderen Weise auch Alice geschehen. Und Mrs. Liddell konnte dieses Risiko nicht eingehen. Selbst wenn es hieß, den ganzen Rest ihres Lebens in der Nachbarschaft dieses verkommenen Individuums zu verleben und ihn bei größeren Frühstücks- und Festtafeln anlächeln zu müssen. Alice mußte geschützt werden.

Eine Sekunde lang hatte Hunt den Eindruck, er sähe hinter dem Vorhang ein weißes Etwas sich bewegen.

»Ich denke, wir sind uns einig. Wir lassen es schlicht und einfach darauf beruhen«, sagte Mrs. Liddell schließlich.

»Die Angelegenheit wäre also erledigt«, sagte der Dekan und erhob sich langsam aus seinem Sessel. »Und wenn Sie mich jetzt wohl entschuldigen wollen, Dr. Hunt, es gibt dringende geschäftliche Dinge, die meiner Aufmerksamkeit bedürfen.«

Edith stand hinter dem Vorhang versteckt und war ganz heiß hinter dem schweren Stoff. Sie konnte nicht glauben, was da geschah. Ihr war elend zumute, sie war unfähig, sich zu rühren, sie atmete Damaststaub. Sie spürte, wie die Fotografien sich auflösten, als wäre es ein Traum. Nicht mehr lang, und es würde sie nie gegeben haben.

Dodgson brach für einige Wochen in ein Seebad auf. Auf Hunts Drängen hin hatte er beschlossen, seine Manuskripte zusammenzuraffen und Oxford für ein Weilchen zu verlassen. Und so fand er sich zu seiner eigenen großen Überraschung von der in hohem Maße optimistischen Aufgabe des Packens absorbiert: Er ging seine Kleidung durch und überlegte, welche Bücher er mitnehmen solle (Aristoteles und nicht Euklid, *Antonius und Kleopatra* und nicht den *Sommernachtstraum*). Er schlug seine Hemden und Handschuhe umsichtig in Papier ein und legte jedes dieser Päckchen penibel in den offenen Koffer auf seinem Bett.

Er prüfte sein Äußeres im Spiegel. Abschlüsse waren noch nie seine Stärke gewesen. Selbst beim Schreiben. Sein Lieblingsschluß, sein einfachster Ausweg lautete stets: »Es war nur ein Traum.« Aber was, wenn es einmal nicht nur ein Traum war?

Was, wenn sie gestorben wäre? Sein Kopf umkreiste diesen Gedanken wie ein Geierschwarm. Tenniels Frau Julia war kurz nach der Heirat an Tuberkulose gestorben.

Und er erkannte die unglückliche Gemütsverfassung des Künstlers in den zerknautschten Augenbrauen und den schweren Augen seiner Zeichnungen. Rossettis Frau Lizzie war an einer Überdosis Laudanum gestorben, und an seiner Untreue, so wurde jedenfalls gemunkelt – aber worin manifestierte sich das in Rossettis Leben? In einem zusätzlichen Glas Bordeaux bei Tisch vielleicht. Oder einer exzessiven Neigung zu fanatischen spätnächtlichen Gesprächen über freie Verse und verwandte Themen?

Er spürte, wie sich ihm die Brust zusammenzog. Er durfte sich solche Gedanken gar nicht gestatten. Aber ihre spezielle Rolle hatte er selber bereits geschrieben. *Es könnte damit enden, daß ich ganz ausgeh', wie eine Kerze. Und sie versuchte sich vorzustellen, wie die Flamme einer Kerze aussieht, nachdem die Kerze ausgeblasen worden ist, denn sie konnte sich nicht erinnern, so etwas jemals gesehen zu haben.* Er versuchte, die Gedanken anzuhalten, die ihm durch den Kopf kreisten. Ihr Tod hätte es ihm leichter gemacht; der Kummer als Wasserfall in der Brust, der richtige Kummer.

Doch sie würde weiterleben. Ihm kam der Gedanke, Alices Leben als architektonischen Bauplan gleich dem der Universität zu sehen, mit verwinkelten Türmchen und Innenhöfen, gewundenen Wegen und Kuppeln, Bibliotheken, Torbögen, Grünflächen, und ohne ihn darin.

Er wartete auf den Fluß der Freigebigkeit, auf den Augenblick, in dem er sie ins Glück entlassen könnte. Möge sie ausziehen und glücklich sein. Nur blieb dieser Fluß aus.

Statt dessen verfing er sich in dem Traum, in dem man zu spät irgendwohin kommt, wo man verzweifelt hinkommen muß und es doch nicht kann. Ihr Leben ging munter weiter. Mit jeder Minute wurde er weiter daraus getilgt: wenn sie ohne ihn existiert, existiert er gar nicht.

Er machte den Koffer zu und hob ihn hoch. Schwer, doch nicht zu schwer.

Er konnte sie sich nicht mehr insgesamt vorstellen, konnte nur noch in Teilen an sie denken, als sähe er sie durch den Spalt einer leicht geöffneten Tür: die Bögen der Augenbrauen, die leicht nach oben weisende Nase, den Spalt zwischen ihren Schneidezähnen, wenn sie lächelte.

Das Paradoxon: Wie verliert man etwas, das man nie hatte?

Die Antwort: Es gab eine andere Art des Habens. Einen transparenten Zwischenraum zwischen sich und dem anderen. Lieben aus einem Abstand, über diesen Zwischenraum hinweg, und zwar tiefer, in kräftigeren Farben, so daß man die Liebe aus der Ferne sehen kann wie eine Fahne. Schließlich erfüllt einen der Zwischenraum als solcher. Die Luft dringt einem in den Körper ein und ersetzt das Blut, kreist in einem. Das halbwegs angenehme Gefühl, nicht dazusein.

Er fuhr nach Sandown auf der Isle of Wight. Ein kleines, sauberes Zimmer mit Balkon. Er dachte darüber nach, wie die See ihm helfen könnte. Das stille Röhren des Ozeans. Die salzige feuchte Luft an seinem Gesicht. Ins Wasser ging er nie. Doch er könnte am Strand entlanggehen, die Hosenbeine aufgekrempelt, seine Füße im Sand, vorbei an Damen mit Sonnenschirmen, Männern mit Strohhüten, Möwen, die aus der klaren Bläue herabgesegelt kamen.

Er dachte an die Fledermaus, die aus dem Fenster geflogen war, und wie sie zu ihm aufgeschaut hatte, als er, nun plötzlich allmächtig und den griechischen Göttern gleich, den ganzen Vorfall orchestriert hatte, die Fledermaus, das Tablett, den Diener, die Sandwiches, alles. *Funkel, funkel, Fledermaus! Wonach fliegst du heut' wohl aus? Segelst hoch über der Welt wie'n Teetablett am Himmelszelt.*

Natürlich war die Traurigkeit, der Blick zurück dennoch immer da. Immer war da diese Schärfe. Dieses feine Gefühl einer Drohung, die in die Süße eingebaut war, in ihr klumpte.

Er faltete eine Nummer des *Cornhill Magazine* und steckte sie sich in die Seitentasche seines verbeulten schwarzen Koffers, für die Zugfahrt.

Schon von dem Augenblick an, an dem er sie kennenlernte, hatte Dodgson stets Angst gehabt, ihre Freundschaft würde auf schmerzhafte Weise auseinanderbrechen. Doch in dieser Angst war auch ein Wunsch eingeschlossen, der Wunsch, den Druck weichen zu spüren, dem ihn die Situation aussetzte. Doch was, wenn dieser Druck nicht wich. Was, wenn sie so sehr anschwoll, daß sie ... Was, wenn?

Der Gedanke, allein zu sein, entbehrte nicht des Trostes. Er war der ganzen untergründigen Kämpfe überdrüssig. Es gab einen schamhaften oder auch vernünftigen Teil von ihm, der jubilierte. Es war vorbei.

Alice kauerte auf dem Fußboden vor ihrem Puppenhaus und konnte sich nicht entscheiden, ob sie das gestreifte Sofa in den Salon oder in die Stube stellen sollte. Die Stube war gemütlicher, aber der Salon war prächtiger, für Gesellschaft besser geeignet. Die Katze rieb sich an der Ecke des Hauses, mit ihrem Pelz löschte sie den Himmel aus. Alice warf einen Blick auf die Vorhänge, die aus Rosendamast zugeschnitten waren, aus demselben Tuch wie die Vorhänge im Erdgeschoß, aber schon ein bißchen verschossen, und sie überlegte sich, es sei wohl an der Zeit, sie zu ersetzen. Plötzlich fiel ihr ein, daß der Kuchen gleich anbrennen mußte. Sie bewegte die kleine Alice in die Küche, um ihn zu retten. Ein perfekter rosa Kuchen. Kein bißchen angebrannt. Die kleine Alice stellte ihn vorsichtig auf den Tisch. Das Baby schrie im Schlafzimmer. Die kleine Alice rannte die Treppe hoch und nahm das Baby aus der Wiege. Das Kindermädchen saß im Schaukelstuhl in der Ecke dabei und unternahm gar nichts. Die kleine Alice trug das Baby nach unten zum Kuchen.

Das Baby hatte Geburtstag. Es klopfte an der Tür. Es war Charles.

Dodgson saß im Zug, beobachtete die Landschaft, die verschwommen vorüberglitt, stahlblauer Himmel, Backsteinhäuser, wildes, zotteliges Gestrüpp. Dieser Teil Englands sah für ihn überall gleich aus. *Scheint ein ziemlich behäbiges Land zu sein! sprach die Königin. Hier, jedenfalls, mußt du so schnell rennen, wie du kannst, um auf derselben Stelle zu bleiben.* Die Bewegungen des Zuges erschütterten ihn, als er seinen kalten Tee zu trinken versuchte. Ein kleines, lockenköpfiges Mädchen von vielleicht fünf Jahren kam im Gang vorbeigegangen. Er sah sie an. Sie lächelte ihn an, ein breites zähniges Lächeln, mit Grübchen. Er setzte seinen Tee ab und schüttelte seine Morgenzeitung aus. Später kam sie noch einmal vorbei. Sie hatte ein rundes Gesicht und milchige Haut. Ihr Haar war gewaltig, eine wilde, weiche Masse aus Rot, Blond und Braun. Er langte in seinen Koffer und holte die Fledermaus und drei Puzzles heraus, die er im letzten Moment ganz nach unten hineingestopft hatte, und breitete das Spielzeug auf dem freien Sitz neben sich aus. Sie stand schüchtern im Gang, halb von der Tür des Abteils verdeckt. Ihre riesigen lohfarbenen Augen waren starr auf die Fledermaus gerichtet. Er hielt sie ihr hoch, und sie kam herüber, um der Fledermaus ans Gesicht zu fassen. Er entstaubte sie mit seinem Taschentuch und zog sie mit aller Sorgfalt auf. Sie erzitterte auf seiner Handfläche und breitete die Flügel. Sie flog.

Ach, im Juli im Boot zu sein:
Leicht, verträumt gleitet's hinein
In den Abendsonnenschein.

Charmant ruft Märchen da hervor,
Eifrig öffnend Aug' und Ohr,
Pausenlos der Dreier-Chor.

Lang ward bleich der Sonne Schein:
Erinn'rung stirbt, Echo wird klein:
Ach Frost, könnt's doch noch Juli sein.

Sie folgt mir als Phantom jedoch:
Alice unter Himmeln hoch,
Nie erblickt im Wachen noch.

Charmiert mag mancher Kinder Chor,
Eifrig öffnend Aug' und Ohr,
Lauschen, was da kam hervor.

Im Wunderland, da leben sie,
Da träumen manche Tage sie,
Da träumen manchen Sommer sie:

Endlos treibend, Well' und Schaum –
Lachend grüßt der Ufer Saum –
Leben: ist es nur ein Traum?

Lewis Carroll in
Durch den Spiegel
(deutsche Fassung von
Günther Flemming)

Nachbemerkung der Autorin

Dieses Buch ist ein fiktionales Werk, das vom Leben Charles Dodgsons und seiner Beziehung zu Alice Liddell angeregt ist. Ich habe Geographie, Chronologie und Geschichte verändert, wo dies den Erfordernissen meines Romans dienlich war. Die im Buch zitierten Briefe sind mit der Ausnahme der Zitate auf den Seiten 251 bis 253 authentisch. Das Manuskript der Bänkeloper und der Brief auf Seite 242 stammen aus den unveröffentlichten Manuskripten Lewis Carrolls in der Berol Collection der Fales Library der New Yorker Universität. Die Tagebucheinträge sind erfunden.

In der Beziehung zwischen der Familie Liddell und Charles Dodgson hat es einen spürbaren Riß gegeben, der in den letzten Junitagen des Jahres 1863 begann. Zuvor war Dodgson ein häufiger Gast im Dekanat. In den sich anschließenden fünf Monaten findet sich in seinen Tagebüchern keine einzige Erwähnung der Liddells, bis er ihnen bei einer Theateraufführung im Christ Church College über den Weg lief, woraufhin er notierte: »Doch ich hielt auf Distanz zu ihnen, wie ich's dies ganze Semester schon getan.« Seine Kontakte mit der Familie waren in späteren Jahren spärlich und förmlich. Biographen und Historiker haben nie eine befriedigende Erklärung für den Bruch vorlegen können, wenngleich viel darüber spekuliert worden ist, daß die Ursache in Dodgsons Beziehung zu Alice, die damals elf war, zu suchen sein müsse. Im Alter von gut achtzig hat Alice Liddell Hargreaves ihre Erinnerungen an die Beziehung zu Lewis Carroll für das *Cornhill Magazine* in recht rosigem Licht zu Papier gebracht. Eine Zeile sticht aus den Träumereien heraus: »Leider hat meine Mutter alle Briefe zerrissen, die mir Mr. Dodgson schrieb, als ich noch klein war.« Doch die näheren Einzelheiten hat Alice nie mitgeteilt. Die Abschnitte in Dodgsons Tagebüchern, die hätten erklären können, was geschehen ist, wurden vernichtet.

Charles Dodgson befand sich zeitweise in Behandlung eines Sprachtherapeuten in Hastings, Dr. James Hunt, des Verfassers von *Stammering und Stuttering: Their Nature and Treatment* (1861). Hunt war außerdem ehrenamtlicher Schriftführer der Ethnological Society, doch nachdem er viele Mitglieder mit seinen freigeistigen Spekulationen über den Ursprung des Menschen gegen sich aufgebracht hatte, gründete er 1863 die Anthopological Society.

Bei meinen Recherchen haben mir sehr viel mehr Bücher geholfen, als ich aufzählen kann, doch die folgenden herausragenden Werke waren ganz besonders anregend: Lewis Carrolls Gesammelte Werke; Charles

Dodgsons *Euclid and His Modern Rivals* und andere mathematische Texte; Morton Cohens Biographie *Lewis Carroll* und sein Buch *Lewis Carroll: Reflexionen im Spiegel*; beide Bände von Tim Hiltons Ruskin-Biographie; Derek Hudsons *Munby: Man of Two Words* und *Lewis Carroll*; Martin Gardners *Alles über Alice*; Anne Clarks *The Real Alice*; Helmut Gernsheims *Lewis Carroll, Photographer*; George MacDonalds *Märchen von der Lichtprinzessin*; Ruskins *Praeterita*; außerdem kritische Essays von Virginia Woolf, W. H. Auden, Vladimir Nabokov und Edmund Wilson, die Gedichte von Christina Rossetti, William Wordsworth und Andrew Marvell sowie die Romane von Anthony Trollope.

Wichtige Quellen waren außerdem Langford Reeds *The Life of Lewis Carroll*, Stuart Dodgson Collingwoods *The Life and Letters of Lewis Carroll*, Roger Lancelyn Greens *The Story of Lewis Carroll* und *The Diaries of Lewis Carroll*, Morton Cohens *The Letters of Lewis Carroll*, John Pudneys *Lewis Carroll and His World*, Uli Knoepflmachers *Adventures in Childhood* und *Forbidden Journeys* sowie James Kincaids *Childloving: The Erotic Child and Victorian Culture*. Hilfreich waren außerdem Rodney Engens *Sir John Tenniel: Alice's White Knight*; Roger Simpsons *Sir John Tenniel: Aspects of His Work*; Hochwürden Henry Thompsons *Henry George Liddell* und *Christ Church*; Frances Thomas' *Christina Rossetti*; die Erinnerungen aus der Feder von Frauen, die Charles Dodgson kannten, als sie noch Kinder waren, darunter die Memoiren von Isa

Bowman, Beatrice Hatch und Alice selbst; E. G. W. Bills und J. F. A. Masons *Christ Church and Reform*, James Morris' *Oxford;* Hugh de Selincourts *Oxford from Within;* W. E. Sherwoods *Oxford Yesterday*; das von Jan Morris herausgegebene *Oxford Book of Oxford*; Virginia Berridges *Opium and the People*; Steven Marcus' *Umkehr der Moral: Sexualität und Pornographie im victorianischen England;* Margaret Dalziels *Popular Fiction a Hundred Years Ago*; Theodore Hooks *The Widow and the Marquess*; Warren Weavers Mathematical Manuscripts of Lewis Carroll; Graham Ovendens *Pre-Raphaelite Fotography*; Elizabeth Prettejohns *The Art of the Pre-Raphaelites;* W. H. D. Rouse' A *History of Rugby School;* und schließlich Thomas De Quinceys *Bekenntnisse eines englischen Opiumessers*.

Mein tiefempfundener Dank gilt: Susan Kamil und Suzanne Gluck für ihren Einsatz und ihre Zuversicht. Richard Lamb, Alan Isler und Richard Kaye dafür, daß sie frühere Fassungen lasen. Emily Carter Roiphe, Theodore Jacobs, David Samuels, Larissa Macfarquhar, Deb Kogan, Linda Rattner, Jon Jon Goulian, Elyse Cheney, Sloan Harris und Karen Gerwin dafür, daß sie mich ermutigten, ablenkten und auf andere Weise unterstützten. Uli Knoepflmacher für seinen Kurs über viktorianische Literatur in Princeton. Der Fales Library an der New York University und den Nachlaßverwaltern von C. L. Dodgson für die freundliche Erlaubnis, aus etlichen unveröffentlichten Briefen und Manuskripten Dodgsons zu zitieren. Anne, Herman und Becky Roiphe für ihre nie endende Geduld, Urteilsbereitschaft und Unterstützung. Und schließlich Harry Chernoff für alles.

Das Alice-Paket

Lewis Carroll
Alles über Alice
ISBN 3-203-75950-0

Blindband
Über Alles
ISBN 3-203-75951-9